질적연구와 문화기술지의 이해

| 저자소개 |

김영순 金永洵 kimysoon@inha.ac.kr

1965년 강원도 양구 출생, 중앙대를 졸업하고 독일 베를린공대 문화교육학부에서
석사를, 베를린자유대에서 철학박사 학위를 취득했다. 현재 인하대학교 사범대학
사회교육과 교수, 대학원 다문화교육학과 학과장, 인하대 부설 다문화융합연구소
소장, BK21 FOUR 글로컬다문화교육연구단장을 맡고 있다.

주요저서로는 공동번역서『다문화교육과 인간관계』,『민주주의와 다문화교육』,『교
사를 위한 다문화교육』등이 있으며, 공동저서로는『다문화교육용어사전』,『베트남
문화의 오딧세이』,『처음 만나는 다문화교육』,『다문화 사회와 리터러시 이해』외
다수가 있다. 단독저서로는『다문화 사회와 공존의 인문학』,『다문화교육의 이론과
이론가들』,『다문화교육과 협동학습 경험』,『이주여성의 상호문화 소통과 정체성
협상』,『공유된 미래 만들기』,『시민을 위한 사회·문화 리터러시』가 있다. 또한 연
구방법론 분야의 공동저서로는『질적 연구 여행』,『질적 연구의 즐거움』이 있다.

질적연구총서 01

질적연구와 문화기술지의 이해

초판 인쇄 2022년 3월 25일
초판 발행 2022년 3월 31일

지은이 김영순
펴낸이 박찬익
편집 이기남
책임편집 심재진
펴낸곳 패러다임북   ▌주소 경기도 하남시 조정대로 45 미사센텀비즈 F749호
전화 031-792-1195   ▌팩스 02-928-4683
홈페이지 www.pjbook.com   ▌이메일 pijbook@naver.com
등록 2015년 2월 2일 제2020-000028호
제작처 제삼P&B
ISBN 979-11-92292-03-8 93370

* 책값은 뒷표지에 있습니다.

* 이 저서는 2021년 인하대 연구비 지원으로 이루어졌음.

질적연구총서 01

질적연구와 문화기술지의 이해

김영순

Bricoleur브리콜뢰르는 브리콜라주 bricolage에서 파생된 말이다. 브리콜라주는 원래 프랑스어로 '여러 가지 일에 손대기' 또는 '수리' 라는 사진적 의미를 지닌 말이다. 브리콜라주의 동사형인 브리콜레 bricoler는 공놀이, 구슬놀이, 사냥, 승마술에 활용된다. 이를테면, 항상 공이 벽지서 튀어오는다든가, 개가 길을 잃는다든가, 말이 장애물을 피하려고 달리는 경로에서 벗어나는 등의 의미를 지니고 있으며, '우발적인 움직임'을 가리킨다. 이런 '우발적인 움직임' 과 '여러 가지 일에 손대기, '수리'를 하는 의미의 명사형 브리콜뢰르도 bricoleur는 아무것이나 주어진 도구를 써서 자기 손으로 무엇을 만드는 사람을 장인에 대비해서 가리키는 말이다.

패러다임북

브리꼴레르bricoleur로서 문화기술지 연구자

브리꼴레르는 브리꼴라주bricolage에서 파생된 말이다. 브리꼴라주는 원래 프랑스어로 '여러 가지 일에 손대기' 또는 '수리'라는 사전적 의미를 지닌 말이다. 브리꼴라주의 동사형인 브리꼴레bricoler는 공놀이, 구슬 놀이, 사냥, 승마술에 활용된다. 이를테면, 항상 공이 튕겨서 돌아온다든가, 개가 길을 잃는다든가, 말이 장애물을 피하려고 달리는 경로에서 벗어나는 등의 의미를 지니고 있으며, '우발적인 움직임'을 가리킨다. 이런 '우발적인 움직임'과 '여러 가지 일에 손대기', '수리'를 하는 의미의 명사형 브리꼴레르bricoleur는 아무것이나 주어진 도구를 써서 자기 손으로 무엇을 만드는 사람을 장인에 대비해서 가리키는 말이다.

프랑스 구조주의 인류학자 클로드 레비-스트로스는 그의 저서 〈야생의 사고 The Savage Mind〉에서 브리꼴라주를 신화와 의식으로 대표되는 부족사회의 지적 활동을 나타내는 말로 사용하였다. 주지하다시피 레비-스트로스는 구조주의 토대에서 문화 체계를 이루는 요소의 구조적 관계에 초점을 맞추어 문화 체계를 분석하였다. 특히 그는 원시 부족사회의 문화에 관심을 가지고 '브리꼴레르'의 역할을 규명하고자 했다. 부족사회의 문화 담당자인 브리꼴레르는 한정된 자료와 용구를 가지고 작업해야 하는 한계를 지녔음에도 넓은 범위에 걸쳐 다양한 일을 능숙하게 수행한다. 브리꼴레르는 자연스럽게 그가 이전에 산출한 물건들의 잉여분을 가지고 변통하는 법을 정립하여 해당 집단에 실천한다. 이런 개념을 지닌 브리꼴라주는 현대의 많은 이론가들에 의해 새로운 '이론의 실천' 개념을 형성케 하였다. 이를테면, 과거의 이론에서 찾아낸 개념과 사상을 이용하여 새로운 이론을 형성하고 이를 실천하는 것이다.

본 저서에서 필자는 문화기술지 연구자를 브리꼴레르의 자리에 위치시키고자 시도한다. 원래 문화기술지 연구는 문화인류학자가 특정한 민족집단에 대하여 현지조사를 수행 후 수집한 자료들을 보고서 형태로 엮은 문화기술지로부터 유래된 연구방법이다. 일반적으로 문화인류학자들은 문화기술지 작성을 위한 현지조사를 수행할 때 주요 자료수집방법으로 참여관찰법과 심층면담법을 활용한다. 이러한 문화인류학자의 현지조사 방법을 다른 사회과학 연구분야로 확대한 연구방법이 바로 문화기술지 연구이다. 필자가 문화기술지 연구자를 브리꼴레르라고 부르려는 이유는 문화기술지 연구가 선행연구가 부족한 연구환경 아래에서 새로운 이론 형성을 할 수 있는 질적연구법이기 때문이다. 이는 레비-스트로스가 의미하는 "한정된 자료와 용구를 가지고 작업을 수행하는" 브리꼴레르 개념과 유사하다고 볼 수 있다.

필자는 본 저서를 통해 문화기술지 연구자가 왜 브리꼴레르인지를 경험할 수 있도록 하였다. 이를 위해 우선 문화기술지 연구가 사회과학의 전형적인 연구방법인 질적연구의 일종임을 증빙하고, 문화기술지 연구가 지녀야 할 형식적 논거를 제시할 것이다. 이를 위해 1부 '문화기술지 연구의 전통과 경향'에서는 문화기술지 연구를 전형적으로 수행하는 문화인류학을 사회과학으로 이해하기 위한 작업부터 시작한다. 따라서 1부는 '사회과학으로서 문화인류학'(1장), '문화인류학의 이론 발달과 공헌'(2장), '현지조사와 문화기술지 연구'(3장), '질적연구로서 문화기술지 작성'(4장)으로 구성된다.

이어서 2부 '문화기술지 연구의 형식과 실제'에서는 문화기술지의 국내 연구동향을 실증적으로 분석하고, 문화기술지 연구를 수행한 6편의 박사학위 논문을 선정하여 연구방법 및 연구참여자 선정 과정, 자료수집 방법, 자료분석 과정과 연구윤리 확보 방법으로 구분하여 분석을 한다. 2부는 '문화기술지 연구의 최근 동향 분석'(5장), '연구방법 및 연구참여자 선정 기술방식'(6장), '자료수집 방법과 과정 기술방식'(7장), '자료분석 및 연구윤리 기술방식'(8장)으로 이루어진다.

3부 '이주민 문화기술지 프로젝트의 실제'에서는 필자의 인하대학교 다문화융합연구소가 수행한 다년간 연구과제 '에스노그래피 활용 이주민의 다문화 생활세계에 관한 융합적 연구'를 소개한다. 특히 문화기술지를 위한 공동 프로젝트 설계, 문화기술지 연구수행 내용, 문화기술지 연구성과와 활용에 대해 기술한다. 3부는 '이주민 문화기술지 연구설계'(9장), '이주민 문화기술지 연구수행 내용'(10장), '이주민 문화기술지 연구성과와 활용'(11장), '이주여성 문화기술지의 형식과 내용'(12장)으로 구성된다. 12장은 실제 필자가 집필한 저서 〈결혼이주여성의 주체적 삶에 관한 생애담 연구〉를 분석한다.

이 책은 문화기술지 연구를 처음 수행하려는 연구자들을 위하여 문화기술지 연구의 전통과 경향은 물론 문화기술지 연구의 형식적 절차를 소개하고자 하는 의도를 지녔다. 아울러 이 책은 인하대학교 다문화융합연구소가 매해 겨울방학과 여름방학에 진행하는 전국 대학원생 질적연구방법론 캠프에 교재로 활용될 것이다. 문화기술지에 관심을 지닌 독자들이 이 책을 효과적으로 읽을 수 있도록 각 부와 장을 모듈로 구성하였다. 이를테면 문화기술지의 역사와 배경을 알아보기 위해서는 1부를, 문화기술지를 위한 공동 프로젝트 설계에 관심이 있다면 2부를, 실제 문화기술지 연구논문을 작성하고자 하는 독자는 3부를 선택하면 될 것이다.

아울러 이 책을 집필하면서 고마움을 전하고 싶은 연구자들이 있다. 2015년부터 2018년까지 만 3년간 한국연구재단의 '에스노그래피 활용 이주민의 다문화 생활세계에 관한 융합적 연구'를 함께 수행했던 연구팀 연구자들께 감사를 드리고 싶다. 또한 문화기술지 연구방법 분석을 위해 이 저서에서 소개한 6명의 문화기술지 연구자 이은숙, 차명희, 김기화, 박광옥, 최문호, 김진미 박사님께 특별한 감사를 드린다. 더욱이 이 책을 집필하는 데 있어서 2021년 2학기 내내 문화기술지 연구 세미나에 참여했던 일곱 분의 박사과정 연구생 최수안, 김은희, 신혜정, 김도경, 문희진, 김명희 선생에게도 학문적 고마움을 전하고자 한다. 이들은 세미나를 통해 자료수집과 분석을 도와주었고, 이 책의 집필과정에 없어서는 안 될 심오한 질문들을 통해 지적 영감을 각성시켜 주었다. 그뿐만 아니라 원고집필 후에도 교정과 정리, 색인작업 등에 참여하였다.

필자는 이 책을 통해 문화기술지 연구자가 브리꼴레르임을 밝혀내는 동시에 문화기술지 연구자가 지녀야 하는 '호기심 있는' 질적연구자 책무를 인식하는 모멘트를 주고 싶다.

봄이면 늘 꽃들이 다시 돌아온다. 사람도 다시 봄꽃처럼 돌아오길 바라는 마음을 이 책 가득히 담아 본다.

2022년 3월
저자 김영순

| 차례 |

1부 문화기술지 연구의 전통과 경향

01. 사회과학으로서 문화인류학

1. 사회과학은 과학인가? ·· 15
2. 문화인류학과 사회과학의 접점 ·························· 17
3. 사회과학의 탐구대상과 관점 ···························· 22
4. 사회·문화 현상의 연구방법 ······························ 29

02. 문화인류학의 이론 발달과 공헌

1. 문화인류학의 특성 ·· 35
2. 문화인류학의 정체성과 이론의 탄생 ·················· 37
3. 현대 문화인류학의 주요 이론 ·························· 46
4. 인류를 위한 문화인류학의 공헌 ······················ 54

03. 현지조사와 문화기술지 연구

1. 현지조사의 개념과 관점 ·································· 59
2. 문화기술지 연구자의 태도와 관점 ···················· 64
3. 현지조사의 방법과 절차 ·································· 69
4. 현지조사 마무리와 결과 해석 ·························· 79

04. 질적연구로서 문화기술지 작성

1. 문화기술지 개요 ·· 88
2. 문화기술지의 전통과 연구경향 ························ 91
3. 문화기술지의 유형과 수행절차 ························ 95
4. 문화기술지의 자료수집과 자료분석 ·················· 102

2부 문화기술지 연구의 형식과 실제

05. 문화기술지 연구의 최근 동향 분석

1. 문화기술지의 전개와 흐름 ·············· 113
2. 문화기술지 선행연구 분석 ·············· 116
3. 문화기술지 논문 분석 대상 개요 ·············· 123

06. 연구방법 및 연구참여자 선정 기술방식

1. 연구방법 선정과 연구참여자 선정의 의미 ·············· 140
2. 연구방법 선정 이유 기술방식 ·············· 142
3. 연구참여자 선정 및 특성 기술방식 ·············· 148

07. 자료수집 방법과 과정 기술방식

1. 자료수집의 의미와 방법 유형 ·············· 159
2. 참여관찰 과정 기술방식 ·············· 161
3. 심층면담 과정 기술방식 ·············· 170

08. 자료분석 및 연구윤리 기술방식

1. 자료분석과 연구윤리의 의미 ·············· 178
2. 자료분석 과정 기술방식 ·············· 180
3. 연구윤리 확보의 기술방식 ·············· 191

3부 이주민 문화기술지 프로젝트의 실제

09. 이주민 문화기술지 프로젝트의 연구설계

1. 연구의 필요성 및 목적 ································· 199
2. 연구의 내용 및 범위 ································· 205
3. 연구방법의 설계와 활용 ····························· 212

10. 이주민 문화기술지 연구수행 내용

1. 1차년도 연구수행 내용 및 결과 ···················· 216
2. 2차년도 연구수행 내용 및 결과 ···················· 222
3. 3차년도 연구수행 내용 및 결과 ···················· 229

11. 이주민 문화기술지 연구성과와 활용

1. 연구결과 활용계획 ································· 237
2. 참여연구진의 연구성과 ····························· 243
3. 다문화융합연구소의 연구성과 ······················ 251

12. 이주여성 문화기술지의 형식과 내용

1. 이주여성 문화기술지 연구개요 ······················ 263
2. 연구방법의 형식과 내용 ····························· 266
3. 연구결과의 형식과 내용 ····························· 274

◆ 참고문헌 ······································· 283
◆ 색인 ·· 295

문화기술지 연구의 전통과 경향

1부

01. 사회과학으로서 문화인류학
   1. 사회과학은 과학인가?
   2. 문화인류학과 사회과학의 접점
   3. 사회과학의 탐구대상과 관점
   4. 사회·문화 현상의 연구방법

02. 문화인류학의 이론 발달과 공헌
   1. 문화인류학의 특성
   2. 문화인류학의 정체성과 이론의 탄생
   3. 현대 문화인류학의 주요 이론
   4. 인류를 위한 문화인류학의 공헌

03. 현지조사와 문화기술지 연구
   1. 현지조사의 개념과 관점
   2. 문화기술지 연구자의 태도와 관점
   3. 현지조사의 방법과 절차
   4. 현지조사 마무리와 결과 해석

04. 질적연구로서 문화기술지 작성
   1. 문화기술지 개요
   2. 문화기술지의 전통과 연구경향
   3. 문화기술지의 유형과 수행절차
   4. 문화기술지의 자료수집과 자료분석

사회과학으로서 문화인류학

1. 사회과학은 과학인가?

왜 사회·문화 현상을 연구하는 학문인 '사회과학'에 '과학'이라는 단어가 붙는가?

필자는 먼저 위의 질문을 시작으로 본서를 열고자 한다. 중세에서 계몽주의 시대까지 과학은 모든 종류의 체계적이거나 정확하게 기록된 지식을 가리키는 것으로 철학의 넓은 의미였다. 과학은 사전적 정의에 따르면 보편적 진리나 법칙의 발견을 목적으로 한 체계적인 지식이다. 다시 말해 자연현상과 사회·문화 현상을 1) 체계적으로 관찰하여, 그 관찰 결과를 바탕으로 보편적인 법칙 및 원리를 발견하고 발전시키는 행위가 과학이며, 2) 이에 대한 방법론을 과학이라 한다. 또한 과학은 3) 이러한 결과로 이루어진 체계적인 지식이다. 그렇기 때문에 과학은 넓은 의미에서의 모든 '학문'이며 좁은 의미에서는 자연과학을 칭한다. 과학은 또 자연과학과 사회과학으로 나눌 수 있다. 과학의 정의 1)에서 자연현상을 연구대상으로 하는 것이 자연과학이고 사회·문화 현상을 대상으로 하는 것이 사회과학이다.

과학의 영어 표기인 사이언스(science)의 어원을 분석해 보면 '지식' 혹은 '앎'을 의미하는 라틴어 스키엔티아(scientia)에서 시작되었다. 접두사 스키오(scio-)는 알다(know)는 뜻과 관련이 있는데 이는 '분별하다' 혹은 '구분한다'

는 뜻의 인도-유럽 어근에서 유래했다. 또 사이언스는 '잘라낸다'의 영어 'cuts off'라는 뜻의 산스크리트어 '치아티(chyati)'와 '찢다(to split)'라는 뜻의 그리스어 'schizein', 같은 뜻의 라틴어 'scindere'와 관계가 있다. 어원 속에 담긴 의미로 파악되는 과학은 자르고 구분하여 분별함으로써 사물 속에 감추어져 있는 참모습을 발견하고 진리를 자각하는 일이라 하겠다.

과학의 정의에 따르면 과학적 방법은 현상으로부터 개념을 유추하기 위한 가설을 세운 뒤 관찰과 검증을 걸쳐 일반적인 이론을 도출한다. 도출된 이론은 다른 현상을 예측할 수 있고 통제할 수도 있다. 과학은 연역법과 귀납법을 통해 이론을 형성하고 발전시키는데, 끊임없는 반증의 과정을 통해 진리에 접근해간다. 이렇게 현상에 내재되어 있는 진리를 객관적인 접근을 통해 규명하는 과정이 과학적 방법인데 자연과학과 사회과학의 연구방법 모두에서 사용된다.

과학의 본성은 관찰된 사실로부터 자연의 질서를 찾는 일반화, 직접 관찰하거나 경험할 수 있는 것을 추구하는 경험 중심, 관찰 사실에 기초하여 사실의 원인을 찾고 규칙을 밝혀 관찰의 내용을 일관되게 설명하는 분석 및 해석, 실재계에 대한 모형을 구성하는 모형화, 그리고 절대적 진리가 아닌 진리의 근사로서의 잠정성 그리고 과학과 다른 학문들과의 의존적 관계에 있는 간학문성 등을 꼽을 수 있다.

과학은 대체로 연구대상에 따라 자연과학, 인문과학, 사회과학으로 구분되지만 과학적 연구방법을 공통으로 사용한다. 사회과학은 인간이 이루어놓은 단체, 구성 모든 것들과 사회, 제도 등을 과학적 방법론 등을 사용해 기술되는 학문이다. 자연과학에서처럼 모델을 만들어서 사회를 설명하거나 예측하기도 한다. 인간이 이룩한 것을 연구하는 측면에서는 인문학과 같으나 인문학과 구별하자면, 인문학이 인간세계의 현상에 대한 규범적 성찰에 무게를 두는 반면, 사회과학은 인간세계의 현상을 가능한 한 가치중립적인 관점에서 분석한다. 그렇다면 자연과학과 사회과학의 차이점은 무엇이 있는가 살펴보자.

첫째, 자연과학은 객관의 세계를 대상으로 하고, 사회과학은 인간이나 그들의 의도적 행위를 대상으로 한다. 그렇기 때문 자연과학자와는 달리 사회과학자는 언어와 같은 상징체계의 일정한 법칙에 따라 의사소통하고 상호작용하는 것을 배워야 한다. 둘째, 예측과 의사소통의 측면에서 자연과학의 설명은 미래에 발생할 어떤 일에 대해 예측이 가능한 반면 사회과학에서의 설명은 예측보다는 사람과 사람 사이의 의사소통과 관계에 큰 비중을 둔다. 셋째, 법칙과 관습이라는 면에서 차이가 난다. 사회과학은 법칙이 있는 설명을 추구하지만 자연과학처럼 어떤 현상이 완전한 법칙 아래 있다기보다는 사회적 관습이 인간행동을 규제하기도 한다. 넷째, 자연과학은 경험의 연역적 통일성으로 이론을 제시하지만 사회과학은 사회의 구성적 의미를 만들어낸다.

문화인류학과 사회과학의 접점을 논하기에 앞서 우리는 우선 문화와 사회를 다루는 학문에 과학이라는 단어가 왜 등장했는지에 대해 살펴보았다. 지금부터는 자연과학과 사회과학의 공통점과 차이점을 지렛대 삼아 문화인류학의 공간으로 들어가 보자.

2. 문화인류학과 사회과학의 접점

1) 전제와 상호연관성

이 책의 집필 목적은 서문에서 밝힌 바와 같이 문화인류학을 질적연구와 관련짓기 위해서이다. 바꾸어 말하면 "문화인류학이 질적연구에 어떻게 관계하는가?"라는 연구 질문으로 환원할 수 있다. 이를 위해서는 먼저 문화인류학이 사회과학과 관련이 있다는 양자 간 상호연관성에 관한 전제를 제시해야 한다.

첫째, 문화인류학이 인간의 생활세계에서 나타나는 다양성을 학문적으로 드러내는 데 있어서 사회·문화 현상을 심층적이면서도 총체적인 연구관점을 견지하고 있다.

둘째, 문화인류학이 인문과학과 사회과학의 겹치는 분과로 학문의 장에서 호환되고 있지만, 적어도 참여관찰과 심층면담이라는 두 축의 현지조사법은 사회과학적 연구방법을 채택하고 있다.

이렇듯 문화인류학을 사회과학적 학문분과로 자리매김하려는 이유는 무엇보다 문화기술지 연구가 사회과학적 연구방법으로서 질적연구로 수행되기 때문이다. 사회과학은 말 그대로 인간이 구성한 생활세계인 '사회'와 그 사회구성원들이 만들어 낸 '문화'를 연구하는 학문으로 정의할 수 있다. 우리가 사회과학의 본질과 특성을 이해하기 위해서 자연의 여러 현상을 과학적·체계적으로 연구하는 자연과학과 비교해 보면 수월하게 그 답을 찾을 수 있다.

김영순 외(2018)에서는 사회과학을 자연과학으로부터 구별하는 기준을 제시하고 있다. 이 두 개의 대단위 학문분과를 구별하는 기준은 궁극적으로 인간 사회의 여러 현상이 자연과는 달리 인위적인 요소를 포함하고 있기 때문이다(박관희, 2016). 일부 연구자들은 자연과 비교되는 문화라는 개념을 사용해 사회과학이라는 명칭보다는 문화과학이라고 부르는 편이 훨씬 적합하다고 주장하기도 한다. 이런 점에서 사회과학은 인문학을 포괄하는 개념으로 이해되기도 한다. 이렇게 이야기하면 아마 본인의 학문적 토양이 인문학 혹은 인문과학에 두고 있는 연구자들이 발끈할 수도 있다.

그러나 실제로 유럽의 대학에서 특히 독일에서는 문화학(culturology or science of culture)이란 학문이 정리되어 정당한 학문분과로서 자리를 잡았다.

문화학은 통일적 인간관과 세계관을 토대로 보편적 규범 체계를 마련하지는 않지만, 문화학이 목표로 삼는 것은 인간의 자기 및 세계에 관한 전반적인 이해이다. 문화학의 배경은 문화적 조건 속에서 인간이 존재함을 강조한다. 인간이 창조한 문화에 의해 인간은 역으로 규정되고 있기에 문화학은 문화로 연구영역을 넓혀야 한다고 주장한다.

독일 대학들은 80년대 중반부터 복수로서의 의미를 지닌 'Kulturwissen-schaften(문화학들)'이란 명칭의 학부를 체계적으로 정립했다. 이 학부 속에 인문학 관련 학문분과들이 위치되어 있다. 독일에서 이런 새로운 시도를 촉진했던 것은 영미권의 '문화연구'와 '신역사주의'를 비롯하여 프랑스권에서 회자되던 '심성사'와 '담론분석' 등의 영향으로 말미암은 것이다. 이 점에서 문화학의 상위개념인 문화과학은 언어, 역사, 철학 등의 인문학 분과를 포괄하고 있다.

이런 의미에서 문화과학이라는 명칭이 총체적이긴 하지만 우리의 학문현실은 문화의 포괄성에 대한 적극적이지 못한 수용으로 인해 사회과학이라는 용어와 학문적 제도가 지배적이다. 이렇듯 사회과학으로 명명하는 것이 문화과학이라는 명칭보다 제한점이 훨씬 많다는 것은 명백하다. 그렇지만 학계에서는 인문과학, 사회과학, 자연과학이라는 삼분법이 주류로써 받아들여졌다. 그리고 이런 분파적 인식이 팽배해 학문의 수련장인 대학과 대학원에서도 오래전부터 인문대, 사회대, 자연대 등으로 그 단과대학의 명칭이 확정되어 견고하게 내려오고 있다. 그렇지만 최근에는 '통섭'이 인문학의 위기를 타개할 수 있는 새로운 개념으로 등장하였고, 학문분과의 분열과 통합 등의 재구성은 다시금 '융합'이라는 개념으로 재포장되기 시작했다. 이런 맥락에서 어떠한 전문 분야의 연구자 전공은 분화에서 융합의 측면으로 변화하고 있으며, 대학과 대학원의 전공명칭도 통합되거나 분화되는 등 변화와 혁신이 진행 중이다.

2) 사회과학, 인간관계의 연구

인간관계의 형성에서 사회는 가장 토대가 되는 배경이며, 인간의 공동생활을 가리키는 것으로 규정된다. 이 사회의 개념이 처음으로 명확히 사용된 것은, 17세기부터 근대 유럽을 지배하여 온 근대 자연법론을 통해서였다. 이는 자연과학과 마찬가지로 인간의 공동생활을 과학적으로 연구하려는 시도로 볼 수 있다. 18세기에 들어서 비코, 스미스, 퍼거슨, 콩도르세 등에 의해 경험주의 사회론이 전개되면서 사회과학의 분위기가 태동되었다.

19세기 초에 콩트가 사회학을 처음으로 주창하였고, 프랑스·영국·독일 등에서 사회과학이라는 명칭이 인간 사회의 여러 현상을 과학적으로 연구하는 학문의 총칭으로 사용되었다. 그러나 사회학의 학문적 성립이 사회과학이라는 명칭으로 일반화되는 계기가 되었지만, 사회과학이란 명칭이 우세해진 것은 18세기 말부터 19세기 초에 걸쳐 유럽에서 사회주의적 사상에 힘입은 바 있다. 어떤 면에서는 철학의 이종으로서 사회학이 사회과학으로 확대되면서 철학으로부터 해방되었다고 볼 수 있다. 마르크스주의의 입장에서 그 사회이론이 유일한 사회과학이라고 주장되고 있는 것도, 사회과학 발달사적 틀에서 볼 때는 유의미하다고 볼 수 있다.

사회과학은 20세기 초에 이르러 사회를 연구하려는 연구자들을 훈련시키기 위한 연구과정을 지칭하는 것으로 사용되기도 했다. 이를테면 필자가 연구와 강의를 행하는 사범대학교에 사회교육과는 고등학교 수준에서 법학, 정치학, 경제학, 사회학, 문화인류학 등 사회과학의 분과 학문의 수업을 담당하는 예비 사회교사를 양성한다. 이럴 경우 사회과학은 사회연구의 복수형 'Social Studies'으로 의미화된다. 그래서 사회교육과는 영어로 'Dept. of Social Studies Education'이라 명명한다. 이런 맥락에서 사회과학이라는 용어는 사회과학자를 양성하는 수련과정으로서의 사회연구와 동의어가

되기도 한다. 미국에서는 사회과학자로서 사회를 탐구하는 연구자의 교육과 훈련에 필요한 학문적 연구 분야에 '사회연구'라는 용어를 사용하고 있다.

3) 사회과학의 연구방법과 패러다임

앞선 절에서 사회과학을 둘러싼 학문적 혼란 속에서도 사회과학은 양적연구와 질적연구라는 고전적인 연구방법과 이 둘을 엮은 혼합연구가 연구방법으로 지속적으로 활용되어 왔다. 앞으로도 이 세 가지 연구방법은 지속적으로 건재할 것이다. 무엇보다 사회과학의 연구방법으로 채택한 이 방법들은 모두 하나같이 사회·문화 현상과 이 현상에 놓여 있는 인간관계들을 탐구하는 데 집중한다는 사실이다. 그러나 어떤 연구방법의 진영에 있느냐는 연구자가 수련 받아 온 학문적 전통에서 기인한 철학적 패러다임에 따라 결정된다. 이를테면 패러다임은 연구자가 연구수행을 위한 관념적 토대이다. 연구는 진리를 체계적으로 논리적으로 탐구하는 활동이다. 그러하기에 연구자의 인식론적 배경과 철학적 배경에 따른 연구의 패러다임이 중요하다.

연구 패러다임이란 연구자가 지닌 현상에 대한 신념, 지식에 대한 가정, 연구 태도 등을 의미한다. 그뿐만 아니라 연구하는 대상과 현상을 분석하고 이해하는 프레임의 차이에 따라 양적연구방법과 질적연구방법이 구분된다. 이를테면, 수량화된 자료를 분석 및 검증하는 양적연구방법을 선택할 것인지 언어에 내포된 의미를 해석하고 재구성하여 현실을 이해하려는 질적연구방법을 택할 것인지를 결정한다. 사회과학 연구에서 연구 패러다임과 더불어 연구방법은 한 단위의 연구에서 중요한 전제이다. 연구방법은 문제 제기-가설 설정-가설 검증을 위한 자료 수집-자료분석-결론(가설 검증)

을 내리는 일련의 체계를 의미한다.

우리가 다루려는 문화기술지는 질적연구에서 오랜 전통을 지닌 연구방법이다. 질적연구는 수집된 자료에서 발견되는 연구참여자 경험의 '의미'를 이해하고 재구성하는 해석학에 기여한다. 또한 질적연구는 그 자료 속에 존재하는 잘못된 인식과 불평등한 사고에 대한 반성과 성찰을 수행한다. 이를 통해 사회변혁을 추구하는 비판이론 및 근대주의적 인식, 즉 동일성과 일원성의 해체를 철학적 기반으로 하는 포스트모더니즘의 패러다임에 사상적 근거를 둔다.

사회과학에서 연구 패러다임과 연구방법은 한 단위의 연구수행에서 필수적인 개념이다. 문화인류학은 다원주의적 연구 패러다임을 갖고 주된 연구방법은 질적연구방법을 채택하고 있다. 우리는 이제 문화인류학의 연구방법인 문화기술지 연구가 무엇 때문에 질적연구인지, 어떤 연구 패러다임을 가져야 하는지에 대해 알아볼 필요가 있다.

3. 사회과학의 탐구대상과 관점

1) 사회·문화 현상의 특징

사회·문화 현상과 자연현상을 탐구할 때는 과학적이고 체계적인 접근이 필요하다. 하지만 사회·문화 현상을 제대로 탐구하기 위해서는 자연현상과는 구별되는 사회·문화 현상의 특징을 이해할 필요가 있다. 그렇다면 사회·문화 현상은 구체적으로 어떤 특징을 가지고 있을까에 대한 정리가 필요하다.

첫째, 사회·문화 현상은 사회를 구성하는 인간이나 집단의 가치와 의도가 담겨 있는 가치 함축적 현상이다. 눈을 주기적으로 깜빡거리는 것은 인간이 의도하지 않아도 발생하는 자연현상으로 어떤 의도나 가치가 포함되어 있지 않다는 점에서 몰가치적이다. 그러나 윙크를 하기 위해 눈을 깜빡인다면 이는 사회·문화 현상이다. 눈을 깜박인다는 것은 같지만 윙크에는 행위자의 의도와 가치가 담겨 있기 때문이다.

둘째, 사회·문화 현상은 시·공간적 특수성을 지닌다. 어떤 사회에서는 부모가 자식을 교육하는 과정에서 매를 드는 행위를 엄격히 금지하지만, 다른 사회에서는 오히려 권장하기도 한다. 하지만 사회·문화 현상이 항상 특수성만 지니는 것은 아니다. 부모가 자식에게 매를 드느냐 아니냐는 사회마다 다를 수 있지만 부모가 자식을 보호하고 교육하는 것은 보편적으로 나타나는 현상이다. 따라서 사회·문화 현상은 특수성과 보편성을 함께 지닌다고 할 수 있다. 반면 자연현상은 특정한 물리적 조건만 충족되면 반복적으로 나타나는 보편성을 지닌다.

셋째, 사회·문화 현상은 개연성과 확률의 원리를 따른다. 하나의 사회·문화 현상은 복잡한 상호작용을 통해서 나타나기 때문에 다양한 요인이 작용할 수밖에 없다. 예를 들어, 폭동의 발생은 경제적 파국이나 정치적 억압이라는 몇 가지 요인들로만 설명하기에는 한계가 있다. 이처럼 사회·문화 현상이 발생하는 데에는 많은 요인이 영향을 주므로 이를 정확히 예측하기는 매우 어렵다. 반면 자연현상은 사회·문화 현상에 비해 인과관계가 분명하게 나타나며, 확실성의 원리를 따르므로 상대적으로 예측하기가 쉽다.

2) 사회과학의 성립과 분화

르네상스와 계몽주의 시대를 거치면서 자연과학이 눈부시게 발전하자 사회·문화 현상도 과학적인 방법을 활용하여 탐구할 수 있다는 생각이 출현하게 되었다. 사회 질서를 유지하고 변화시키는 법칙을 찾으려는 노력은 사회과학의 성립으로 이어졌다. 또한 산업혁명과 시민혁명 이후 인구문제, 빈곤문제, 계급문제 등 다양한 사회문제가 등장하게 된 점도 사회과학의 성립을 촉진하는 계기가 되었다. 새롭게 나타나는 사회문제를 해결하고 새로운 사회 질서를 수립하기 위해서는 사회의 구조와 그 변동에 대한 과학적 분석이 필요했기 때문이다.

사회과학이 발전하고 사회·문화 현상에 대한 지식이 축적되면서 사회과학은 점차로 전문화·세분화되기 시작했다. 또한 사회·문화 현상이 복잡해지고 다양해진 것도 사회과학의 분화를 가져온 중요한 요인이다. 전근대 사회에서는 인간 생활이 대부분 지역 공동체의 테두리 안에서 이루어졌기 때문에 경제생활, 가족생활, 여가활동 등이 서로 명확히 분리되지 않았다. 하지만 현대사회에서는 이들이 독자적인 생활 영역으로 나누어진 만큼 각 영역에 대한 전문적인 지식이 필요하게 되었다.

사회의 분화와 함께 사회과학은 정치학, 경제학, 사회학, 문화인류학 등 다양한 학문 분야로 나뉘었다. 각각의 학문은 특정한 연구대상과 이론, 방법론 등을 발전시켜 사회·문화 현상에 대한 전문화된 지식을 생산해 왔다. 그렇다면 사회과학의 각 분야에서 다루는 핵심적인 연구주제에는 어떤 것이 있는지 알아보자.

정치학은 정치 체계와 정치적 과정 및 결과를 연구하는 학문으로 국가 권력의 획득, 유지, 분배 등과 관련된 일련의 정치 행위들, 정부와 국제기구 등을 포함한 지배 체계의 구성과 역할, 그리고 공공 정책의 수립과 집행 과정 등을 주요 내용으로 한다. 경제학은 희소한 자원을 활용하여 재화와 서비스를 효율적으로 생산, 분배, 소비하는 방법을 찾는 학문으로써 시장, 교환, 수요와 공급, 가격 등을 주요한 개념으로 사용하고 있다.

사회학은 사회적 존재인 인간의 행위와 사회 집단, 그리고 이들의 사회적 상호작용을 통해 나타나는 사회 구조와 변동을 연구하는 학문이다. 사회학의 주요 연구영역은 사회화, 상호작용, 사회적 불평등, 사회 일탈, 사회 문제 등이 있다.

한편 문화인류학은 다양한 사회의 문화와 생활 양식을 비교하여 문화가 인간의 생활과 집단의 유지에 어떤 영향을 주는지 연구하는 학문으로서 인간의 일거수일투족에서부터 대인관계, 가족, 결혼, 종교, 예술, 기술, 신화와 언어 등 생활의 전 영역에 관심을 두고 있다.

사회·문화 현상을 심층적으로 이해하기 위해 사회과학의 세분화·전문화는 꼭 필요하다. 그러나 사회가 복잡해짐에 따라 어느 하나의 학문만으로는 사회·문화 현상을 제대로 파악하기 어려워졌다. 복잡해지고 다양해진 사회·문화 현상을 인접한 학문 분야의 학자들이 모여 공동으로 연구하고 토론하는 것을 '간학문적 접근'이라 한다. 학문의 발전을 위해서는 전문화와 함께 개별 학문에서 축적된 전문화된 지식을 유기적으로 통합하여 사회·문화 현상을 종합적으로 이해하려는 간학문적 접근이 점점 중요해지고 있다.

우리가 특정한 지역의 지형을 조사한다고 생각해 보자. 어떤 방법이 있을까? 우선은 그 지역에서 가장 높은 곳에 올라가 지역 전체를 내려다보며 전체적으로 지형을 파악하는 방법이 있다. 또 다른 방법은 해당 지역 곳곳을 돌아다니며 구체적으로 지형을 파악하는 것이다. 사회·문화 현상을 바라보는 관점 역시 분석의 수준에 따라 거시적 관점과 미시적 관점으로 구분할 수 있다.

거시적 관점은 기능론과 갈등론을 포함하는 것으로 사회체계 전체의 수준에서 사회 제도나 구조, 사회 변동 등을 다루며 미시적 관점은 사회나 사회 집단 전체보다 개인 및 개인 간의 상호작용에 초점을 두는 관점으로 상징적 상호작용론과 교환이론이 이에 속한다.

3) 사회과학의 주요 관점[1]

사회과학 연구에는 크게 두 가지 연구관점이 존재하는데, 이는 거시적 연구관점과 미시적 연구관점이다. 말 그대로 거시적 관점은 거시사회학으로도 칭한다. 이는 사회분석의 단위와 접근방법을 기준으로 사회학을 분류할 때, 일반적으로 분석단위가 크고 전체주의에 입각한 방법 내지 구조주의적 입장에 근거를 둔 사회학을 이르는 말이다. 거시사회학은 집단·조직·체계를 분석단위로서 설정하고, 방법론적으로 개별 구성원들의 일반적인 행위양식이 사회구조에 의하여 결정된다는 구조주의적 방법론을 선호한다. 그러므로 거시사회학은 주로 혁명, 체제변동, 종교 및 문화, 경제제도 및 사회제도, 산업구조 등 비교적 거시적 단위를 연구대상으로 한다. 거시사회학은 기능론적 관점과 갈등론적 관점으로 구분된다.

미시사회학은 개별 인간의 다양한 특성에 입각하여 사회적 변동양상을 설명하고자 한다. 그렇기 때문에, 미시사회학은 대체로 개체주의적 방법론에 중심을 둔다. 또한 미시사회학은 사회를 개별 구성원들의 집합체 및 상호관계의 산물로 간주하고 사회 질서의 형성과정과 변화 양상에 대해 개별 인간의 본능과 충동, 성격, 행위 양식, 의식과 심리상태, 관습, 경험 등의 관점에서 통찰한다. 미시사회학은 상징적 상호작용론적 관점과 교환론적 관점으로 구분된다.

(1) 기능론적 관점

우리 몸을 구성하는 각 기관은 생명을 유지하는 데 필요한 기능을 수행한다. 그리고 그러한 기관들이 서로 유기적으로 결합해야 주어진 기능을

---

1. 사회과학자들은 거시적 및 미시적 연구관점을 본문과 같이 거시사회학 및 미시사회학이라고 칭한다. 이에 대해 이 저술에서는 사회과학의 거시적 관점과 사회과학의 미시적 관점으로 전환하여 이해하기를 바란다.

제대로 수행할 수 있다. 기능론은 사회가 살아 있는 유기체와 같아서 사회의 구성 요소들이 사회의 유지와 존속에 필요한 기능을 수행하고 있다고 보는 이론이다. 법률과 규범은 사회 질서를 유지하고, 산업과 시장은 사회가 존속하는 데 있어 필요한 자원을 생산하고 분배하는 기능을 한다. 기능론적 관점에 따르면 사회의 구성 요소들은 상호의존적으로 연결되어 있다. 그 때문에 일부 요소에서 불균형이 생기더라도 사회가 급격히 와해되는 일은 거의 없다. 상호의존적인 요소들이 불균형의 상태를 해결하고 새로운 균형을 만들어내기 때문에 사회는 갈등과 분열보다는 안정과 균형을 유지한다. 사회 변동을 이해하는 방식에서도 기능론적 관점은 사회적 역할을 구성원의 합의에 근거하여 분배된 것으로 이해하여 현재의 상태를 균형 잡힌 것으로 이해하고 있다. 그러나 이와 같은 관점은 사회의 변동을 제대로 설명하지 못하고 현상 유지만을 고수하는 한계로 인해 보수적 관점으로 비판받기도 한다.

(2) 갈등론적 관점

갈등론은 서로 다른 이해관계를 지니고 있는 집단들 간의 끊임없는 갈등에 주목하는 이론이다. 경제적인 부나 사회적 위신, 정치적 권력과 같은 사회적 희소가치를 모두가 만족할 만큼 나누어 가지는 것은 불가능하다. 집단과 개인들은 희소가치를 더 많이 획득하기 위해 경쟁한다. 그리고 더 많은 희소가치를 차지한 집단은 다른 집단을 지배하고 착취하기 위해 불평등과 지배 구조를 강요하기 때문에 갈등론적 관점에서 공정한 경쟁은 불가능하며 존재하기 어렵다. 갈등론은 기능론이 주목하지 못한 갈등과 억압, 지배와 착취 등을 중요한 요소로 다루고 있다. 대기업과 중소기업, 엘리트 계층과 일반 대중을 지배와 피지배 관계에서 이해하고 지배 계급이 피지배 계급을 착취함으로써 더 많은 희소가치를 획득한다고 본다. 특히 갈등론은 갈등을 사회 발전의 원동력으로 이해하고 있으며, 사회적 역할이 강제 분배에 의해 이루어진다고 보는 점에서 기능론과 차이를 가지고 있다. 갈등론은 갈등을 통해 사회가 역동적으로 발전한다는 시각을 제공한다는 데서 의의를 찾을 수 있으나 사회 갈등과 변동을 지나치게 강조하여 사회 집단 간의 협동과 합의를 통한 조화와 균형을 경시한다는 점에서 비판을 받고 있다.

(3) 상징적 상호작용론적 관점

사회제도와 구조에 초점을 맞추는 기능론이나 갈등론과는 달리 개인과 개인 간의 일상적인 상호작용에서 나타나는 다양한 사회·문화 현상을 탐구하는 관점이 있는데, 그 대표적인 관점이 상징적 상호작용론이다. 예를 들어 친구의 생일에 정성껏 그린 그림을 선물했는데 친구가 선물을 받고 감동 어린 표정으로 고맙다고 했다고 하자. 친구가 감동한 이유는 그림 자체 때문이 아니라 그 그림에 내포된 우정과 정성 때문일 것이다. 상징적 상호작용론은 이처럼 언어나 몸짓, 기호 등과 같은 상징을 사용하여 다른 사회 구성원과 상호작용을 하는 과정을 통해 사회 질서가 형성된다고 본다. 따라서 사회적 행위에는 상대방의 주관적 동기와 의미를 해석하는 과정, 즉 상황 정의가 반드시 필요하다고 본다. 이 관점에 따르면 이러한 상징적 상호작용을 통해 개인은 자아를 형성하게 되고, 자신에게 기대되는 역할과 행동을 학습하게 된다. 한편 상징적 상호작용론은 개인과 개인 간의 미시적인 행위에 초점을 맞추기 때문에 사회 구조나 제도와 같은 거시적인 측면을 간과한다는 점에서 한계를 지닌다.

(4) 교환이론적 관점

개인들 간의 미시적 행위에 초점을 맞추는 또 다른 관점으로는 교환 이론이 있다. 예를 들어 영희가 수학 문제를 풀지 못해 힘들어 할 때 철수가 영희를 도와주었다고 하자. 영희는 도움을 준 철수에게 고마움을 표시하고 철수의 수학 실력을 칭찬했다. 철수는 기분이 좋아서 영희가 수학 문제를 풀지 못할 때마다 도움을 주게 되었다. 이 예에서 보듯이 철수와 영희는 도움과 칭찬을 교환하면서 상호작용을 한 셈이다. 이처럼 교환이론은 사회·문화 현상을 이해하기 위해서는 보상이 제공되거나 비용이 요구되는 활동의 교환에 주목해야 한다고 본다. 이 이론에 따르면 무엇이 교환되느냐에 따라 사회적 관계의 형태와 내용이 달라지므로 개인은 보상이 주어지는 행동을 반복해서 하지만 처벌이 주어지는 행동은 자제하게 된다. 그러나 교환이론은 인간의 사회적 행위를 동물의 행동처럼 단순화시켜 본다는 점에서 비판을 받는다. 아무런 대가를 바라지 않고 이루어지는 봉사 활동과 같이 보상이나 비용이 교환되지 않는 현상은 설명할 수 없기 때문이다.

4. 사회·문화 현상의 연구방법

1) 사회과학적으로 탐구한다는 것

우리가 알고 있는 지식 가운데에는 아무 의심 없이 받아들여지는 상식도 있고, 선조들로부터 이어온 전통적 지식도 있다. 그러나 상식과 전통적 지식은 때로 편견과 선입견을 낳아 사회·문화 현상을 과학적으로 탐구하는 데 방해가 될 수 있다. 그렇다면 사회과학적으로 탐구한다는 것은 어떤 의미일까?

사회과학적인 탐구의 핵심은 경험적 증거에 바탕을 둔 체계적인 탐구 방법에 있다. 공인된 엄격한 절차와 방법에 따라 체계적으로 검증되지 않는다면 과학적 지식이라고 보기 어렵다. 물론 과학적 지식이 항상 옳은 것은 아니다. 때에 따라 과학적 지식이라고 여겨졌던 것이 사라지거나 수정되는 예도 얼마든지 있기 때문이다.

사회·문화 현상을 과학적으로 탐구하기 위해서는 기존의 지식에 대해서도 끊임없이 의문을 제기하고 보다 확실한 근거를 찾기 위해 노력하는 자세가 필요하다. 소수의 사례만 관찰하여 무리하게 일반화하거나 비논리적인 추론에 기초하여 결론을 내리는 것은 올바른 과학적 탐구의 자세가 아니다. 따라서 사회과학자는 논리적 추론 과정을 이해하고, 연구 패러다임에 적합한 연구방법을 비판적으로 점검하고 개방적으로 이해할 필요가 있다.

2) 추론의 세 가지 유형과 융합

사회과학자가 자신의 일상경험과 수련과정에서 얻어낸 지식으로만 연구를 수행할 것이 아니라 논리적 추론을 사용하여야 한다. 대표적인 논리적 추론 유형은 연역(deduction)과 귀납(induction) 그리고 가추(abduction)가 있다.

연역이란 이미 알고 있는 명제를 전제로 하여 명확히 규정된 논리적 형식들에 근거해 새로운 명제를 결론으로 이끌어내는 추리 방법이다. 구체적으로 말하면 일반적인 사실이나 원리에서 개별적이고 특수한 사실이나 원리를 탐색해 내는 것으로 정의한다. 귀납은 개별적인 구체적인 사실 또는 현상에 대한 관찰을 통해 얻어진 인식을 일반적인 결론으로 이끌어내는 추론의 방법이다.

연역은 귀납과 달리 전제와 결론의 구체적인 내용은 간과하고 논리적 규칙에 의존한다. 연역에서는 논리적 형식의 타당성을 갖추고 있는 한, 결론은 전제들로부터 필연성을 가지고 도출되지만 귀납에서는 추론의 타당성은 전제와 결론을 뒷받침하는 내용에 달려 있다. 귀납은 관찰 혹은 실험에서 얻은 특수 혹은 개별 사례를 통해 수행된다. 이 때문에 귀납에서 얻어진

결론은 일정한 개연성을 지니고 있어 이론적 논의에 근거하여 타당성의 정도가 증빙될 수 있다. 그럼에도 불구하고 귀납은 사실적 지식을 확장해 준다는 특징을 가지고 있다.

가추는 가정을 선택하는 추론의 한 방법으로써, 만약 사실이라면 관계있는 증거를 가장 잘 설명할 수 있는 가정을 선택하는 방법이다. 가추적 추론에 의한 논증은 주어진 사실들로부터 시작하여 가장 그럴듯하게 설명을 해나가는 것이다.

그러나 사회·문화 현상을 탐구하는 연구자는 한 단위의 연구에서 연역, 귀납, 가추 중 한 가지 추론만을 사용하는 것이 아니라 동시에 융합적으로 한 개 이상의 논리적 추론법을 사용할 수 있다는 점에 주목해야 할 것이다.

3) 양적방법론과 질적방법론

사회·문화 현상을 과학적으로 탐구하기 위한 연구방법은 크게 양적방법론과 질적방법론으로 나눌 수 있다. 양적방법론은 사회·문화 현상을 자연현상처럼 객관적 수치로 측정하여 계량화하기 때문에 많은 사례를 분석하여 집계하는 통계적 방법을 선호한다. 이처럼 계량화나 통계적 방법을 이용하여 사회·문화 현상을 설명하는 인과 법칙을 발견하는 것이 양적방법론의 궁극적인 목적이다.

하지만 계량화가 어려운 다소 추상적인 사회·문화 현상도 얼마든지 존재한다. 양적방법론에서는 그러한 추상적인 사회·문화 현상조차도 개념의 조작적 정의 과정을 거쳐 관찰이 가능한 구체적인 개념으로 바꿀 수 있다고 본다. 예를 들어 남학생과 여학생의 교우 관계의 정도는 비교적 추상적인 개념이므로 이를 수치로 표현하기는 쉽지 않다. 하지만 만약 교우 관계의 정도를 '비밀을 털어놓을 수 있는 교내 친구의 수'로 측정한다면 구체적인 수치로 표현하는 것이 가능해진다. 이처럼 양적방법론에서는 개념의 조작적 정의만 잘 이루어진다면 연구자의 가치나 선입견에서 벗어나 객관적인 관찰이 가능하다고 본다.

질적방법론에서는 사회·문화 현상이 자연현상과는 근본적으로 다르다는 점을 강조한다. 사회·문화 현상에는 행위자의 주관적인 동기와 의미가 개입되어 있기 때문이다. 따라서 사회·문화 현상을 제대로 파악하기 위해서는 행위자의 주관적 동기와 의미를 사회적 맥락에 따라 심층적으로 이해해야 한다. 이런 이유로 인해 질적방법론에서는 연구자의 경험이나 지식, 가치 등이 사회·문화 현상을 해석하는 데 유용하게 활용될 수 있다고 본다. 예를 들어 교우 관계는 교내 친구가 몇 명인지와 같이 단순한 수치로 표현될 수 없는 복잡한 측면을 포함하고 있다. 어떤 동기로 교우 관계를 맺는지, 실제 친구와의 관계에서 어떤 의미를 주고받으면서 관계를 형성하고 유지하는지를 이해하는 것이 더 중요하다는 것이다. 따라서 교우 관계를 파악하기 위해서는 단순히 친구의 수를 파악하는 것보다는 학생들의 생활을 관찰하고 직접 대화를 나누면서 현상에 포함된 의미를 이해하는 것이 바람직하다고 본다. 질적방법론에서는 연구자의 직관적인 통찰이 중요하다고 보지만 최근에는 객관적인 자료를 확보하고 이를 과학적으로 분석하기 위한 다양한 빙법이 개발되고 있다.

양적방법론이나 질적방법론은 각각 장·단점을 가지고 있다. 양적방법론은 통계적 방법을 통해 사회·문화 현상의 인과적 관계를 밝힐 수 있다는 장점이 있는 반면, 행위자의 동기와 현상에 내포된 의미를 간과하는 단점이 있다. 반면 질적방법론은 개별 사례에 대한 심층적 이해를 바탕으로 사회·문화 현상이 발생하는 맥락을 이해하는 데 효과적이지만 인과관계를 명확하게 밝히는 데는 어려움이 있다. 따라서 양적방법론과 질적방법론을 상호 보완적 관계에서 이해하고 활용하는 자세가 필요하다.

4) 사회과학의 제 학문분과

오늘날 사회과학자들은 인간관계와 그 복잡한 조직사회를 과학적으로 연구하는 데 있어 어느 특정한 사회과학의 관심이 아니라 여러 사회과학의 관심거리가 되어야 한다고 생각하고 있다. 그래서 사회과학은 다양한 분과 학문으로 분화되었다. 사회과학을 기초와 응용으로 구분한다면 그 기준은 인간의 행동과 사회구조를 일반화하는 모형을 만드는지의 여부로 볼 수 있다. 기초분야에는 정치학, 경제학, 사회학, 심리학, 지리학, 인류학 등이 속한다. 그리고 응용 분야에는 법학, 행정학, 경영학, 정책학, 커뮤니케이션학, 사회복지학 등이 속한다.

응용적 사회과학은 적당한 이론을 가져다 응용하기 때문에 그 목적에 따라 학계가 구분된다. 이에 반해 기초적 사회과학 분야는 학계 혹은 학문의 이름만 다를 뿐 서로 동일한 대상을 연구한다. 기초적인 사회과학 분야의 목표는 인간과 인간관계를 합리적으로 기술하고 설명하는 데 있다. 정치학의 경우 권력 관계 개념을 중심으로 인간관계를 환원시키려 노력한다. 사회학의 경우는 기능론, 갈등론, 상징적 상호작용이론, 교환이론 등의 이론과 그 밖의 비판이론, 포스트모더니즘, 페미니즘 등들로 사회와 인간관계를 분석하거나 이를 통해 사회이론을 발전시킨다. 경제학은 부와 자원의 분배 등에 관심을 갖고 효용극대화, 게임이론, 전망이론 등을 중심으로 연구한다. 심리학은 인간의 내면 상태를 연구하며 행동주의, 인지주의, 생물학 및 신경학 등에 기대어 연구하며, 정신분석학 등의 이론이 인용된다.

우리가 주목해야 할 점은 이번 장에서의 관심인 문화인류학이 사회과학의 전형으로 오해받는다는 사실이다. 다시 말해 문화인류학이 사회학의 연구대상과 동일 혹은 유사하다는 것이다. 따라서 문화인류학과 사회학의 연관성을 따져 볼 필요가 있다. 이 두 분과 학문의 공통점은 행위자, 공간과 장소, 상호작용 등의 연구지점에서 공히 상대주의 관점을 견지하는 것이다. 자신만의 관점으로 혹은 자신의 문화를 기준으로 타 사회와 문화를 평가하는 것을 경계하며 특정한 가치를 절대 기준으로 삼지 않아야 한다. 또한 연구의 성향 자체가 진보적이어야 한다. 두 학문 모두 사회적으로 주류가 아닌 대상과 현상들을 주로 연구하며, 이들의 실태를 직시하게 된다. 이에 따라 다른 학문분야에 비해 진보적 성향이 강한 편이다.

유럽이나 북미에선 문화인류학 전공과 사회학 전공의 연구자들이 학생들을 이념화시킨다는 주장도 제기된 바 있다. 또한 이 두 분과는 비교론적 관점을 지닌다. 이 관점은 연구대상과 비교 대상을 설정하여 상호비교하여 서술하는 것을 말한다. 그 이유는 절대적인 가치 기준이 없고, 있다 하더라도 문화나 사회라는 추상적 대상을 '객관적으로' 기술하거나 분석할 수 없기 때문이다. 오직 다른 문화나 사회와의 비교를 통해 서술할 수밖에 없다. 그래야 인류의 공통적인 문화라는 것 혹은 인간과 인간이 만드는 사회에 대하여 작동의 원리를 탐구할 수 있다. 아울러 이 두 분과 문화인류학과 사회학은 경제, 정치, 역사, 자연환경 등의 다양한 요소들을 종합하여 총체적 접근을 시도한다.

이렇게 문화인류학과 사회학은 공통적인 연구대상과 연구방법론을 공유한다. 구태여 차이를 두자면 사회학자들은 연구대상 선정 시 일반적으로 연구자 자신의 출생지와 겹친다. 이를테면 한국의 사회학지라 하면 한국사회를 주로 연구하는 경향이 있어 연구자와 연구대상이 문화와 언어가 동일하다는 것을 암묵적으로 전제하고 있다. 반면에 문화인류학은 자기의 생활세계에서 볼 수 없었던 독특한 현상과 개념들을 주로 탐색한다. 한국의 문화인류학자라 하면 한국의 보편적인 현상보다는 한국사회 구성원과는 구별되는 사회·문화를 연구하거나 그 나라 밖의 다른 민족들이 국가의 구성원들을 연구하는 경향이 있다. 그뿐만 아니라 같은 사회일지라도 다른 문화공유집단을 연구하며 특히 사회적 소수자 집단과 그 문화에 연구 관심을 둔다.

02

문화인류학의 이론 발달과 공헌

1. 문화인류학의 특성

　1장에서 우리는 문화인류학을 사회과학의 분과학문으로서 연구 패러다임, 논리적 추론 과정, 연구방법 등을 살펴보았다. 이번 장에서는 문화인류학이 인류학의 하위 분과이며, '인간을 연구하는 학문'이라고 규정짓고자 한다. 물론 모든 학문이 대부분 인간을 위한, 인간에 관한 연구를 수행한다. 그러나 인류학은 인간을 연구하는 다른 학문과의 차이를 인간의 체질적 특징과 문화적 특징을 연구대상으로 두고 있다는 점이다. 아울러 인간 역사의 전 시대와 세계의 인간과 문화를 연구범위로 하고 있다(한상복 외, 2019).

　문화인류학의 연구대상은 동물과 구별되는 특징을 지닌 인간에 한정한다. 인류학에서는 다른 동물과 구별되는 특징을 인간 신체의 구조와 기능을 포함한 체질적 측면, 행동방식 및 생활양식을 나타내는 문화적 측면에서 발견한다(김운걸, 2015). 인간의 문화적 특징은 신체적 특징과 달리 탄생에서부터 가지고 있었던 것이 아니라 사회문화적으로(김재식, 2012) 학습한 결과로써 생성된 것이다. 다시 말해 사회화 혹은 문화화 과정을 통해 인간은 인간성을 지닌 인간으로서 성장해 간다는 것이다. 그러므로 인간의 생활양식은 양육방식, 사회문화적 맥락, 교육과 환경 등에 따라 적응되어 변화되고 전승된다고 볼 수 있다.

문화인류학의 연구범위는 세계의 다양한 모든 민족과 그들의 문화를 연구대상으로 삼을 뿐만 아니라 인간 역사의 전 시대에 살았던 사람들과 문화를 연구한다. 이 점은 인간의 체질적 특징과 문화적 특징을 종적인 방법으로, 즉 전 인류 시대로부터 현대에 이르기까지 통시적으로 연구하는 측면을 말한다. 또한 횡적인 방법으로 세계의 여러 나라와 다양한 민족들을 동시적으로 연구한다. 통시적 및 동시적 연구를 할 때 자기 자신이 속한 사회나 민족과 다른 그것들과의 비교의 관점에서 연구한다.

문화인류학의 독특한 연구관점은 인간 생활경험의 총체적 관점으로 갖는다. 인간, 인간들이 이루는 사회, 인간들이 만들어내는 생활양식으로서 문화의 모든 측면을 총체적으로 연구한다. 앞서 문화인류학의 연구범위로서 인간의 체질적, 문화적 측면과 아울러 인류학의 연구대상으로서 인간의 초기 인류에서 현재에 이르기까지, 또한 전 세계에 걸친 민족과 문화를 산정하고 있다. 그러므로 문화인류학은 인간 생활세계와 그 속에서의 상호작용 경험을 하나의 총체로 연구한다.

다시 말해 문화인류학자들은 어떤 민족이나 인간집단을 한 단위의 문화공유 집단으로 간주하고 이들의 신화나 역사, 지리와 자연환경, 이들의 체질적 특징과 가족 관계, 혼인 등을 포함한 일상의례, 친족제도, 경제체계와 정치조직, 법과 제도, 교육, 종교, 예술, 건축 등에 이르기까지 모든 측면을 고려하여 총체적으로 연구한다. 인류학의 관점이 총체적인 관점이지만 어떤 연구자가 하는 실제 연구에서는 어느 측면에 집중적으로 연구를 하는 경향이 있다. 문화기술지 연구의 이론적 배경 혹은 이론적 논의에서는 이런 점이 기술될 필요가 있다.

이런 연구대상, 연구범위, 연구관점을 지닌 문화인류학의 위상은 우선 인류학이라는 모(母)학문을 중심으로 크게 세 가지 하위 연구 분야 중 하나이다. 인류학에서 체질적 특징만을 연구하는 분야는 '체질인류학'이라고 하며, 이 분과에서는 인류의 기원과 진화 그리고 인류의 다양성을 다룬다. 문화적 특징을 연구대상으로 갖는 연구분과는 '고고학'과 '문화인류학'이다. 고고학은 문화의 기원과 진화를 밝히는 것을 연구목표로 하고 문화인류학은 문화의 복합성과 다양성을 연구의 기치로 삼는다. 이렇게 보면 우리가 세우려는 문화인류학과 질적연구의 상관성은 결국 문화의 복합성과 다양성을 연구하는 데 있어 그 연구방법으로서 질적연구를 도입한다는 입장을 취하는 것이다.

2. 문화인류학의 정체성과 이론의 탄생

1) 문화인류학의 정체성 변화

문화인류학은 여느 사회과학의 이론 및 방법론적 발전의 흐름과 맥락을 같이한다. 19세기에 들어 직접 확인해야 한다는 인식을 담고 있는 실증주의가 학문 전반에 포진하면서 문화인류학 역시 이런 분위기에 편승하게 된다. 이와 더불어 자기 문화를 중심으로 다른 문화를 평가하려는 자문화중심주의(ethnocentrism)가 생겨나면서 대부분의 사회과학자와 사상가들은 과학과 진보에 대한 확신 속에서 인류발달의 보편적인 법칙을 찾는 작업에 참가하였다. 특히 문화인류학자들은 19세기 말에서 20세기 초에 이르기까지 현지조사 방법을 통해 자기 문화와는 다른 문화집단에 들어가 직접적 경험을 하게 된다. 처음에는 진화론에 입각한 자기 문화의 우월성을 증빙하기 위한 작업을 실행하였으나 시간이 흐름에 따라 사회·문화적 맥락 속에서 문화를 이해하는 문화상대주의 관점을 채택하여 초기 문화인류학의 문제였던 자문화중심주의를 해결하려고 노력했다.

문화인류학자의 주된 관심은 미개사회였다. '미개'라는 것은 보다 단순한 소규모의 사회를 지칭하는 것이다. 어떻게 보면 현대적 의미에서 사회적 소수집단인 셈이다. 문화인류학자들이 미개사회의 문화에서 나타난 속성으로써 다양성을 신봉하는 전문가집단으로 성장하게 된 것은 역시 문화상대론적 관점의 탄생으로 말미암은 것이다. 미개사회에서 현대사회로 발전함에 따라서 세계화, 정보화가 가속화되었다. 다양한 영향으로 인해 어떠한 변동이 일어났는지, 어떤 보편적 법칙이 있는지 등을 미개사회 연구를 통해 찾고자 했다. 그들은 미개사회와 현대사회의 제도와 생활의 차이가 지능의 우열에 의한 것이 아니라 그 사회의 주변 환경의 차이에 의한 것으로 간주하기 시작했다. 또한 현대에 올수록 각 지역끼리 접촉이 빈번해지고 새로운 기술의 도입 및 외부로부터의 자극으로 인하여 미개사회는 커다란 변화를 겪게 되므로 변화 또는 소멸하기 전 미개사회에 대한 연구하고 이후에 현대사회를 조사해야 한다. 이런 상대론적이며 발전론적 관점을 지닌 문화인류학은 20세기 중반에 들어 새로운 유형의 사회나 소규모사회를 연구하여 도출된 결과를 다른 사회에 적용하고자 노력하였다.

　　문화인류학의 학문적 정체성은 다른 문화 연구와 자기문화 연구를 하는 데서도 두드러지게 나타난다. 다른 문화의 연구는 하위사회와 하위문화를 통합하고자 하는 욕구와 지적 호기심에서 비롯되었다. 이를테면, 영국 문화인류학자들의 아샨티족의 관계 연구 혹은 일제 강점기의 일본이 자신의 식민지 등의 다른 나라의 문화를 연구하게 되었다. 영국의 경우 황금의자가 아샨티족에게 어떤 의미를 지녔길래 그들의 반발이 거센지 등에 대한 호기심으로 아샨티족을 연구하였다. 일본은 한국(대한제국)을 식민지화하기 위해서 한국문화를 연구하였고, 그렇게 연구된 결과를 현지로 보내는 사람들에게 교육을 하기도 했다. 이후엔 점차적으로 토착인류학자들이 자기 문화를 연구하는 방향으로 문화인류학의 학문 정체성이 발전되어 왔다. 이는 곧 다른 문화를 연구하며 비교론적인 관점에서 자기문화를 바라볼 수 있는 계기가 되었다. 다른 나라의 문화, 하위문화와 하위사회 연구는 결국 자신들의 나라 연구에 있어서 공정성, 객관성을 더해주는 계기가 되었다.

최근에 들어 문화인류학의 학문적 정체성은 일상생활과 사회제도를 연구하고 그 의미를 탐색하는데 주력한다. 사회제도와 관습 등을 합리적인 견해로 바라보고 인간의 합리성, 문화의 실재성, 공리주의적 관점에서 연구를 시작했다. 하지만 점차적으로 인류문화의 보편성, 상징성과 의미체계, 인지구조 등의 미시적인 연구들이 발전하고 관심을 가지게 된다. 사회제도를 그저 제도적인 측면으로 바라보는 것이 아니라 다양한 측면에서의 의미, 총체론적 관점에서의 바라보는 것을 중요하게 여기는 방향으로 발전해나가고 있다. 정치 제도만을 볼 때도 그 속에서 어떤 상징이 담겨있고 의미가 있는지, 왜 그런지 등에 관해서 연구하게 되는 것이다.

문화인류학은 상대론적 관점으로부터 비교론적 관점을 거쳐 총체론적 관점 형성의 계기를 만들어 왔으며, 이로 말미암아 자신의 학문정체성을 다른 문화집단의 연구로부터 자기 문화 내의 하위집단 연구와 사회제도와 의미의 연구로 변화시켜 왔다.

2) 진화주의 문화인류학 이론

이 이론은 다윈의 진화론에 기초하여 인류문화와 사회를 단계별로 파악하고자 했다. 말하자면 생물의 진화가 오랜 시간에 걸쳐 점진적으로 일어났다는 아이디어와 생물의 진화가 단순한 것에서 복잡한 방향으로 생물계의 복잡성이 증가한다는 아이디어를 인류의 문화와 사회에 적용한다는 의미에서 사회진화론 혹은 사회적 다위니즘(Social Darwinism)이라고도 한다. 진화론은 인류의 문화·사회 전개에 관해 부분적이기는 하지만 실증적 이론을 제시하였다. 19세기 말까지의 고전적 문화진화론은 인종차별주의에 과학적 근거가 있다는 인식론을 학계 안팎에 확산시켰다. 이로 인해 식민지 제국주의를 정당화하는 도구로 사용되어 인류학의 기본 정신인 상대주의적 사고를 허물게 했다. 물론 이런 측면들은 학문적으로는 부정되고 있으나 선진국 자유주의 경제의 암묵적 논리로 작용하고 있음은 부정할 수 없는 사실이다.

19세기 고전적 문화진화론은 퍼거슨(Adam Ferguson, 1723-1816)이 〈시민사회사론(1767)〉에서 수렵사회(야만단계)로부터 유목사회, 농경사회, 산업사회로의 진화를 설명했고, 타일러(Edward Burnett Tylor, 1832-1917)가 〈원시문화(1871)〉를 통해 문화를 야만단계(애니미즘)로부터 미개단계(다신교), 문명단계(일신교)로의 진화를 설명했다. 또한 모건(Lewis Henry Morgan, 1919-1881)은 〈고대사회(1877)〉를 통해 야만시대(저→중→고)로부터 미개시대(저→중→고), 문명시대로 기술했으며, 각 단계별로 기술발전, 생업활동, 혼인제, 가족·친족 관계, 정치조직문화 등을 제시했다.

진화주의 문화인류학자들이 지닌 공통점은 문화가 저차원에서 고차원으로, 단순에서 복잡으로, 불완전에서 완전으로 향하여 진화한다고 보았다. 또한 진화는 어떤 문화이든 동일한 단계를 거치며 단선적, 보편적 발전의 형태를 취한다고 했다. 이러한 진화주의 인류학은 다음과 같은 비판에 직면하게 되었다. 두 문화 속 동일한 문화 요소가 발견되면 동일한 진화단계에 있다고 평가하는 것은 요소 이외의 것이 차이가 있다는 것을 설명하지 못한다. 또한 같은 자극을 받아도 반응이 다르므로 문화가 같은 방향으로 발전하는 것도 한계가 있다는 점이다.

3) 역사적 특수주의

보아스(Franz Boas, 1858-1942)로부터 시작된 역사적 특수주의는 문화상대주의 인류학으로도 칭한다. 보아스는 진화주의를 거부한 대표적인 학자이며 보편적인 규칙을 찾아내는 것을 거부하고, 문화특수성을 강조하고 역사를 중요시하게 생각하였다. 역사적 특수주의의 학문적 전제는 동일한 민족이 동일한 환경조건에 있어도 문화적인 측면에서 볼 때 차이가 있다고 본다. 이를 뒷받침하는 논리는 문화가 인종이나 인간의 지적 능력에 의해서 결정되거나(인종결정론), 지리적 환경에 의해서 결정되는 것(지리결정론)이 아니라는 점이다. 문화는 각 집단의 특수한 역사적 배경과 과정에 의해서 결정된다(역사결정론)는 것이다.

그러면서 보아스는 각 문화는 하나의 통합체를 이루고 있으며 문화의 개별 요소는 다른 요소들과 관련해서 이해되어야 한다고 주장했다. 보아스와 베네딕트(Ruth Benedict, 1887-1948)에 의하면 역사적 특수주의는 문화상대주의를 배태한다고 보았다. 문화상대주의는 문화의 복수성과 대등성을 인정하고 있으며 가치의 우열을 가릴 수 없는 문화는 얼마든지 존재한다고 보는 입장이다. 그렇기 때문에 각각의 문화에 경의를 표하고 성실히 연구해야 한다. 허스코비츠(Melville Jean Herskovits, 1895-1963)에 의하면 인간은 태어나서 자란 문화를 익히고 익힌 문화에 따라 자기 경험의 의미(남계령, 2011)를 이해한다. 그 때문에 인간의 판단에는 그 사람이 태어나서 자란 문화가 반영된다는 생각이 문화상대주의의 기초가 된다고 본다. 특히 문화화라는 개념을 제시하는데, 이는 인간이 자기 문화를 배워 익숙해지는 학습과정을 의미한다. 따라서 문화 연구를 하는 데 있어 학습과 경험의 역할을 중시한다.

문화상대주의는 우선 연구방법이 객관적이어야 하며, 자민족 중심주의 경계해야 한다. 또한 문화의 복수성과 대등성이 인정되며 각 문화의 가치에 중심을 두는 철학적 원리 아래에서 연구를 실천하는 것이 필요하다. 현대사회에 들어 초국적 이주가 성행해짐에 따라 사회는 점차 다문화화 되어가고 있다. 이런 다문화 상황의 증가는 다양성의 사용방식, 즉 문화적 다양성을 어떻게 맞추어 나갈 것이냐의 문제가 대두된다. 이 상황에서 문화상대주의는 문화화 과정에서 단일문화가 아닌 복수문화를 경험할 확률이 높아진다는 가정을 갖게 한다. 다문화사회구성원 간에 서로 깊이 이해하며 성장할지, 불신하며 성장할지가 바로 다양성의 쓰임새라고 볼 수 있다.

그러나 문화상대주의의 정치화를 경계할 필요가 있다. 자신들의 권위주의적 태도를 지키기 위해 문화상대주의를 수단으로 사용하는 때도 있다. 이를 문화상대주의의 오용이라 부른다. 문화상대주의는 문화 간에 서로 배우고 문화를 바꾸어 나갈 가능성을 강조함으로써 문화의 역동적 변화를 긍정하는 문화인류학의 기본 정신이다.

4) 전파주의 문화인류학

전파주의에 입각하여 수행한 문화인류학 사조를 문화전파론이라고 한다. 문화진화론이 발생의 맥락에서 문화의 독자성을 독립적으로 이해하려는 데 비해, 문화전파론은 공간적으로 떨어져 있어도 유사한 문화요소가 존재한다는 가정을 한다. 바로 이 현상을 문화전파의 흔적으로 본다.

문화전파론의 대표적인 학자는 타일러인데, 그는 사회·문화 현상 간 상관관계를 조사하는 데 주력하였다. 특히 유착에 의한 관계에 집중하였고, 실증을 바탕으로 한 전파주의적 연구를 시도하였다. 프로베니우스(Leo V. Frobenius, 1873-1938)는 '문화권' 개념을 제안하였는데, 이는 어떤 문화요소들이 일정 지역에서 독특한 역사적, 지리적 관계를 보이는 것이다. 이 제안은 문화권 개념을 문화전파연구의 유력한 수단으로 다듬는데 공헌하였다.

독일의 민속학자인 그레브너(Fritz Graebner, 1877-1934)는 민족학에서 문화의 사실을 정확히 파악하고 그 상관관계를 객관적으로 포착할 수 있는 방법론 구축에 기여하였다. 그는 민족적 자료를 풍부하게 모으고 면밀히 분석하고 난 후 사물결합 방식에 대한 검토 작업을 진행하였다. 아울러 주관적 판단을 막기 위한 규준을 형태 규준(유사성), 양적 규준(주거, 의복, 공통된 언어 등 여러 특성에서 유사성 있는지), 계속의 규준(통과경로 확인)으로 설정하였다. 또한 그는 특정 문화요소들과 연계된 공간을 문화권이라 하였고, 문화복합의 이동에 따른 문화층 파악이 가능하다고 보았다. 이를테면 문화의 한 요소뿐만 아니라 여러 요소의 복합체로서 지역적으로 번져 나가는 것으로 차(tea)와 향신료, 면(누들로드)이 문화전파의 증거들이라는 것이다. 따라서 전파주의는 문화가 '전파'라는 외재적 문화변동에 의해 나타난다고 주장한다.

전파주의 인류학은 다음과 같은 몇 가지 비난을 받게 된다. 문화의 전파과정에 초점을 맞추지만 왜 다른 지역에 전파, 수용될 때 어떤 요소는 거절되고 어떤 것은 변형되는가 하는 점은 설명치 못한다. 왜 문화가 소위 문화중심에서만 발명, 발전되어야 하는지도 분명치 않다. 이는 곧 문화의 발명과 전파과정에 대한 확실한 역사적 관계를 설명해 내지 못하고 있는 것과 관계가 있다. 뿐만 아니라 동일한 요소도 지역에 따라서 기능과 의미를 달리할 때 이를 단순히 모양이나 물질적인 측면만을 가지고 전파관계로 설명할 수 있는가 하는 문제가 생긴다. 또한 상이한 지역의 동일한 문화적 요소에 대한 관심은 상이한 유형인 것처럼 보여도 동일한 지역으로부터 유래된 것이라는 사실을 간과하게 되었다.

5) 프랑스 사회학에 기초한 사회인류학

문화인류학과 사회학은 상호보완적인 학문분과임에 틀림없다. 문화인류학 이론 발달과정에서 프랑스 사회학은 큰 영향을 주었다. 특히 영국의 사회학자 스펜서의 영향을 받은 뒤르켐(Emile Durkheim, 1858-1917)은 스펜서(Herbert Spencer, 1820-1903)가 사회와 문화에 대한 포괄적인 과학을 추구하면서 초유기체적인 관점을 전개한 바와 같이 자신의 저서 〈사회학적 방법의 법칙〉에서 나타난 자신의 입장을 드러냈다. 핵심적인 개념은 사회적 사실인데, 이 개념은 개인의 심정과는 관계가 없는 것이므로 개인의 심리학적인 관점(사회심리학)으로는 설명될 수 없다는 것이다. 언어를 예로 들면 그것은 한 개인이 이 사회에 태어나기 전부터 존재해 왔으며 그가 죽은 후에도 남을 것이며, 개인은 다만 그것을 배우고 사용할 뿐, 개인의 마음이나 능력에 의하여 마음대로 바뀔 수는 없는 것이다. 이러한 것이 사회적 사실이며 이것은 '수이제너리(suigeneris)'한 것으로서 같은 질서에 속해 있는 다른 사회적 사실들과의 관계에서, 다시 말하면 하나의 사회적 제도를 이루고 있는 요소들의 하나로서 갖는 기능을 이해함으로써 설명되는 것이다.

이런 사회적 사실의 특징은 그 사회의 구성원에게 공통적으로 적용되는 '보편성', 세대를 계속하여 그 구성원들에게 전달되는 '전달성', 그 사회의 구성원이면 그것을 받아들이고, 그것에 의하여 행위를 결정해야 하는 '강제성'으로 나타난다. 또한 한 사회의 모든 구성원은 일반적으로 동일한 관습과 풍습, 언어, 윤리관을 공유하며 모든 공통된 법적·정치적·경제적 제도들의 틀 안에서 생활하는 '문화의 공유성'을 지닌다. 그뿐만 아니라 이러한 모든 것들은 어느 정도 변함없는 구조를 형성하고 있어서 세대를 거쳐 전해 내려가면서 오랫동안 기본요소로 존재한다는 문화의 축적성을 나타낸다.

'사회적 사실'은 개인과 관계없이 계속 남아 있는 것이며, 그것은 개인의 의지나 의식과는 별개의 것인 집단적 의식(의례)을 가진 사회적 제도이며 심리적 제도가 아니라는 것이다. 사회적 사실의 측면에서 보자면 개인은 사회에 의해 부여된 규범만을 지키고 사회의 결속을 위해서 존재하는 것으로 보인다. 이런 뒤르켐의 견해는 곧 사회 자체를 중시하고 개인을 경시하는 경향으로 비쳐졌으며, 어떤 집단적인 의식의 총체가 있는 것을 전제로 한다고 비판을 받기도 하였다.

6) 기능주의 인류학

기능주의는 19세기 문화진화론을 비판하면서 출현한 인류학의 이념이다. 문화진화론은 서구-비서구의 비교를 위해 관습들간의 관계를 무시한 채 전체 맥락에서 문화를 비교하려는 경향이 있었고, 해석 방법이 주관적이며 지성주의에 편향되어 있다. 이러한 이유로 말리노프스키(Bronislaw K. Malinowski, 1884-1942)와 래드클리프-브라운(Alfred Reginald Radcliffe-Brown, 1881-1955)은 진화론, 문화권론의 방법론을 거부하고 기능주의 이론을 펼쳤다.

기능주의 인류학의 목표는 타문화 번역과 타문화를 이해하는 것이다. 그러기 위해서는 그 문화 내부에서 문화를 보아야 하며, 사회문화가 유기적인 통합체라는 전제를 지닌다. 기능주의 인류학은 연구대상을 문화·사회의 맥락 속에서 기능과 관계를 해석하고자 하였다.

기능주의 인류학에서 기능과 관계는 매우 중요한 개념이다. 예컨대 관습을 작용 혹은 효능으로 보느냐, 관계로 보느냐에 따라 관습에 대한 해석이 달라진다. 관계는 어떤 현상이 어떤 변수의 함수로서 나타난다는 설명이고 기능은 사회와 개인의 욕구를 충족시키기 위한 작용이나 효능을 말한다. 기능주의에서 욕구는 기능을 위한 필요조건이며, 말리노프스키는 생물학적 기능으로, 래드클리프-브라운은 사회기능으로 상정하는바, 이를 통합한 것을 '사회의 기능적 필요조건'으로 본다.

사회는 다양한 힘이 균형상태를 유지하는 유기체다. 기능주의는 이러한 사회의 관행과 제도가 사회연대를 유지하는 기능을 하고 있다고 보았다. 기능의 종류에는 잠재기능, 정기능, 역기능이 있다. 잠재기능은 제도가 기능할 수 없게 되었을 때 표면상으로는 관계없는 다른 제도가 그 제도의 기능을 대신하는 것을 말한다. 이러한 기능의 대체를 기능교환이라 한다. 또한 정기능 혹은 순기능은 사회통합 유지에 기여하며, 역기능은 사회의 통합과 연대를 훼손하는 것을 말한다. 이렇게 사회연대의 붕괴상태에 대해 사회에 노력을 기울일 수 없는 상태, 즉 아노미(anomie)라고 주장한다. 따라서 기능주의에게 사회구조란 각 제도가 사회 유기체안에 통합되어서 균형을 이룬 것이다.

기능주의 인류학의 특성은 4가지로 요약된다. 첫째, 사회 전체의 구조를 무시하고서는 관습·제도의 해석이 불가하다는 총체론적 입장을 지니며, 둘째, 사회의 기능, 구조, 체계를 중요한 개념군으로 가지고 있다. 셋째, 한 사회의 구조원리를 다른 사회의 구조원리와 비교하여 인간 사회의 일반법칙을 귀납적으로 발견하는 비교사회학적 관점을 지닌다. 그러나 기능주의 인류학이 실증주의에 치우쳐 있다는 비판과 함께, 현지조사로 자료를 수집했지만 자료 해석에 있어서 기능의 발견에만 치중하여 자료의 의미를 무시한다는 비판이 제기되었다.

3. 현대 문화인류학의 주요 이론

1) 신진화론적 인류학

이 이론은 다윈의 진화론에 기초하여 인류문화와 사회를 단계별로 파악하고자 했다. 말하자면 생물의 진화가 오랜 시간에 걸쳐 점진적으로 일어났다는 아이디어와 생물의 진화가 단순한 것에서 복잡한 방향으로 생물계의 복잡성이 증가한다는 아이디어를 인류문화와 사회에 적용한다는 의미에서 사회진화론 혹은 사회적 다위니즘이라고도 한다. 문화진화론은 인류의 문화·사회 전개에 관해 부분적이기는 하지만 실증적 이론을 제시하였다. 19세기 말까지의 고전적 문화진화론은 인종차별주의에 과학적 근거가 있다는 인식론을 학계 안팎에 확산시켰다. 이로 인해 식민지 제국주의를 정당화하는 도구로 사용되어 인류학의 기본 정신인 상대주의적 사고를 허물게 했다. 물론 이런 측면들은 학문적으로는 부정되고 있으나 선진국 자유주의 경제의 암묵적 논리로 작용하고 있음은 부정할 수 없는 사실이다.

이런 문화진화론에 대해 다음과 같은 몇 가지 비판이 제기되었다. 첫째, 모든 사회가 같은 역사단계를 거쳐 단선적 과정을 밟는다고 가정할 수 없으며, 둘째, 유럽 사회의 문명을 최고로 여기는 자민족 중심주의를 보여준다. 셋째, 사회발전 척도가 물질에 치우쳐 있으며, 넷째, 실증 분석에 의해 성립하지 않음이 밝혀지기도 했다.

이러한 문제점을 극복하기 위해 일단의 인류학자들은 실증적 분석에 입각한 문화진화론을 펼쳤는데, 이를 '신진화론'이라고 부른다. 대표적으로 화이트(Leslie A. White, 1900-1975)의 에너지소비이론은 인력으로부터 가축력, 식물력(농업), 화석연료, 원자력 이용 순으로 에너지 소비가 진화한다고 보았다. 스튜어드(Julian Steward, 1902-1972)는 사회가 변화하는 모습이 일정치 않다는 다선진화론을 주장하면서 환경·기술복합이론를 세웠다. 살린즈(Marshall Sahlins, 1930-2021)와 서비스(Elman Service, 1915- 1996)는 〈진화와 문화(1960)〉에서 밴드사회(친족·혼인·지연유대)로부터 부족사회(비지연연대), 수장제사회(중앙집권), 국가사회(법제, 관료조직)로의 진화를 주장하였다. 또한 해리스(Marvin Harris, 1927-2001)는 〈문화유물론(1979)〉에서 문화의 세 가지 양태를 진화론적으로 설명하면서 하부구조(인구동태, 생물적욕구, 기술, 도구 등), 구조(사회통제장치, 생산관련 규범), 상부구조(법, 종교, 사회, 예술, 과학 등)로 구별하였다.

문화진화론이나 신진화론 모두 각 문화의 독자성을 발생의 맥락에서 독립적으로 이해하려는 경향을 보인다. 특히 진화론을 따르는 연구자들의 연구경향은 전체 진화과정 단계에 비추어 연구하는 방법을 제시하는 특성이 있다.

2) 구조주의 인류학

구조주의는 1960년대 프랑스에서 형성된 현대사상의 흐름이다. 소쉬르(Ferdinand de Saussure, 1857-1913), 레비-스트로스(Claude Levi-Strauss, 1908-2009), 푸코(Michel Faucault, 1926-1984), 알튀세르(Louis Pierre Althussuer, 1918-1990), 바르트(Roland Barthes, 1915-1980), 라캉(Jacques Lacan, 1902-1981)으로 이어지는 학문적 계보를 잇고 있다. 구조주의는 주로 언어학, 문학, 인류학, 정신분석학에 이르기까지 인문학과 사회과학 전반에 걸쳐 회자된 학문적 이념이다. 구조주의는 첫째, 현실을 기술하는 도구로써 언어를 중요하게 간주하고 언어가 현실을 만들어가게 된다는 언어론적 변환에 주목한다. 둘째, 자율적 인간과 이성의 해체를 통해 보다 넓은 인간관을 개척하고 있다는 측면에서 근대적 주체의 해체라는 특성을 갖는다. 셋째, 미개사회를 야생의 사고로 가정하고 야생의 사고가 합리적이고 이성적 사고의 일종임을 보여주면서 진보주의 역사관을 비판하고 있다.

사실상 구조주의는 소쉬르의 언어관에 기인하고 있지만 인류학에서의 구조주의는 레비-스트로스에 의해 소쉬르를 넘어선다. 즉, 구조는 변환에 의해서만 형성된다는, 구조의 변환적 관점이 추가되었다. 구조주의 인류학 혹은 구조인류학은 문화인류학에서 구조주의 분석을 수용한 것으로 볼 수 있다. 구조주의 인류학은 구조의 변환적 관점을 통해 사회·문화 현상을 이해하고자 노력했다. 이를테면 레비-스트로스에 의해 행해진 교차 사회혼을 기본으로 하는 혼인이론의 전개, 구체적인 동식물 등 자연종을 조작자로 쓰는 야생의 사고 제시, 신화의 의미와 구조는 개별적으로 알 수 없고 다른 신화와의 변환관계를 살펴보아야 한다는 주장들이 이에 속한다. 다시 말해 구조주의 인류학은 특정 문화는 다른 문화가 지닌 가치의 절대적 코드가 될 수 없음을 강조한다. 또한 문화가 단일체계이며 그 자체만으로 성립한다는 것도 부정하며, 문화의 상대성은 다른 문화와의 대화를 위한 공동의 장이 된다고 주장한다. 구조주의 인류학은 문화상대주의와 보편주의의 대립을 극복하는 대안적인 사상으로 평가받는다. 이런 면에서 다문화사회의 연구 패러다임으로 자리매김한 다원론적 시각과 다문화주의의 이론적 토대를 제공한다고 볼 수 있다.

3) 마르크스주의 인류학

마르크스주의는 독일의 철학자이며 유물론 사상을 체계화한 칼 막스(Karl H. Marx, 1818-1883)의 이론에 기초한다. 특히 마르크스주의 인류학은 사적유물론과 변증법적 유물론의 접속을 통해 형성되었다. 사적유물론은 마르크스가 자본주의 분석과 관련해 구상한 단계적 생산양식의 발전 가설, 즉 원시공산 사회로부터 노예제 사회, 봉건제 사회, 자본주의를 거쳐 사회주의에 이르는 가설을 제시하였다. 변증법적 유물론은 헤겔의 변증법적 전개로 절대정신에 이른다는 철학과 유물론의 결합 모색을 통해 확립되었다.

19세기 중엽에 이르러 마르크스주의는 자본주의 사회분석을 통해 역사유물론 확립을 계기로 문화인류학을 만나게 된다. 이후 마르크스주의 아시아적 생산양식, 자본주의 사회 확산에 따른 생산양식의 변질문제, 혁명운동에서 전위당의 역할과 계급의식에 관심을 두고 문화인류학과의 협동을 도모하였다. 특히 프랑크, 아민 등의 종속론, 월러스틴의 세계체제론에서와 같이 개발도상국 경제 현상을 분석하는 연구방법으로서 세계 규모 자본주의를 중심 대 주변의 틀 속에서 포착하려는 분석방법 성립되기도 했다.

4) 인지주의 인류학

인지주의에 토대를 둔 인류학, 즉 인지인류학 인지인류학의 발상은 앞서 소개한 구조주의와 연관되어 있다. 19세기 유럽에서 구조주의적 사고의 출발점인 토테미즘론은 신대륙인 미국의 민족식물학 혹은 민족동물학 연구에 영향을 주었는데, 이것이 인지인류학 탄생으로 이어진다. 콩클린(Edwin Grant Conklin, 1863-1952), 구디너프(John Bannister Goodenough, 1922~), 라운스버리(Floyd Glenn Launsbury, 1914-1998) 등은 자연이나 인간을 분류하는데 착안한 연구가 구조주의의 언어학적 분석이라는 틀을 갖춰 인지인류학이라는 하나의 유형을 이루었다.

인지인류학의의 대표적인 세 가지 영역은 자연과 인간의 상호관계에 관한 지식을 연구하는 민족과학, 주변 자연의 분류를 생각하는 민속분류, 친족명칭의 분류와 의미에 관한 연구이다. 인지인류학의 주요관심사는 그 사회 사람들이 가진 개념이나 지식을 어떻게 기술하고, 제시해야 하는가에 주목한다.

인지인류학은 기존의 문화기술지 즉, 민족지 존재 방식에 대해서 현지개념 없이 무비판적으로 적용하고 있다고 비판하면서 새로운 민족지 기술방법인 신민족지를 제안했다. 예를 들어 벌린(Berlin, 1909-1997)은 중앙아메리카 첸탈사회의 식물분류연구와 색채명칭연구를 하는 데 있어서 언어학적 방법, 특히 어휘소 분석을 통한 인류보편적 민속분류방식을 제시하려고 시도했다. 이 시도를 벌린 시스템이라고 하며, 그 특징은 엄밀한 언어학적 분석의 사용, 통문화적 비교로서 인류에 대한 보편적인 논리조작 방식을 탐색하는 것으로 나타났다. 라운스버리는 친족명칭 분석연구를 수행했는데 원래 구디너프 등과 함께 했던 성분분석에 근거한 연구의 심화연구라고 볼수 있다. 이는 성분분석의 성분 결정 방식이 자의적이고 성분 수가 늘어날수록 다른 조합의 분석이 가능하다는 비판을 받았다. 그런 이유로 성분분석에서 형식의미분석으로 연구방식을 변경하였다. 라운스버리의 연구가지니는 의의는 친족명칭과 관련된 한정된 수의 규칙을 만들어 모든 인류사회의 친족명칭 체계에 적용 가능하다고 보았다는 점이다.

인지인류학은 인지심리학과의 연관 속에서 관심을 받아왔다. 색채분류연구와 친족명칭 연구의 '초점과 주변' 개념이 인지심리학자 로슈의 인식론 '원형'개념, 즉 전형적인 것과 주변적인 것의 피인식도 차이와 유사하다고본다. 이런 인지인류학은 인지심리학뿐만 아니라 여러 인접과학과 공동으로 다양한 분야에 진출하고 동반성장을 하고 있다.

5) 상징주의 인류학

상지주의에 입각한 인류학, 즉 상징인류학징인류학의 가장 중요한 개념은 상징이다. 상징은 어떤 무엇으로써 다른 무엇을 나타내는 것으로 개념화된다. 1960년대부터 상징인류학이 유행하였는데 문화를 의미체계로 생각하여 복잡하고 다양하게 보이는 문화현상에 사용되는 상징의 의미를 해독하고 분석하는 것을 과제로 한다. 상징인류학은 터너(Victor Turner, 1920-1983), 리치(Edmund Ronald Leach, 1910-1989), 더글러스(Dame Mary Douglas, 1921-2007), 니덤(Joseph Terence Montgomery Needham, 1900-1995) 등의 영국 사회인류학에 기대고 있다.

상징인류학은 기능주의에 대한 대항의식과 뒤르켐의 사회이론에 대한 반발로 등장하였다. 특히 잃어버린 세계의 복권, 신화, 축제, 전통에 대한 관심이 증대되면서 1980년대까지 영향력 유지하였다. 상징인류학은 1960년대 레비-스트로스의 영향을 계속 받으면서도 다음과 같은 두 가지 방향성을 지닌다. 첫째, 리치 등에 의한 언어나 신화 등 상징표현을 분석하여 논리나 구조를 도출하는 주지주의적 경향, 둘째 터너 등에 의한 의례나 언행의 상징성에 착안하여 사람들을 행동하게 하는 상징의 동태를 분석하는 경험주의 경향이다.

터너는 의례(ritual)를 독자적인 의미와 가치를 지닌 행동으로 간주하고 상징을 의례의 구성단위로 보아 그 의미해독을 통해 세계관이나 우주관을 해명하는 방법(안경순, 2017)을 개척하였다. 의례의 정의는 좁게는 종교적 행동에 한정, 즉 비일상적인 장에서 추구되는 형식적 행동이며, 신비적 존재나 신앙과 관련된 것으로서 의례와는 구별되는 것이다. 넓은 의미의 의례는 사회적·문화적으로 규정된 형식적 행동이다. 인사, 겸양, 손님 응대 등을 포함하여 종교적 행동에 한정되지 않고 이벤트나 세속적 의식 예컨대 카니발이나 구경거리 등을 포함하는 퍼포먼스, 일상의 형식적 행동에까지 확대될 수 있다.

이런 상징인류학이 문화인류학에 끼친 영향은 분류체계를 정교화하는데 공헌한 바가 있지만 성(性)과 관련하여 이항대립이 아닌 애매한 영역이 양의성을 지니게 된 부분도 있다. 최근 들어 생물의학상의 질병과 문화적·사회적으로 구축된 병과의 구별 시도 등을 통해 의료인류학 분야에도 영향을 주었다. 또한 상징인류학 연구는 역사나 기억을 받아들이고 일상생활에 나타난 의례 속의 권력, 지식, 젠더를 묻는 방향으로 집중하는 경향을 보인다.

6) 해석주의 인류학

1970년대 미국 인류학이 해석학으로 패러다임을 전환 한 것이 해석인류학의 태동 배경이 된다. 기어츠(Clifford J. Geertz, 1926-2006)의 초기 문화기술지 저작물들이 해석을 지향했다는 점과 해석인류학이란 용어를 저서 제목에 사용하여 에세이식 자유집필을 시도한 것이 해석인류학의 출발점이다. 기어츠는 저서 〈문화의 해석〉에서 인간은 스스로 짠 의미의 그물망에 갇힌 동물로 간주하고, 문화는 그렇게 짜인 그물망이며 따라서 문화분석은 법칙성을 추구하는 실험과학이 아니라 의미를 추구하는 해석과학임을 주장하였다. 그는 인간이 가장 견디기 어려운 것은 우리의 인식과 분석 능력의 한계가 있음을 알았을 때이며, 감정적 고통을 견디는 힘의 한계를 느꼈을 때, 그리고 도덕적 판단력의 한계에 다다랐을 때라고 한다. 이럴 때 인간은 '의미의 상실' 및 '해석의 가능성'에 위험을 느끼게 된다.

그래서 기어츠가 도전하고자 하는 것은 의미의 문제로 소급된다. 여기서 의미의 문제는 결국 지금 이해할 수 있는가와는 별도로 결국 이해하게 될 것이라는 가능성 자체가 위협받는 것으로 이해된다. 어떤 물체, 행위, 사건, 질, 관계 등은 의미를 실어 나르며, 모든 의미는 실체적 상징에 의해 운반된다. 상징은 이해와 긴밀히 연결되어 있으나 의미는 상징에 내재하지 않기에 해석의 괴리가 발생한다. 문화는 상징과 의미로 이루어진 체계이다. 또한 인간의 지식과 태도를 존속시키고 전달하고 전개하는 수단인 상징으로 표현되는 개념이 역사적으로 계승되어 만드는 체계이기도 하다. 그러므로 문화는 의미 있는 상징의 질서들이 축적된 전체로서 텍스트의 집적이다. 그가 말하는 문화분석이란 대상에 대한 상징 개념의 텍스트에 관한 '해석을 구축한다'는 의미이다. 이때의 텍스트는 문자나 언어가 아니라 행위로써 간주된다(이영진, 2014).

1970~80년대 기어츠의 해석인류학은 사회학, 역사학, 지리학, 철학, 정치학, 종교학, 교육학 등 다양한 인류학 밖 분야에 영향을 주었다. 그렇지만 해석인류학이 지닌 몇 가지 문제점이 제기되었다. 첫째, 연구자의 주관에 따라 민족지를 쓰기 때문에 현지해석과의 관계가 분명치 않다. 둘째, 문화를 하나의 정리된 실체로서 포착하지만 현지문화 내부에는 복잡한 차이가 있다. 셋째, 해석을 주장하지만 해석에 대한 지침이 미흡하고, 해석의 전형이 어떤 것인지를 밝히지 못한다. 넷째, 현지인과 쌍방향으로 대화한 민족지가 아니라 일방적 해석만 있는 경우가 많다. 다섯째, 정치적 현상을 다루지 않으며 정치적 입장이 불분명하다. 여섯째, 문화기술지 연구자 자신만 쓸 수 있는 언어로 교묘하게 표현하며, 밀도 높은 문장을 빼면 특별히 남는 게 없다. 일곱째, 기어츠의 작업이 과학이라기보다는 예술이나 문학이며 인류학을 픽션의 차원으로 위치시켰다.

4. 인류를 위한 문화인류학의 공헌

1) 문화인류학의 반성

우리는 위에서 문화인류학의 주요 이론을 개척했던 학파와 그들의 이론적 특성을 살펴보았다. 문화인류학은 '타자(the other)'를 연구하는 학문이다. 그럼에도 문화인류학의 문제는 이러한 타자에 대한 연구가 식민지 시대와 제국주의를 거치면서 이들의 '충실한' 시녀로서의 역할을 수행하였다. 유럽인들이 아시아와 아프리카 등지에 식민지를 개척하기 시작하면서, 지금까지 만나보지 못한 새로운 '문화'를 가진 사람들과 접촉하게 되었고, 그들을 효율적으로 통치하기 위해 타인에 대한 연구가 시작되었다. 특히 진화론에 영향을 받아, 영국 중심으로 출발했던 사회진화론이 널리 전파되었다. 당시의 인류학자들은 '미개한 문명사회'를 탐구하기 위하여 현지조사와 참여 관찰을 통해 다양한 자료를 수집하였고 이 자료들은 곧 식민지 통치에 직간접적으로 활용되었다.

식민지 시대의 인류학자들은 '미개한 인간'을 타자화하여 관찰해야 한다는 잘못된 신념에 빠진 채로 인류학 연구를 수행하였다. 유럽인들이 아시아 등지에서 아시아인들을 찍은 사진들을 보면 대개가 현지인만을 따로 찍은 사진보다는 사람과 바위, 나무 같은 자연물을 한 사진에 담아 찍었다. 그것은 일종의 '크기 비교'를 해놓은 이유에서이다. 유럽인 이외 다른 지역의 인간들을 인간이라기보다 오지에서 발견된 신기한 동물 정도로 보았기 때문이다. 이러한 한 사례로 인류학의 날 사건[1]이 있다.

이러한 인류학의 식민지 기여 경향은 진화주의 인류학과 전파주의 인류학의 분위기에 힘입은 바가 크다. 그러나 1, 2차 양대 세계전쟁을 치르면서 인간의 존엄성에 대한 학문적 요구가 강하게 제기되면서 구조주의 인류학을 필두로 문화상대주의 인류학이 펼쳐지게 되었다. 인지인류학, 해석인류학, 상징인류학 등의 다양한 학문적 패러다임을 채택해 발전해 오고 있다. 또한 질적연구 분야에서 전통적으로 이어 온 현상학과의 만남을 통해 해석의 지평을 넓히고 있다.

적어도 문화기술지 연구자는 자신의 학문적 진영이라고 할 수 있는 어떤 특정 유형의 인류학 이론을 확립해야 한다. 그래서 연구물의 이론적 배경이나 이론적 논의 부분에서 연구자는 자신의 입장이나 관점 등을 명확하게 할 필요가 있다. 이는 앞서 다루었던 다양한 유형의 인류학 이론, 다른 연구자들의 선행연구 등을 검토해서 자신이 수집한 자료들을 기술하고 분석하며 해석하는 데 기준점으로 삼아야 한다.

---

1. 인류학의 날(Anthropology Days)은 1904년 세인트루이스 올림픽과 같이 열렸던 세계박람회에서 있었던 행사를 가리키는 말이다. 이 행사는 인종차별적인 목적을 띠고 진행되었다.

문화인류학의 영역에 있는 연구자들은 현지조사를 통해 특정한 인간집단의 문화기술지를 작성한다. 문화기술지들은 과거로부터 현재에 이르기까지 특정 민족집단의 문화를 연구하며, 이 결과들이 축적되어 세계 여러 민족과 문화의 비교가 가능하며, 문화다양성을 접하게 한다. 현대사회는 급격하게 변화하고 있으며 이에 따른 사회·문화 현상도 다양하게 존재하며 빠르게 변동한다(민일홍, 2015). 이런 변화에 대해서 문화인류학자들은 그들의 특유한 이론과 방법을 가지고 사회문제 해결을 위해 현장으로 들어가야 할 것이다.

데카르트와 칸트 이래로 인간 중심주의는 도구적 이성으로 자연을 문화화시키는데 주력하였다. 인간과 자연을 분리된 존재로 바라보는 관점에서 자연을 인간의 삶을 위한 도구와 수단으로 여겨 마침내 자연을 파괴하고 심하게 훼손하였다. 그 결과 지금 우리가 당면한 환경 오염, 생태계 파괴, 기후위기와 바이러스 등으로 인한 팬데믹 현상이다. 그렇다면 문화인류학의 과제는 인간중심주의를 넘어 인간과 동식물, 환경과 같은 다양한 구성원을 포함한 전일론적인 관점에서 인류학 너머의 문화인류학을 말해야 한다.

2) 문화인류학의 공헌

문화인류학이 어떻게 현대사회에 공헌했는가 하는 사실은 문화인류학의 학문적 가치를 보여주는 것이다. 문화인류학은 첫째, 인간이 어떻게 환경에 적응해 왔으며 이 지구의 주인공이 되었는가를 이해시킨다. 또한 인간의 취약성을 이해시킴으로써 겸손한 자세를 가지고 미래에도 멸망하지 않고 지속가능하게 생존할 수 있도록 한다. 이를테면, 공해와 과잉인구, 핵전쟁 등의 위험에 대처할 수 있는 지혜를 갖도록 하는 것이다. 둘째, 문화인류학은 문화상대주의의 입장에서 다양한 문화를 비교하고 연구함으로써 사람들이 다른 민족과 문화에 대해서 개방적인 태도를 갖게 한다.

어떻게 보면 문화인류학은 인간을 위한, 인간에 대한 학문이라고 할 수 있으며, 인간이 인간에 대한, 자연에 대한 행동윤리를 담은 학문이 아닐까 한다. 또한 문화인류학은 인류의 생존을 위협하는 문제들을 나와 사회 그리고 세계 속에서 찾고자 한다. 특히 한 사회 내의 갈등과 여러 사회 간의 대립이라고 볼 수 있는데, 그 원인은 여러 가지가 있겠지만 자기를 최고의 표준으로 생각하고 타자들을 자기의 기준에 따라 판단하는 절대적인 자기중심의 태도가 팽배해 있기 때문이다. 이러한 편협하고 이기적인 태도와 관념을 없애는 데 있어서 문화인류학은 문화상대주의라는 이념을 통해 사회갈등을 해소시키는 데 기여하고 있다.

인간은 자신이 거주하는 지역의 서로 다른 환경과 사회문화적 조건에 대한 적응의 양상이 다르다. 그 때문에 각 민족과 그들의 사회와 문화가 다르다는 것을 인식해야만 한다. 이를 문화인류학의 상대론적 관점이 다양성 존중 학습의 토대가 될 수 있다. 다시 말해 자기중심의 태도를 버려야만 다른 민족과 문화에 대해서 열린 태도를 가질 수 있는 것이다. 그렇게 되면 서로 다른 이념과 사회문화적 배경을 가진 개인, 민족, 국가 간의 갈등과 대립도 해소되거나 최소화될 것으로 사료된다. 따라서 문화인류학자들의 세계 평화의 수호자이자 세계시민교육의 선구자인 셈이다. 문화인류학자들이 전통적으로 수행해 온 현지조사 연구방법은 지금 다양한 학문분과에 침투되어 '문화기술지 연구'란 용어로 자리잡고 있다. 오늘의 인류와 문화가 있기까지는 인간이 많은 시련과 위기를 맞고 이를 극복해야만 했었다. 그렇다면 문화기술지 연구가 어떻게 인류의 미래를 위한 생존 방향을 제시하고 있을까? 일단 문화기술지 연구는 인간을 위한 인간에 대한 학문적 관심인 문화인류학에서 도래된 연구방법이다.

인간은 약 400만 년 전부터 도구 사용을 함으로써 약육강식의 생존경쟁에서 위기를 극복할 수 있었다. 100만 년 전부터 불을 이용함으로써 맹수로부터 자신을 보호해 생존을 높일 수 있었고, 음식물을 익혀서 먹을 수 있었기에 먹이의 범위를 확대하고, 동물의 털이나 가죽으로 몸을 보호하여 추운 지방에서도 적응하여 살 수 있게 되었다. 이런 생존능력은 인간의 생활권을 전지구상으로 확대하게 하였다. 이후 인간은 야생에 존재하는 식물을 재배하고 야생의 동물을 길들여서 농경과 목축을 시작하였다. 이로 인해 식량의 공급원천을 확대하고 자연의 채집경제에서 생산경제로 전환하게 되었다. 그리고 식량의 잉여생산에 따른 분업과 계급 및 도시의 발생으로 고대문명이 싹트고 국가 형태의 정치체제가 등장하였다.

당시의 정치체제는 제정일치의 고대국가의 모습으로 나타났다. 즉, 종교의 제사장이 정치 영역의 군장 역할을 함께 수행하거나 제사장이 정치 군장의 우위에 있기도 했다. 고대국가에서는 모든 사람이 평등하지 않은 계급제 사회였다. 이후 종교혁명, 산업혁명, 시민혁명 등은 인간을 위기로부터 구원하는 계기가 되었다. 특히 산업혁명은 에너지와 기계의 혁명으로서 그 뒤에 계속해서 나타난 새로운 발견을 중심으로 현대 기계문명의 모체가 되었다.

이제 당시의 산업혁명과 같은 파괴력을 지닌 AI 혁명은 우리 인류를 어디로 이끌 것인가 하는 미래 과제를 던지고 있다. 뿐만이 아니라 최근 전지구적으로 나타난 코로나 팬데믹 현상으로 인류는 또다시 위기를 맞이하게 되었다. 사회적 거리두기로 인해 협동과 소통은 위축되고 초국적 교류도 주춤하고 있다. 지구온난화와 이산화탄소 배출 등으로 자연재해는 늘어나고, 전쟁과 테러의 위협 역시 증가하고 있다. 이렇게 다양한 사회적, 자연적 요인들이 인류를 위기로 몰고 있는 그 원인은 인간의 지나친 욕망과 자만심으로 인한 것이다. 이러한 욕망과 자만심을 경계시켜 주는 것이 문화기술지 연구로부터 도출된 이론과 실천방법들이다.

03

현지조사와 문화기술지 연구

1. 현지조사의 개념과 관점

문화인류학의 연구방법은 현지에서 자료를 수집하고 분석하여 이론을 형성하는 현지조사(fieldwork) 방법을 활용한다. 우리는 이를 흔히 현지를 의미하는 필드를 상징화하여 '필드웍'이라고 말한다. 필드웍을 통해 만들어진 보고서가 문화기술지이다. 문화기술지가 과거에는 문화기술지 연구라는 연구방법의 형식이 아니라 문화인류학자가 현지조사를 마치고 자료를 수집하고 분석하여 청중들 앞에서 보고회를 갖고 이를 문서화한 것을 '문화기술지'라 말한다. 현재에 들어 논문의 개념이 형식화되고 학문제도적으로 고착되어 일종의 사회과학의 연구방법 중 질적연구방법의 형태 즉 '문화기술지 연구'로 자리잡았다.

앞서 설명한 바와 같이 사회과학의 전통적인 연구방법의 하나인 양적연구에서는 연구대상에 관한 어떤 가설을 검증하기 위하여 자연과학에서처럼 실험실에서 미리 통제되거나 설계된 실험을 행한다. 그러나 문화인류학의 경우 인간이 구성한 사회와 문화를 연구목적에 맞도록 미리 통제하거나 실험을 할 수가 없으므로 실험실 대용으로 있는 그대로의 사회적 상황 속에 연구자가 직접 현지에 들어가 조사를 수행한다. 이런 면에서 문화인류학의 현지조사는 당연히 질적연구의 정체성을 지닌다.

문화기술지 연구를 연구방법으로 채택한 연구자는 사회적 상황을 구성하는 기본요소로서 행위자(actor), 장소(place) 및 활동(activity)을 파악해야 한다. 이 중 활동은 행위자와 장소를 포괄하여 행위자 간 사회적 상호작용을 드러내기에 연구자는 이에 대한 파악이 중요하다. 문화인류학자는 그러한 사회적 상황 속에 들어가서 특정한 기간에 걸쳐 현지 사람들과 함께 살면서 그들이 일상적으로 생각하고 행동하며 상호작용하는 활동을 관찰하고 질문을 행한다. 이를테면 그들의 생활문화라 할 수 있는 복식, 음식, 주거 행위는 물론 생일, 돌과 같은 일상의례와 관혼상제와 같은 통과의례와 세시풍속과 축제에 참여하여 자료를 수집한다. 뿐만 아니라 행위자 즉 현지인들이 활동한 결과로 생겨난 모든 인공물의 내용을 확인하고 지역사회에서 일어나는 모든 형태의 사건과 현황을 상세하게 기록함으로써 민족지 자료를 수집한다. 이것이 문화인류학이 전통적으로 수행해 온 현지조사의 형태이다.

그러나 모든 문화인류학자들이 항상 이러한 방식으로 현장에서 직접 관찰하여 민족지 자료를 수집한 것은 아니다. 19세기의 문화인류학자들은 직접 현장에 들어가지 않고 연구실에 앉아서 선교사, 외교관, 여행자, 군인, 탐험가 등의 인상적인 견문록이나 여행기 또는 다른 역사적인 기록 등 간접 자료를 문화기술의 연구 자료로 이용하였다.

이에 해당하는 대표적인 책이 베네딕트의 〈국화와 칼〉이다. 이 책은 2차 세계대전이 막바지에 접어든 1944년 6월, 저자는 미국 국무부의 위촉을 받고 평균적인 일본인의 행동과 사고의 패턴을 연구하는 데 주력한다. 〈국화와 칼〉은 저자가 일본을 한 번도 방문하지 않고 집필했다는 점에서도 유명하다. 그럼에도 불구하고 이 책은 일본을 가장 객관적으로 해부한다. 그는 일본에 관한 기존 연구서와 2차 문헌을 폭넓게 독파하고, 소설과 같은 문학적 자료들과 전시 선전용 영화까지도 포괄하여 인류학적 자료들을 추출했다. 그럼으로써 베네딕트는 일본 문화의 특성을 '국화'와 '칼'이라는 두 가지 극단적인 상징으로 표현한다. 일본 사람들이 아름다움을 사랑하고 예술가를 존경하며 국화 가꾸기에 열중하면서도, 칼을 숭배하고 무사에게 최고의 영예를 돌리는 민족이라는 것이다. 그는 이렇게 간접적인 현지조사로 이루어진 자료수집을 통해 일본인의 외면적인 행동을 기술한다. 이와 더불어 그 배후에 감추어져 있는 기본적인 사고방식을 분석하고 있다.

당시 이 책이 미국에서 인기가 있었던 이유는 일본이 전쟁도발국이며 미국이 그 피해를 입은 입장에서 나타난 대중들의 지피지기 심리의 결과가 아닐까 한다. 일본이 하와이 군항을 선제타격을 한 데에 대한 미국의 참전은 미국이 아시아로 진출하는 동기를 제공했다고 본다. 단지 전쟁을 수행하는 군인들이나 이를 결정하는 군사전문가, 정치가들을 넘어 미국 대중들에게 일본은 극복하고자 했던 대상이었기에 〈국화와 칼〉의 인기는 예고된 것이었다고 본다.

오늘날 우리가 알고 있는 현대 문화인류학의 가장 중요한 민족지의 자료수집방법과 기술은 인류학자가 직접 현지에 가서 행하는 현지조사이다. 그것도 연구자와는 다른 문화공유집단, 즉 다른 민족적 경계를 갖는 사회집단을 조사하는 것이 정석이다. 그러나 〈국화와 칼〉과 같이 간적접 현지조사를 거쳐서 도출된 자료, 다시 말해 연구자가 직접 현지를 가지 않고 현지를 경험했던 사람들로부터의 경험, 현지에 대한 다양한 문서 정보들을 통해서도 문화기술지 연구가 수행될 수 있다. 또한 연구자가 문화인류학자가 아니더라도 문화인류학자의 현지조사 방식대로 연구를 수행하거나 혹은 간접적인 현지조사 방식으로 연구를 수행한 것을 문화기술지 연구라고 볼 수 있다.

최근 들어 유럽을 중심으로 메타 에스노그래피(metha ethnography) 연구방법이 개발되어 다양한 분과학문 발전에 기여해 오고 있다. 이 메타 에스노그래피는 질적 메타분석이라고도 불리는 데 이 연구법은 연구주제의 유사성이 높은 질적연구물들의 개별적 사례를 확인하고 연구물 간 비교분석을 통해 보다 새로운 해석 가능성을 도출할 수 있는 연구방법이다. 질적 메타분석을 통해 다양한 질적연구물을 다룸으로써 다양한 정보 원천들로부터 온 연구참여자의 경험을 종합하고, 복잡한 인간현상에 대한 포괄적이고, 통합적인 이해를 하는 데 활용될 수 있다.

질적 메타분석은 질적연구 결과를 실무에 적용하는 접근성을 높이기 위해 이론개발, 더 높은 수준의 추상화와 일반화와 같은 포괄적인 관점을 목표로 한다. 이것은 연구 영역에 대한 단순한 평론이 아니라 존재하는 질적연구결과를 해석함으로써 질적연구가 갖는 일반화의 제한점을 극복하고 연구현상에 대한 축적된 지식과 새로운 해석을 도출하여 새로운 지식을 개발하는 방법론적 접근이라고 평가된다.

이는 마치 문화인류학적 현지조사를 통해 수행되는 문화기술지 연구의 목표가 새로운 이론을 형성하는 것과 마찬가지이다. 이론의 형성은 단일한 현지조사를 통한 문화기술지 연구 사례에서 단순히 성립되는 것이 아니기 때문이다. 다수의 상이한 현지조사 사례들을 비교 연구하여 더 높은 수준의 일반화가 가능할 때 이론이 형성될 수 있다. 그러므로 특수한 문화공유 집단들에 대한 다양한 연구들이 이루어져서 축적될 때 문화인류학자들은 다수의 상이한 문화들을 비교 연구함으로써 이론들을 검증하기 위한 방법과 기술들을 발전시킬 수 있다. 이런 점에서 문화인류학의 방법과 이론은 서로 떼어서 생각할 수 없는 불가분의 관계를 갖는다.

질적 메타분석은 개별적인 현지연구에서 제공하는 정보를 합친다는 측면에서 질적연구의 메타 합성의 성격을 지닌다. 실증주의와 환원주의 인식론을 근거로 하는 양적연구의 메타합성은 관련 주제 분야의 문헌고찰을 통해 결과의 요약, 기술과 비판, 일반화를 제시하는 것에 비해 질적 메타합성의 연구결과는 관련된 일차연구 논문에서 나온 결과들을 통합하여 부분의 합 이상을 제시하여야 하고 결과의 해석을 강조한다(Finlayson & Dixon, 2008; Thorne et. al., 2004).

질적 메타합성은 어떤 새로운 연구를 하는 데 있어서 기존연구를 비판적이면서도 총체적으로 이해하는 데 도움이 되는 연구방법으로 연구경험이 많은 시니어 연구자나 초보연구자 모두에게 매력적이며 유용한 방법으로 관심을 끌고 있다. 그 이유는 근거 기반 실무모델에 대한 요구가 증가하고 있는 최근의 사회과학의 현 시점에서 질적 메타합성을 통해 관심 현상에 대해 더욱 깊이 있고 포괄적인 이해를 제공하고자 하는 연구자들의 바람과 연구참여자로부터 직접 자료수집을 하는데 시간과 노력을 경감시키면서 귀납적 분석을 적용한 질적연구를 수행할 수 있기 때문이다(Shaw, Larkin, & Flowers, 2014; Thorne et al., 2004).

물론 질적 메타분석은 실제 현지조사를 수행하지 않는다는 점과 다양한 용어로 인한 방법론 이해와 활용의 혼돈 등 해결되어야 할 문제점이 지적되고 있다(Thorne, 2017). 이는 질적 메타분석이 무엇이고 어떻게 해야 하는지에 대한 정의가 문헌마다 다양하게 제시되어 있어서 통일된 개념으로 정착되어 있지 못하고, 이슈나 문제점에 대한 명확한 대안을 내놓지 못하고 있어서 연구자들에게 혼돈을 주고 있다고 볼 수 있다.

질적 메타분석은 특정 문화공유집단이나 조직과 기관 그리고 타자들의 집합 장소 등의 현지조사를 위한 사전 이해 작업으로 말 그대로 간접적인 현지조사 형태를 띠는 것이다. 그러므로 질적 메타분석을 수행하고자 하는 연구자는 무엇을 연구하고자 하는지, 왜 하려고 하는지, 그리고 연구 현상에 대해 연구자가 믿고 있는 것의 근거는 무엇인지에 대해 자기 자신에게 신중하게 질문하고 연구를 수행하는 것이 요구된다.

2. 문화기술지 연구자의 태도와 관점

1) 문화기술지 연구자의 태도

우리는 1장에서 사회과학으로서 문화인류학을 정의하고 문화기술지를 사회과학의 연구방법의 일종인 질적연구로 자리매김하였다. 따라서 문화기술지 연구자는 질적연구자이며, 사회과학자인 셈이다. 이런 점에서 문화기술지 연구자는 사회과학자로서 지녀야 할 기본적인 태도를 함양해야 할 것이다. 일반적으로 알려진 사회과학자의 태도는 성찰적 태도, 객관적 태도, 개방적 태도, 상대주의적 태도를 지녀야 하며, 종합적 태도, 윤리적인 태도로 필요로 한다. 최근에 윤리적인 태도는 아예 연구자의 윤리로 해서 독립된 내용으로 다루어지기도 한다.

첫째, 성찰적 태도는 '자신을 돌아봄'과 비견할 만하다. 성찰이란 도덕적으로 자신을 돌아볼 때 쓰는 표현이다. 그렇지만 사회과학자에게 성찰은 자신을 돌아봄을 넘어 사회·문화 현상을 돌아본다는 의미이다. 이것은 연구자가 사회·문화 현상을 돌아보고 호기심이나 의문을 품는 태도를 말한다.

둘째, 객관적 태도는 제 3자의 입장에서 보는 태도라고 볼 수 있다. 사회·문화 현상은 사람들의 관계의 총체인 사회집단 내에서 발생한다. 여기에는 '나'의 존재와 '너'라고 불리는 타자적 존재가 출현한다. 그리고 '나'와 '타자'는 당연하게 서로 다른 견해차를 보인다. 객관적 태도는 나와 타자의 시각이 아닌 제 3자의 시각에서 볼 필요가 있다는 것이다. 가능한 사실을 있는 그대로, '나'와 '타자'의 입장에서 상황을 주관적으로 해석하지 않는 것이 바로 객관적인 태도다.

셋째, 개방적 태도는 연구자가 자신의 연구방법과 고유의 이론만을 고집하지 않고, 다른 연구와 연구자의 주장도 겸허히 수용할 수 있는 태도를 말한다. 자연과학에서도 기술의 발전에 따라 기존의 이론이 반박되거나 발전하여 새로운 이론이 검증된다. 이와 같이 사회과학에서도 새로운 이론이 형성되고 비판받으며 진화하거나 소멸된다. 연구자가 미처 발견하지 못한 현상이 있을 수 있고, 자신과 전혀 다른 방식으로 현상을 해석하는 연구자가 있을 수 있다. 연구자는 자신의 연구가 바람직하지 않을 수 있다는 전제하에 다른 연구자의 비판을 수용하고, 다른 연구와 이론을 비판적으로 참고하는 태도가 필요하다. 자기 주장과 더불어 특정 이론이나 특정 학자의 주장에 집착해서 다른 이론과 주장들을 수용하지 못하는 것은 개방적인 태도의 부족함에서 기인한다.

넷째, 상대주의적 태도는 연구자가 연구참여자 입장이 되어 대상을 이해하려고 하는 태도를 말한다. 예를 들어 성인 연구자가 자신의 자녀 또래의 청소년을 연구한다고 가정해보자. 이 경우 연구자는 연구참여자 청소년들에 관해 공부도 열심히 안 하고, 게임은 왜 그리 좋아하는지 기타 등등의 못마땅한 반응을 보일 수 있다. 이렇게 성인의 입장과 부모입장에서는 청소년에 대해 제대로 이해할 수 없다. 그들을 제대로 이해하기 위해서는 청소년의 입장이 되어 봐야 한다. 시험과 공부가 주는 압박감, 학교와 학원으로 이어지는 살인적인 스케줄을 생각해 보라. 그들이 왜 스트레스가 많은지 왜 일탈행동을 보이는지를 이해하는 데 도움이 될 수 있다. 연구자는 '나'를 버리고 '너'의 입장이 되어 봐야 하는데, 이를 상대주의적 태도라고 할 수 있다.

다섯째, 종합적 태도인데 이는 간학문적 태도와 견줄 만하다. 어떤 현상을 이해하기 위해 문화기술지 연구자는 다양한 학문적 시각에서 볼 필요가 있다. 본인이 문화인류학자라고 해서 자신이 전공한 학문영역의 테두리에서 사회·문화 현상을 이해할 뿐만 아니라 사회학, 경제학, 정치학의 시각을 참고할 필요도 있다.

여섯째, 윤리적 태도는 연구자의 연구결과의 기대효과나 사회적 반응과 관련이 있다. 연구자가 수행한 연구는 경우에 따라 사회적으로 국내외 경계를 넘어 지역에 관계없이 많은 사람들에게 막대한 영향을 미치며 사회변동의 중요한 변수가 될 수 있다. 그럼으로써 사회변화에 관한 도덕적 책임을 감안해야 한다. 또한 문화기술지 연구자는 지식인으로서의 윤리를 지녀야 한다. 지식인은 전문적인 지식을 가지고 있기에 일반 시민에 대해 통상적으로 계몽적 역할을 담당해야 하고 사회·문화 현상에 대한 비판적 역할을 수행해야 한다. 또한 연구자로서 연구현장에서 만나는 연구참여자들의 일상을 훼손할 수 있기 때문에 그들에 대해 인간으로서의 무한 책임을 지녀야 한다. 특히 연구결과의 발표에 있어서 다른 연구자의 결과에 대해 인용출처를 명확하게 표시하여 창작의 윤리도 준수해야 한다.

위에서 사회과학자로서 문화기술지 연구자가 지켜야 하는 일반적인 윤리적 태도를 설명했는데, 특히 문화기술지 연구자가 가져야하는 근본적인 윤리적 태도는 타자성이라고 볼 수 있다. 타자성은 자기 주관을 가지고 살아가는 것과 함께 나와는 다른 사람과 더불어 살아가는 능력을 갖추는 데 필수적이다. 타자성은 '다름'에서 기인하는 것으로 인간의 성장에 필수적이다. 인간이 성장해 가는 데 있어 나와 다른 이질적인 존재들과 일상적으로 부딪치고 만나야 한다. 그래야만 타자를 통해 자신을 돌아볼 수 있으며 나와 다른 목소리를 들을 줄 알고 말할 줄 아는 존재가 될 수 있기 때문이다. 이런 면에서 타자성은 '나'와 '너'를 관계로 잇는 중요한 윤리이다. 문화기술지 연구자는 항상 자신과 다른 문화공유집단으로부터 온 연구참여자와 대화의 관계에 위치한다.

2) 문화기술지 연구자의 관점: 에믹적 관점과 에틱적 관점

문화인류학은 전통적으로 '원주민학(studies on the natives)' 내지 '민족학 (ethnic studies)'에 기인한다. 원주민 사회나 특정한 민족의 문화를 이해하려 는 인류학자들은 원주민들이나 해당 민족의 언어를 습득해야 한다. 그런데 그들의 언어는 연구자들에게 있어 번역적 괴리를 느끼게 한다. 따라서 문 화인류학자들은 현지 언어에 대해 이해하고 이것을 문화기술지 독자들에 게 설명해야 하는 과정에서 당연히 해석의 문제에 항상 부딪히게 된다. 이 런 가운데서 문화번역의 개념이 대두되었다. 현지 언어를 글자 그대로 옮 기면 뜻이 왜곡되기 때문이다(이광석, 2014). 일차적으로 해당 현지의 언어와 개념을 이해하는 문제와 이차적으로 이것을 자신의 나라말로 옮기는 문제 가 문화인류학의 주된 작업이 된다. 이런 작업을 수월하게 하기 위해 언어 학의 음운과 음성의 이분법(phonemic-phonetic dichotomy)에서 영감을 얻어 '에믹'과 '에틱'의 이분법(emic-etic dichotomy)을 발전시켰다.

에믹 관점은 특정 공동체의 구성원에게 의미 있는 사회적 행동과 신념에 대한 관점이다. 에믹 관점에서 연구자들은 공동체 구성원들과 라포를 형 성하여 대화하고 관찰하고 그들과 함께 생활하고 그들의 활동에 참여하는 참여관찰 방법을 사용한다. 이러한 관점은 연구자가 다른 문화를 개인의 문화적 신념에 근거하지 않고 현지의 상황과 내용을 있는 그대로 해석하는 데 중요하다.

에틱 관점은 외부인 또는 연구 중인 공동체의 구성원이 아닌 사람의 행 동과 사회적 상호작용을 설명한다. 그러나 외부 그룹이 연구대상 공동체를 어떻게 보거나 상호작용을 하는지 더 잘 이해할 수 있다. 그 때문에 그들의 행동은 연구자에게 중요하다. 에틱 관점은 외부인과의 대화를 통해 인간 간의 의사소통에 관한 이론을 공식화하는 것이다. 문화기술지 연구자가 현지조사로부터 연구결과를 이론으로 형성하는 과정에서 에믹과 에틱 관점은 사회·문화적 맥락과 연계된다.

문화인류학자가 현지조사에서 가능한 '에믹'을 완벽하게 이해하는 일은 중요하다. 아울러 이를 연구자 자신의 지식을 동원해서 '에틱'으로 표현하는 것은 현지를 연구자의 사회집단에 문화다양성을 확대하는 데 기여하는 것이다. 에틱적 접근을 하는 데 있어서 유효성은 전적으로 그 연구자의 능력에 따라 달라진다. '에믹'의 서술 곧 원주민들의 개념과 범주들로 표현된 서술은 '에틱'의 서술, 곧 문화인류학자들의 개념과 범주들을 필요로 한다. 인류학자들이 비교하는 것은 에틱적 개념들을 통해서이다. 그들은 에틱적 개념들을 체계화시킴으로써 문화연구의 이론화와 문화의 과학 발전에 기여한다.

그렇지만 탈이성주의를 중심으로 한 포스트모더니즘[1]이 만연해지면서 문화연구자들은 문화적 현상을 분석하기 위한 관점으로 '에믹'과 '에틱'에 관한 타당성에 의문을 제기했다. '에믹'과 '에틱'은 1960~70년대에 인간 문화에 대한 연구수행에 있어서 특정 문화공유집단의 구성원들을 토착민의 관점에서 분석하는 방식(에믹)과 구분하는데 있어서 광범위하게 사용되는 용어이다. 에틱의 관점은 연구자가 관찰하는 집단에 대한 보편적인 정의 혹은 분류체계를 내세웠다. 그럼으로써 가치판단으로 나타나는 경향이 있

---

1. 포스트모더니즘은 20세기 인문과학 및 사회과학 전반에 걸쳐 등장한 사상적 경향으로 근대의 이성 중심주의에 대한 근본적인 회의를 포함하고 있다. 포스트모더니즘은 1960년에 일어난 문화 운동이면서 정치, 경제, 사회 영역과 관련되는 이념이다. 18세기 이후 계몽주의를 통해 이성 중심주의가 만연했는데, 두 차례의 세계 대전 이후 이러한 이성 중심 주의에 대한 회의감으로 탈중심적 다원적 사고, 탈이성적 사고 중심의 포스트모더니즘이 확산되었다. 포스트모더니즘에 대한 정의는 학자, 지식인, 역사가 등의 사이에서 많은 논쟁이 있는데, 일반적으로 모더니즘 앞에 'post' 즉 '뒤' 혹은 '후'라는 접두사가 붙어 있어서 모더니즘의 후속 사상이라는 정체성을 보인다. 포스트모더니즘은 서양의 사회, 문화, 예술 등의 총체적 상황을 의미한다. 탈중심적 다원적 사고, 탈이성적 사고가 포스트모더니즘의 가장 큰 특징이라고 할 수 있다.

는 반면에 에믹의 관점은 문화적으로 특정 이데올로기적 범주를 포함하려고 한다. 본질적으로 원주민적 모델은 아니지만 현장에서 관찰하거나 경험되는 문화적 현상에 대한 연구자의 해석에 근거하여 구성된다(Guzik, 2013). 다시 말하자면 에믹은 그 문화에 속한 원주민과 같은 사람이 자신의 문화에 대해 자신의 관점으로 설명하는 것이고 에틱은 그 문화에 속하지 않은 외부의 관찰자, 주로 문화인류학자와 같은 사람들이 그 문화에 대해서 객관적인 입장에서 설명하는 것을 의미한다(이정화, 2020).

3. 현지조사의 방법과 절차

1) 현지조사의 계획 단계

문화인류학자의 주요 조사방법은 현지 사회구성원들로부터 생산된 각종 인공물 및 문서들의 체계적인 수집, 참여관찰과 심층면담, 이에 대한 기록 등을 포함한다. 그렇다면 이런 조사방법이 수행되는 현지조사는 어떻게 계획하고, 어떻게 이루어지는가 살펴보기로 하자. 문화기술지 자료수집을 위한 현지조사의 주요 측면을 현지조사를 위한 계획 영역과 현지기술 영역으로 구분하여 살펴보기로 하겠다.

연구자가 현지조사에 들어가기 전에 준비해야 할 가장 중요한 작업은 자기의 연구과제를 확립하고 연구문제를 설정해야 하는데 이를 위해 연구가 왜 필요한지에 대해 사회·문화 현상에 관한 문제제기와 이에 대한 선행연구 검토 등의 꼼꼼한 작업이 필요하다. 이를 바탕으로 현지조사를 위한 전반적인 연구계획을 수립한다 현지조사는 인간을 연구참여자로 수행하는 연구이기 때문에 이들의 일상생활에 피해를 주지 않고 연구를 수행할 수 있는 지침을 마련해야 한다. 다시 말해 참여관찰과 심층면담을 의한 절차와 이에 해당하는 연구참여자들에 대한 사생활 보호와 권리 옹호를 위한 문서, 즉 연구계획서와 연구설명 및 참여동의서를 작성해야 한다. 연구자는 현지조사를 나가기 전에 반드시 이를 기관생명윤리위원회(IRB)에 제출해야 한다.[2]

기관생명윤리위원회에 제출할 연구계획서 작성 작업을 위해서는 연구자는 자신이 연구하려는 문제의 소재와 자료의 종류 등을 포함한 현지의 사정과 현지에 관한 선행연구 등을 두루 학습해야 한다. 경우에 따라 현지전문가는 물론 동료연구자들의 조언과 학술교류가 필요하다.

과거의 문화기술지 연구자들은 비교적 잘 알려지지 않은 원시 미개민족 문화를 주로 연구했기 때문에 일정한 규모의 연구자금과 연구 보조인력 등이 요구되었었다. 그러나 현재는 대부분의 문화공유집단의 현황이나 사정이 잘 알려져 있어서 조사의 대상을 선정하는 데 있어서 과거에 비해 수월해진 측면이 있다. 그럼에도 미리 연구문제를 정립하고 이를 해결하기 위한 적합한 연구방법을 강구하고 연구계획을 수립해야 한다. 특히 문헌연구, 관련 정책문서나 현황문서 등의 리스트를 작성하고 이에 대한 비판적 검토를 통해 기존 연구의 공백을 확인할 필요가 있다. 이는 연구의 독창성과 연구의 경제성을 위한 조치이기도 하다.

연구의 독창성이란 이미 다른 연구자에 의해 연구한 주제를 연구할 가치가 없다는 의미이다. 이 연구의 독창성은 다시 연구의 경제성과 관련이 있다. 투여되는 연구자의 노력은 현지조사에 들어가는 인력과 비용을 비롯하여 연구에 전담하는 동안 연구자 및 보조인력이 연구에 몰입하는 노동과

---

2. 기관생명윤리위원회는 인간을 대상으로 하는 연구 등에서 생명윤리 및 안전을 확보하기 위하여 해당 기관에서 자체적으로 연구계획의 윤리적·과학적 타당성을 심의하고 연구대상자 등으로부터 적절한 동의를 받았는지 등의 연구 진행 과정 및 결과에 대한 조사·감독 기능을 수행하도록 자율적으로 운영하는 독립적인 심의기구이다(김영순 외, 2018).

시간을 포함한다. 따라서 문화기술지 연구자는 이 연구가 반드시 필요한지, 독창적인지 자기 검열을 하고 관련 학술단체나 동료 연구자들로부터 사전 평가를 받을 필요가 있다. 그러기 위해서는 자기의 현지와 연구참여자들에 관하여 어떤 선행 연구자가 무엇을 어떻게 연구했는지, 그리고 이미 출판된 학술문헌으로는 어떤 것들이 있는지에 대하여 철저한 검토가 필요하다. 만일 연구집단의 언어가 연구자의 언어와 다르다면 그 집단의 언어를 미리 습득해야 한다. 여기서 언어란 연구자의 모국어가 아닌 외국어를 포함하여 연구자가 속한 사회의 표준어와 방언, 계층어, 직업어 등을 포괄하는 의미이다. 다시 말해 연구자가 전라도 지역 출신임에도 제주도 마을 민속을 연구할 경우 제주도 방언에 관한 지식을 가져야 한다는 것이다.

과거에는 문화기술지 작성을 위한 현지조사의 일차적인 목표가 특정한 인간집단의 문화를 가능한 대로 충분하고 완전하게 기술하여 총체적 문화기술지를 작성하는 것이었다. 그러나 현재의 연구자들은 대부분 문제중심적인 연구를 진행한다. 즉 요즈음의 연구자들은 현재 논의의 대상이 되고 있는 중요한 이론적인 문제, 예를 들어 '재한 중국동포 공동체 참여 경험에서 나타난 인정투쟁', '중앙아시아에 진출한 한국 중소기업가의 문화적응'과 같은 문제중심의 연구에 집중한다.

현대에 들어 문화기술지 연구가 지역 중심의 연구에서 문제중심의 연구로 전회한 것은 첫째, 제한된 시간과 연구비로 연구자가 대상 집단의 문화와 구성원들인 연구참여자에 대하여 모든 것을 다 조사한다는 것이 앞서 이야기한 바와 같이 연구의 경제성의 측면에서 불가능함을 배경으로 한다. 구체적으로 연구자가 어느 특정한 문제영역을 집중적으로 조사하면 더 정확하고 심오한 자료를 얻을 수 있고 문제 해결에 용이하기 때문이다.

둘째, 과거에는 문화인류학자들이 자신의 연구초점을 과거의 미개사회에서 보다 더 복잡하고 이질적인 농민사회 또는 도시사회로 옮겨 갔었다.

그 때문에 현지에서의 자료수집이 더 복잡하고 까다로움의 경험을 축적했다. 그 이유로 문화기술지 연구는 문제중심으로 전환하면서 문제 영역별로 세부적인 연구가 수행되고 있다. 그렇다고 해서 문제중심의 연구가 문화인류학의 중심 가치인 총체론의 관점을 버리는 것은 아니다. 예를 들어 재한 중국동포 공동체 참여 경험에서 나타난 인정투쟁이 그 자체로만 발생하는 것이 아니기 때문에 문제중심의 현지조사를 하더라도 연구자들은 자기가 연구하는 문화의 다른 측면들에 관한 자료를 수집해야 한다. 다시 말해 문제중심의 문화기술지 연구를 하더라도 자료수집은 광범위하게 수행해야 하며 다층적이면서 다양한 자료들을 수집하고 이를 연구문제 해결에 투입시켜야 함을 말한다.

현지조사를 위한 문제를 설정할 때에는 연구주제에 관한 특수한 이론에 바탕을 두어야 한다. 연구문제가 조사하려는 현지에서 자료가 용이하게 수집될 수 있는지 없는지를 밝혀야 한다. 그러므로 현지조사를 위한 연구계획서에서는 자기가 사용하는 주요 개념들을 명백하게 규정하고 조작할 필요가 있다. 나아가 자신이 설계한 참여관찰 방법과 심층면담 방법과 사용할 면담 프로토콜 등을 구체적으로 담아야 한다. 아울러 현지조사에 뒤따르는 경비와 참여관찰 및 심층면담 등에 협조하는 연구참여자들을 위한 보상조치도 기술해야 한다.

이상과 같은 연구계획이 일단 수립된 다음에는 현지조사 계획 수립과정이 이뤄져야 한다. 특히 언어와 관습이 다른 문화공유 집단에 들어가서 최소 6개월 이상의 연속적인 현지조사를 하게 될 경우에는 현지에 들어가기 위한 행정상의 수속과 현지 체류를 위한 철저한 준비가 요구된다. 필자의 경우 베트남 문화이해를 위한 총체적 문화기술지 〈베트남 문화의 오디세이〉 작성을 위해 베트남 북부 소수민족 집거지역 현지조사시에 이와 관련 '난감했던' 경험이 있다. 이미 하노이 소재 소수민족박물관 측과 베트남 사회과학연구소 소수민족연구센터의 연구 허가와 연구 협조를 얻고 하노이 인문사회과학대 소속 연구진과 현지조사에 나가 연구를 하던 도중 지역 공안에게 신고되어 연구가 중지된 사례가 있다. 이유인즉, 우리 연구팀이 소수민족 마을 가가호호를 방문하면서 자료를 수집하고 비형식적 면담을 하던 중 마을 인민위원장이 공안에 신고를 했고, 공안이 출동해 우리 연구팀의 연구 협조문서를 보고 관할 라오까이성의 연구협조 공문이 아니라고 현지 연구를 하지 못하도록 했다.

이와같이 문화기술지 연구자가 자신의 소속집단을 벗어나 다른 문화공유집단에서 겪을 수 있는 난감한 경우는 다양할 수 밖에 없다. 그렇기 때문에 현지에서 벌어질 수 있는 경우의 상황 등을 미리 예견하고 조치를 준비해야 할 것이다.

이런 행정적인 준비 이외에도 현지에서의 숙식 관련 준비와 필요한 물자의 조달, 건강과 질병에 대비한 의약품, 현지 가이드 혹은 통역자와 같은 협조 인력 섭외 등 기타 체류 기간 동안의 일체 연구비를 미리 마련해야 한다. 그리고 자신의 문화집단과 다른 관습과 문화 속으로 들어가 현지조사를 수행할 때 흔히 겪게 되는 심리적 긴장과 문화충격에도 견딜 수 있도록 준비해야 한다. 친숙하지 않은 음식과 식사 관행은 물론, 화장실, 목욕시설 등, 기타의 일상생활에서 자신의 사회에서와 다름에 대해 이해하지 못하는 경우나 현지조사에 있어서 적응의 어려움이 존재한다는 것을 염두에 두어야 한다.

어떤 연구자들은 불편한 현지조사의 상황에 잘 적응하지 못하고, 자신의 적성에 맞지 않을 수 있어서 현지조사를 중도에 포기하기도 한다. 그래서 대학의 학부와 대학원에서는 문화인류학을 전공하는 학생들에게 정규 수업에서 현지조사 관련 교과목을 실습과목으로 열기도 하고 방학 중 단기간 지도교수의 지도로 실제 현지에 나가 조사활동을 하는 등 현지조사 적응

수련을 받도록 한다. 이를 통해 현지조사의 실질적인 절차와 방법 및 기술을 습득시키며, 향후 있게 될 현지조사에서 성공적인 연구를 수행할 수 있도록 현지에 적응하는 방법을 습득한다.

현지조사의 계획과 준비는 일반적으로 현지에 들어가기 1년 이전부터 수개월 전에 이루어진다. 현지에 대한 다양한 정보를 공유하고 현지조사를 이미 수행한 연구자들을 초청해 워크숍을 진행하는 등 사전 준비를 철저하게 진행한다. 또한 현지에 들어가서도 곧바로 조사를 수행하는 것이 아니라 준비한 현지조사 계획에 대해 현지에 적합한 계획인지를 검토하는 데 시간을 소비해야 하며 현지 적응에 노력해야 한다.

문화기술지 연구자는 자신의 연구문제 해결을 위해 현지조사를 수행하는 만큼 수집해야 하는 자료가 광범위하다. 따라서 이들이 사용하는 현지조사의 방법과 기술도 다양한 편이라 어떤 특정한 방법을 정석이라고 제시하기에 어렵다. 더구나 현지조사의 절차 및 방법과 기술은 해당 연구자가 어떤 철학적 패러다임을 갖고 있는지에 따라, 어떤 기관에서 어느 지도교수에게 수련받았는지에 따라 다양한 모습을 나타낸다.

2) 현지조사의 접근방법

문화인류학적 현지조사를 시작할 때에는 특히 참여관찰, 심층면담으로서 비공식적 면담, 주요 정보제공자 등의 세 가지 접근방법을 사용한다. 참여관찰은 조사자가 현지에 들어가 장기간 그곳의 사람들과 생활하면서 함께 살면서 기회가 있을 때마다 되도록 많은 사회적 상황에 직접적으로 참여하여 그 상황의 행위자와 장소 및 행위자 간 상호작용이라고 할 수 있는 활동을 관찰하고 기록하는 것이다. 따라서 참여관찰은 연구자가 현지에 들어가면서부터 시작되고, 그가 현지에 연구 체류를 하는 기간 내내 지속된다. 그러나 관찰을 진행할 때는 다음과 같은 세 가지 단계를 가진다. 첫 번째 단계는 관찰대상의 여러 측면을 모두 포괄하는 기술관찰(descriptive observation)이고, 두 번째 단계는 연구자가 특별히 관심을 갖는 문제로 초점을 좁혀 진행하는 집중관찰(focused observation)이다. 세 번째 단계는 관찰의 초점을 더욱 좁혀 진행하는 정선관찰(selective observation)이다. 이처럼 연구자는 관찰의 초점을 점점 좁혀가지만, 현지에서의 다양한 관찰 사항에 대해 기술관찰, 집중관찰, 정선관찰은 그 조사가 끝날 때까지 계속 진행해야 한다.

연구자는 참여관찰에 의해서 보고 듣고 느낀 것들을 소위 참여관찰일지에 상세하게 기술해야 한다. 참여관찰일지를 기록할 때는 세 가지 원칙을 준수할 필요가 있다. 첫째, 언어 확인의 원칙(language identification principle)이다. 이 원칙은 기록된 언어가 관찰자의 일상 언어인지 행위자의 언어인지 아니면 관찰자의 학술용어인지를 구별하는 것을 의미한다. 둘째, 축어의 원칙(verbatim principle)인데, 행위자의 말 한마디 한마디를 그대로 충실하게 기록하는 것을 준수해야 함을 말한다. 셋째, 구체의 원칙(concrete principle)이다. 이 원칙은 관찰된 상황 또는 사건들을 정확하고 상세하게 기록해야 하는 것이다. 연구자는 현지조사에서 관찰된 사항에 대해 시간이 흘러 그 기억을 망각하기 전에 기록해야 한다. 그래야 현지 기록은 정확하며 상세할 수 있다. 그러나 연구자가 의도치 않게 참여관찰의 현장에서는 기술할 수 없을 경우가 있다. 이 때 연구자는 내용을 잘 기억해 두거나 요점만을 기술해 두었다가 나중에 숙소에 복귀하여 자세히 기록해두어야 한다.

면담은 문화기술지 연구자가 현지조사에서 직접 관찰할 수 없는 행위와 사건들에 대하여 현지 주민들에게 질문을 해서 응답을 얻는 것이다. 예를 들면 과거에 일어났던 특정 사건에 관한 경험이나 기억을 묻거나 연구문제 해결을 위해서 현지 주민들이 생각하고 느끼는 것을 묻는다. 또한 연구자는 관찰 참여가 불가능한 경우에 대해 면담을 통해서 자료를 얻을 수밖에 없다. 그러나 현지 주민들을 대상으로 한 면담에는 한계가 있을 수 있다. 이를테면 현지 주민이 특정 사안에 대해 알고 있으며 말할 수 있어야 질문에 응답을 할 수 있고, 또 그가 기꺼이 말하려고 할 때만 면담이 가능하기 때문이다. 그리고 사람들이 자기 자신이 어떻게 행한다고 말하는 것과 그들이 실제로 행하는 것 간에는 차이가 있다. 그러므로 면담은 정확한 정보를 수집할 수 없어서 참여관찰을 병행해야 한다. 또한 면담에도 몇가지 스킬이 있다. 공식적 면담(formal interview)은 연구자가 미리 질문을 작성하여 조사표 또는 면담지침을 사용하는 형태를 말한다. 연구자는 기회가 있을 때마다 자유롭게 수시로 적절한 질문을 할 수 있는 데 이를 비공식적 면담(informal interview)이라고 한다.

문화기술지 연구자들이 현지조사에서 비공식적 면담방법을 주로 활용한다. 그 이유는 질문에 대한 응답 자체를 얻는 데도 목적이 있지만, 연구참여자로서 현지주민이 이야기를 하도록 유도하는 데에 목적이 있다. 비공식적 면담방법은 주로 참여관찰방법과 상호보완적으로 활용된다. 현지조사의 연구대상 특성이 동질적이고 명백한 경우에는 관찰과 면담을 조금만 하여도 그 특성을 파악할 수 있다. 그렇지만 그 특성이 복잡하고 다양하여 이질적인 경우에는 참여관찰과 심층면담을 체계적으로 준비해야 한다.

문화기술지 연구자가 현지에 들어가 그 사회의 수많은 구성원들을 만나게 된다. 현지조사라고 해서 그 사회구성원 전원을 만나고 심층면담을 할 수 있는 것은 불가능하다. 그러므로 연구자는 현지에 대해 잘 알고 그 문화에 대해 식견이 있으며 연구에 대해 참여 의사를 가진 사람을 구별해야 한다. 이를 주요 정보제공자(key informant)라고 부른다. 주요 정보제공자는 문화기술지 연구에서 연구참여자로 통칭한다. 주요 정보제공자는 현지조사 연구의 목적을 쉽게 이해하고, 현지문화의 개요와 윤곽을 설명해 줄 수 있는 대표적인 현지의 사회구성원이다. 또한 주요 정보제공자는 연구자에게 효율적인 현지조사를 위해서는 어떤 문제를 어떻게 접근하는 것이 가장 효과적인가를 지적해 줄 뿐만 아니라 연구자의 현지조사 활동이 용이할 수 있도록 네트워크를 제공하고 관련 정보를 알려줄 수 있다. 그러므로 문화기술지 연구자가 현지조사를 수행할 때 주요 정보제공자로부터 처음에는 현지문화의 전체적인 개요를 파악하고, 그 다음에 점차로 세부적인 문제에 대한 조사를 구체적으로 수행할 수 있도록 해야 한다.

문제는 연구자가 어떻게 주요 정보제공자를 찾고 탐색할 수 있는가이다. 앞서 기술했듯이 연구자는 현지조사에 앞서 현지에 관련한 문헌자료 혹은 현황자료를 파악하고 연구해야 한다고 강조했다. 현지조사 이전 단계에서 현지에 관련한 문헌의 저자나 전문가들을 미리 파악하고, 현지에서 그 사정을 잘 이해하는 지식인이나 현지의 오피니언 리더의 리스트를 작성해야 한다. 이렇게 한 후 현지에 들어가 해당되는 사람들을 만나되 연구문제에 대해 간단히 이야기를 나누면서 광범한 접촉을 가질 필요가 있다.

실제로 문헌이나 현황 상의 내용과 실질적으로 대면 접촉하여 현지조사를 할 때 연구자의 기대에 어긋나는 경우도 종종 있을 수 있다. 따라서 가벼운 만남과 대화를 통해 그 사람들의 전문적인 지식을 파악해 두어야 한다. 그 후 현지조사의 전개에 따라 가족, 의례 등의 문제를 필두로 하여 정치, 경제, 종교, 기술, 직업 등의 특수한 지식을 가진 사람들을 주요 정보제공자로 정하는 것이 필요하다.

그 밖에 현지조사에 사용되는 방법은 가족구성, 혼인관계, 성별, 연령별 인구, 직업, 수입, 교육수준 등 기초적인 인구학적 사항들에 대한 가구조사 또는 센서스를 행할 수 있다. 사실 문화기술지 연구가 현지조사를 필연적으로 진행하여 이루어지고 참여관찰과 심층면담을 주요 자료수집방법으로 활용되기에 질적연구로 구별된다. 그렇지만 자료조사를 수행하는 가운데서 설문지법을 활용하는 양적연구를 실행하기도 한다. 그래서 간혹 우리가 접하는 문화기술지 연구 중 혼합연구로 수행한 것이 있기도 하다. 또한 경우에 따라 지도 작성, 녹음, 사진, 계보, 통계, 전기적 문서, 생활사, 심리검사, 표본추출 등의 방법과 기술을 사용하기도 한다.

이렇게 보면 문화기술지 연구가 학제간 융합연구처럼 다양한 전공자가 필요하고 연구자간 협동이 요구되는 공동연구의 형태를 보이는 것으로 이해된다. 문화기술지 연구는 연구문제에 따라, 연구 규모에 따라 개인연구와 공동연구로 구별될 수 있다. 한 단위의 문화공유집단이 지닌 문화를 연구하기 위해서는 사실상 연구자 개인의 단독연구로는 버거울 수 밖에 없다. 문화인류학이 지향하는 총체적 연구관점에서 보자면 현지조사의 경우 다양한 전공을 한 연구자들이 협동으로 현지조사에 참여할 필요가 있다. 대부분 문화기술지 연구는 연구비 기관의 펀딩을 받아 중대형 규모의 연구로 이루어지며, 이 가운데도 세부연구 과제별 연구결과가 소논문으로 발표되고, 전체 연구과제는 총서의 형태로 출간하기도 한다. 물론 박사학위 논문은 개인 단독연구로 수행하게 되는 데, 이 경우에는 대개 한 단위의 문화집단의 현지조사를 문제중심적 연구로 진행하는 경우이다.

대부분의 문화기술지 연구자들은 자신의 연구목표와 그 목표를 실현하고자 설정한 연구문제에 따라서 앞서 기술한 현지조사의 여러 가지 방법과 기술들을 선택적으로 사용한다. 무엇보다 연구자가 현지조사에 연구대상 지역 현지의 사회구성원과 친밀관계(rapport)를 형성하고 유지하는 일은 중요하다. 소위 '라포'라 불리는 친밀관계는 현지조사를 성공적으로 수행하는 데 전제가 된다는 것을 주지해야 한다. 또한 현지조사를 통해서 수집된 자료는 그것이 높은 수준의 신뢰성(reliability)과 타당성(validity)을 가져야만 자료의 가치를 인정받을 수 있다.[3] 타당성은 연구자가 연구계획에 따라 실제

---

3. 자료수집은 연구자가 의도한 연구설계에 따라 자료를 얻는 과정이다. 이 과정이 얼마나 적절하고 타당하게 이루어지느냐에 따라 연구목적에 적합한 자료를 구할 수 있고, 다른

로 파악하고 조사하고자 하는 것을 정확하게 수행했느냐의 문제다. 즉 현지조사를 위한 자료수집 과정에서 조사 내용이 원래 수집하고자 하는 것을 수집하는지에 대한 내용 일치도를 말한다. 그런데 문화인류학 영역에서 수행되는 현지조사 자료는 일반적으로 타당도가 높은 것으로 평가되기 때문에 신뢰성과 대표성(representativeness)을 높이는데 노력해야 한다.

신뢰성의 경우는 연구자가 자료를 수집하고, 그것을 기록하기 때문에 자료수집 및 기술과정의 객관성이 어떻게 유지했는가를 보는 것이다. 그러므로 연구자 자신의 자료에 대하여 얼마나 연구자의 주관을 배제했는지를 보여주기 위해 자료수집의 절차와 과정을 상세하게 기술하고, 그것을 해석하는 과정에서 수퍼바이저, 동료연구자들 등 제 3자의 의견이나 자문 등을 통해 주관을 배제하려고 노력했음을 기술하거나 혹은 연구자와 타 연구자 간 상호주관적인 측면을 고려하였음을 제시하여야 한다.

4. 현지조사 마무리와 결과 해석

1) 현지조사 정리하기

문화기술지 연구자가 현지조사를 수행하면서 챙겨야 할 자신의 학문적 생산물들은 연구자 노트, 성찰일지, 참여관찰일지, 심층면담 일지 및 전사록, 기타 수집한 자료 등이다. 문화기술지 연구자는 질적연구를 바탕으로 현지조사를 수행하는 연구자이다. 이 때문에 질적연구에서 연구자가 기록해야 하는 상기 학문적 생산물들은 현지조사를 정리하고 마무리를 통해 이

연구자가 연구를 평가할 때도 '필요한' 연구 혹은 '좋은' 연구라는 인식을 가질 수 있다. 이 점에서 신뢰성와 타당성을 확립하는 것은 중요하다. 이를 양적연구에서는 '신뢰도', '타당도'로 불리며, 통계적인 방법으로 구체적인 수치로 제시하는 것이 일반적이다.

론을 형성하는 데 중요한 자료가 된다.

첫째, 연구자 노트인데, 이는 '연구노트'라고 불리기도 한다. 연구자 노트는 '내 연구의 지도를 그리는 것'으로 이해할 수 있다. 현지조사의 세부계획과 개요들을 날짜와 일정별로 기록하는 데 구체적으로 '어떤 순서와 내용을 담을 것인지'를 고민하고 향후 연구자의 현지조사 방향을 점검하는 데 필수적이다. 또한 연구자가 현지조사를 하는 데 잊기 쉬운 모든 것을 다 기록해두고 참고사항으로 삼아야 한다. 연구자는 지금 설정한 내용이 타당한지 계속해서 점검하고 현지조사의 절차와 방법이 변화되거나 개선된 과정이 모두 기록되어 있어야 한다. 이는 내 연구를 연구자 스스로 리드할 수 있는 여건을 제공한다.

둘째, 성찰일지인데, 말 그대로 연구자의 성찰적 태도와 실천을 내용으로 하는 자기적 기록물이다. 일반적으로 성찰일지는 자신이나 삶 속의 여러문제들에 대해 깊이 있는 이해를 위해 내면의 생각과 느낌을 글로 자유롭게 표현한 기록으로 정의할 수 있다(박소연·김한별, 2012). 성찰일지는 전공별로 혹은 연구자의 수련과정 속에서 체화된 특정한 형식으로 기술할 수 있다. 그렇지만 형식에 구애받지 않고 연구자 개인의 생각이나 느낌과 의미 등을 기록할 수 있다. 질적연구를 수행하는 연구자가 성찰일지 작성을 통해서 얻을 수 있는 긍정적인 성과들은 다양하게 제시되었다. 사실상 연구자 노트 못지않게 성찰일지는 한 단위의 연구를 성공적으로 수행하는 데 있어 필수적인 학문적 생산물이라고 볼 수 있다. 물론 연구자 노트와 성찰일지가 교묘하게 겹칠 염려가 있어 일부 연구자들은 이 둘을 포괄해서 연구일지를 작성하기도 한다. 그러나 성찰일지는 한 단위의 연구를 수행하면서 거의 매일 연구가 종료되고 연구자의 느낌을 적고 반성을 하는 학문적 일기와 같은 역할을 한다.

셋째, 참여관찰일지이다. 이 일지는 현지조사의 가장 중요한 과정 중 하나인 참여관찰을 수행한 내용을 기록해 두는 학문적 생산물이다. 참여관찰은 기술관찰, 집중관찰, 정선관찰의 단계별로 구분하고 참여관찰 일자별로 장소, 시간, 참여자의 배경 및 특성을 기술하며, 참여자들의 언어적, 비언어적 대화를 포함해서 행동 및 태도를 있는 그대로 자세히 기록한다. 아울러 에믹 관점과 에틱 관점을 구분하여 기록할 필요가 있다. 참여관찰일지는 연구결과를 기술하고 분석하는 자료로 논문에 직접 인용되는 만큼 사실에 입각하여 객관적으로 기술되어야 한다.

넷째, 심층면담 일지 및 전사록이다. 이 문서들은 연구자가 심층면담의 시간, 장소, 내용을 기술하는 일지와 심층면담 시 녹음한 음원 내용 전체를 텍스트화한 전사록이다. 대부분 전사록 앞부분의 개요에 심층면담 일지 내용을 함께 기록하여 연구자가 전사 내용을 분석하기 위한 코딩 작업에 도움이 될 수 있도록 한다. 전사록은 연구자와 연구참여자를 구분하고, 현지조사에 복수의 연구자나 연구참여자들이 함께 했을 경우 조사 시 메모를 하거나 잘 기억했다가 전사록 작성 시 기입하도록 한다. 그래서 전사록은 현지조사를 마친 후 가급적 빠르게 진행해야 한다. 전사록을 작성할 때 구두언어와 비언어적 표현(눈깜박임, 끄덕임, 재치기 등)도 괄호를 넣어 기록해 두어도 현지의 생동감 있는 정보로서 분석과 해석 작업에 긍정적인 영향을 준다.

다섯째, 기타 수집한 자료인데, 여기에 속하는 것들은 현지 사회구성원들의 인공물과 기록물들이 속한다. 현지에 존재하는 건축물, 예술품 등을 비롯하여 사진 자료, 축제나 공동체 의식 관련 문헌 자료 등이 이에 속한다. 아울러 현지 사회구성원의 일기나 일지 자료를 비롯하여 개인이나 가정이 소유한 문헌 자료들도 포함된다.

문화기술지 연구자가 일단 현지조사를 마치고 연구실로 돌아오면, 자료를 분석하고 해석하여 이론을 형성하는 작업을 진행해야 한다. 이런 과정에서 자신이 작성한 연구자 노트, 성찰일지, 참여관찰일지, 심층면담일지 및 전사록과 자신이 수집한 기타 자료들은 문화기술지 작업을 하는 데 중요한 역할을 한다. 그런데 현지조사를 하는 도중에도 연구자는 참여관찰과 심층면담을 통해 자료를 수집하는 동시에 초기의 분석 작업을 병행해야 한다. 이를테면 현지조사 연구의 계획단계뿐만 아니라 현지에서 참여관찰을 할 때 제1단계로 기술관찰을 마치고 나면 의미상의 내용분석을 수행해야 한다. 그 결과에 따라 다음 단계인 집중관찰로 들어가고, 집중관찰이 끝나면 분류상의 내용분석을 진행한다. 이를 통해 정선관찰의 대상을 선정하도록 한다. 연구자는 현지조사를 종료하고 연구실로 복귀하여 자료분석을 완결 짓고 해석하여 이론을 형성하는 작업에 몰두해야 한다.

연구자가 자료를 정리해서 연구보고서를 쓴다는 것이 바로 문화기술지를 작성하는 것이다. 어떤 경우에는 소논문으로, 어떤 경우에는 학위논문이나 저서로 그 출판 형태가 연구자의 현지 연구 목적에 따라 달라질 수 있다. 문화기술지 작성이 단순히 현지에서 일어났던 일들을 기술하고 이를 보고하는 것만은 아니다. 현지조사를 종료하고 연구자들은 현지에서 수집한 다양한 자료를 비롯하여 자신이 연구 도중 작성한 연구자 노트, 성찰일지, 참여관찰일지, 심층면담일지 및 전사록 등을 다시 훑어보면서 어떤 양식이 유형화될 수 있으며, 자료가 어떻게 조직될 수 있는가를 생각하면서 자료분석을 수행한다.

이 과정에서 부분적으로 문화기술지 연구 형태로 학회 발표를 하거나 소논문을 작성하기도 한다. 이 시기에 연구자는 자신이 설정한 연구목표와 연구문제에 현지조사결과가 어떤 식으로 문제 해결에 기여했는지 또한 조사결과가 다른 연구들과 어떻게 비교될 수 있는지를 따져봐야 한다. 아울러 문화인류학의 일반이론에 관해서는 어떤 결론을 도출해 낼 수 있으며, 현지조사는 어떤 결론을 이끌어 내어 이론을 형성할 수 있는지를 검토해야 한다.

자료분석의 1단계는 연구자가 현지조사를 수행한 현지의 문화가 어떤 특성을 가지고 있는지를 독자들에게 상세하고 정확하게 이해시키기 위해 현지자료를 조직하는 일이다. 그러므로 연구자는 자료의 분류와 조직을 어떻게 할 것인가에 집중해야 한다. 아울러 정리된 자료들을 체계적으로 분석하고 이론적 논의를 통해 정립된 렌즈를 근거로 해석을 내놓아야 한다. 이런 과정을 거쳐 형성된 이론이 문화인류학이나 다른 사회과학들의 관점과 일반이론들을 지지하는 근거를 마련하거나 혹은 반박할 수 있어야 한다.

문화인류학적 방법을 활용하는 문화기술지 연구자는 현지조사를 통해 얻어낸 자료를 분석해야 하는 데 그 궁극적인 목적은 특정 인간집단, 즉 연구자가 수행한 해당 현지의 사회생활을 총체적으로 이해해야 한다는 데 있다. 특히 해당 현지문화를 특징적으로 나타내는 일반적인 양상 또는 그 구성원 행동의 규칙성을 찾아 문화유형을 밝혀 준다. 그럼으로써 향후 문화의 비교 연구를 가능케 하고 일반 시민들에게 상호문화 이해를 작동하게 하는 타자성을 함양하게 한다. 문화유형은 연구자가 수집한 자료를 단순히 요약하고 기술해서는 밝힐 수 없고, 해당 자료를 추론해야만 밝혀낼 수 있다. 이런 과정을 해석과정이라고 하며, 이 과정에서 연구자의 패러다임과 이론적 렌즈가 작동하게 된다.

2) 결과의 해석과 이론 형성

앞선 절에서 문화기술지 연구자가 다양한 자료를 모으고 이를 분류하는 과정에서 문화인류학의 대표적인 관점인 상대론적 관점, 비교론적 관점, 총체론적 관점은 문화기술지 작성에 있어 균형 잡힌 인식을 제공해 준다. 최근 들어 문화기술지 작성에 양적연구의 활용이 빈번하게 나타나거나 질적연구의 양적연구 경향이 보이기도 한다. 이는 자료해석의 특성상 다른 종류의 사회현상들 간에 뚜렷한 관계를 알아내는 데는 통계분석만한 좋은 기제가 없기 때문이다. 무엇보다 인간사회에 대한 이론의 일반화를 검증하거나 문화의 상세한 부분들을 비교하고자 할 때에는 통계분석이 유용하다. 이러한 맥락에서 최근 문화기술지 연구는 혼합연구, 즉 질적연구와 양적연구를 병행하는 연구경향을 보인다. 다시 말해 설문조사 등의 양적 연구를 통해 연구문제에 관한 현지의 사정과 상황 등을 파악하고 질적연구방법인 참여관찰과 심층면담을 통해 인간관계와 소통 등 상징적 상호작용을 탐구한다. 또한 질적연구도 다수의 사례를 빠른 시간에 처리할 수 있는 질적 자료분석 프로그램이 개발되어 양적연구가 유사한 방식으로 결론을 도출하기도 한다. 그 뿐만 아니라 단위의 현지조사 결과를 다른 현지와 비교하는데 있어서도 통계적 방법을 도입하기도 한다. 그렇지만 문화기술지 연구가 질적연구의 기초를 이룬다고 생각하는 연구자들은 아직도 연구자가 연구도구 그 자체라고 생각하고 전통적인 문화기술지 연구를 고집하는 연구자들도 있다.

현지의 자료수집의 결과는 자료를 정리하는 것으로 마무리될 수 있는데, 분석과 해석의 과정이 필연적이다. 우리는 앞서 다루었던 이론적 논의의 중요성을 소환해볼 필요가 있다. 그 이유는 이론의 방향이 다르면 특정한 사회·문화 현상에 대한 설명이나 해석도 달라질 수 있기 때문이다.

우리는 문화인류학 개론서에 종종 등장하는 남자의 성년 의례인 성년식을 설명하는 다양한 해석을 접할 수 있다. 성년식 혹은 성인식이라고 불리는 의례는 결국 통과의례인 셈이다. 통과의례는 일반적으로 인간의 성장과 발달뿐 아니라 사회화를 위한 중요한 역할을 한다. 성년식은 해당 사회에서 남성으로서의 대우가 부여되는 계기이며, 아울러 성인 남성 집단의 통과의례이다. 다시 말해 성년식은 완연한 집단 구성원으로 신분이 변화하는 것을 의례를 통하여 형상하는 기능을 한다. 이를테면 남성의 성년식을 설명하는 데 있어서 다양한 해석이 있을 수 있지만 대표적으로 심리적 해석과 기능적 해석과 심리적 해석을 알아보자.

우선 기능적 해석은 남성 성인식이 강력한 남성조직을 보유한 사회에서 성인 남성의 연대의식을 유지하도록 하는 데 기능적으로 요구되는 의례이다. 성년식을 통해 이를 경험한 남성은 소년에서 성인으로, 가정을 가질 수 있는 가부장으로서, 어린이에서 전쟁에 나갈 수 있는 전사로의 기능을 갖게 된다. 이러한 해석은 남자아이들에게 성인의 사회적 지위와 역할을 학습하도록 강조함으로써 성인 남성들 간의 협동과 연대의식을 갖게 하는 것이다. 그래서 남성의 연대의식이 강한 민족집단이나 사회일수록 남성 성인식이 까다롭기도 하고 때로는 거창하면서도 위험하기도 한다.

심리적 해석은 어머니와 관련을 짓는다. 즉 남자아이가 태어나서 처음 1년 정도 어머니와 함께 잠을 자는데, 그 기간 아버지는 따로 자도록 관습이 규정된 사회에서는 남자아이가 처음에는 여성 정체성을 가지고 성장한다는 것이다. 이후 신체적으로 자신이 어머니와 다르고 2차 성징으로 인한 남성적 신체 발육 특성으로 인해 심리적 갈등을 느끼게 된다. 이때 해당 사회는 남성 성인식을 통해 남성 정체성을 조장하며, 그들에게 심리적으로 남성으로서의 일체감을 강조함으로써 정체성 갈등을 해소시켜 준다는 것이다.

위의 두 가지 상이한 해석, 즉 기능적 해석 혹은 심리적 해석 어느 것도 반드시 옳다고 말할 수는 없다. 다만 우리는 연구자가 이론적 논의에서 어떤 이론적 렌즈로 무장했고, 그 렌즈를 통해 얼마나 충실하고 정교한 해석을 했는가에 관심이 있을 뿐이다. 그러므로 문화기술지 연구자는 현지의 질적 자료를 분석하고 해석하는 경우 어떤 이론의 방향을 적용할 것인가를 고민해야 한다. 다양한 많은 이론 중에서 바람직하고 올바른 것을 선택하도록 주의를 기울여야 할 것이다. 최근 문화기술지 연구에서 인용되는 이론적 배경은 주로 구조주의 및 후기구조주의 이론, 인지주의, 상징주의, 해석주의, 페미니즘 이론 등이다. 어떤 이론을 토대로 했느냐에 따라 같은 사회·문화 현상일지라도 상이한 해석들이 존재하게 된다.

문화인류학자가 현지조사를 하는 목적은 해당 사회의 문화 현상들을 특정 이론을 토대로 분석 및 해석 작업을 하여 이론을 형성하는 데 있다. 그렇지만 세계는 복잡하고 빠른 속도로 변화하는 사회·문화 현상들 속에 놓여 있다. 그렇기 때문에 일반적인 보편 법칙을 발견한다는 것이 불가능하다는 것을 인정해야 한다. 장기간에 걸쳐 현지조사를 통해 수집한 자료를 근거로 분석과 해석과정을 거쳐 어떤 특정한 이론을 구성했다고 하자. 그 이론이 그리 오래가지 않고 깨질 수 있다는 것을 알고 특정 사회·문화 현상에 대한 개연성과 변수들의 상관관계를 바탕으로 하는 새로운 이론들을 도출해 내기 위해 노력해야 한다.

문화인류학자들에게 어떻게 사회·문화적 현상들을 설명할 수 있는 이론을 전개할 수 있는가와 관련한 질문이 대두된다. 이론을 전개하기 위해서 연구자는 특정한 연구주제를 탐색하고 그 주제에 부합하는 연구문제를 설정해야 한다. 이것이 문제중심 현지조사의 출발이 된다. 이론의 형성은 현지조사로부터 출발하여 분석과 해석의 마무리 작업을 통해 이루어진다. 이론형성이 곧 이론을 전개하는 전제가 된다. 사실상 이론의 전개 방법이나 절차를 구체적으로 기술하기는 난감한 문제이다. 이론의 전개는 연구자의 상상력과 창의적 활동을 요구한다. 이는 사회과학적 상상력과 맥락을 같이 한다. 사실상 사회과학적 상상력의 출발 지점은 "왜"라는 질문에서 시작된다고 볼 수 있다. 다시 말해 당연하다는 것, 상식이라는 것들에 대해 "왜 그럴까", "그 속에 있는 진실은 무엇일까"라는 질문을 제기하는 것이다. 어찌 보면 '낯설게 보기'이다. 사회과학적 상상력은 개인과 개인, 개인과 공간 그리고 개인과 시간이 상호작용하는 사회라는 세 지점의 관계에 주목한다.

문화인류학자가 어느 특정한 문화집단에 들어가 현지조사를 수행한다는 것은 사회과학적 상상력의 실천이다. 이렇게 수행된 현지조사는 단일사례 분석이라 할 수 있다. 이렇게 함으로써 연구자는 이론을 형성하고 그 이론의 기초를 확립한다. 나아가 다른 여타 지역의 현지조사를 통해 다수의 사례들을 비교 연구하여 이론을 도출해 내야 한다.

어떤 이론모델은 단일사례에서 얻은 자료를 바탕으로 성립하는 것이 아니라 다수의 상이한 사례들을 비교 연구하여 더 높은 수준의 일반화가 가능하게 해야 한다. 이 경우에 정교한 이론이 형성될 수 있다. 다시 말해 문화기술지 연구는 이론모델 형성을 하는 데 유용한 질적연구 기법이라는 것이다. 매력적인 것은 특정 문화집단의 현지조사 결과를 기반으로 이론을 형성하고 그 이론을 다수 사례에 적용하여 이론을 수정·보완하고 정교화시킨다는 점이다. 이런 점에서 문화기술지 연구를 수행하는 연구자들은 다수의 상이한 문화들을 비교 연구함으로써 이론들을 검증하기 위한 방법과 기술들을 발전시키는 데 노력을 기울어야 할 것이다. 그 이유는 단순하다. 자신의 연구에서 밝힌 이론은 다른 연구자나 후속세대 연구자들에게 현지조사의 지침이 되는 선행연구라는 사실이다. 이런 점에서 문화기술지 연구의 방법과 이론은 분리시켜서 생각할 수 없는 동전의 양면과 같다고 볼 수 있다.

04

질적연구로서 문화기술지 작성

1. 문화기술지 개요

1) 문화기술지의 개념

앞선 장들에서 설명한 바와 같이 문화기술지는 특정한 문화공유 집단의 문화와 행위 양식을 그들의 관점에서 기술하고 이해하기 위한 질적연구의 오랜 전통을 지닌 문화인류학의 연구결과물이자 연구방법론이다. 문화기술지가 여행기 혹은 유람기와 같은 전기적 방식의 글쓰기와 차별적인 이유는 바로 참여관찰과 심층면담 등의 자료수집법과 귀납적 추론 방법 등 사회과학의 질적연구 포맷을 갖추고 있기 때문이다. 연구방법론으로서 문화기술지는 문화인류학과 사회학에서 출발한 방법론적 전통으로서 다양한 질적연구방법론에서 가장 오랜 전통을 가지고 있고 가장 기본적이며 일반적인 방법론으로 사용되어 왔다.

위에 잠깐 언급했듯이 사실상 문화기술지는 연구방법론이라는 것 이외에 문화인류학자가 현지에서 수행한 연구의 결과를 정리하여 만든 텍스트, 즉 '연구결과물'을 뜻한다는 것이다. 우리가 문화기술지를 질적연구로 편입시킬 경우 한 세계의 사회적 행위가 다른 세계의 관점에서 어떻게 이해되는가를 보여주는 연구방법론 그 자체를 뜻하게 된다(김진희 외, 2015; 고미영, 2012). 문화기술지는 영어로 'ethnography'로 표기되며, 우리말로 에스노그래피라고 하는 경우도 있다. 다시 말해 '에스노'는 '사람들(ethnos)'이며 그래 피(graphy)는 '기록하다' 혹은 '기술하다(grapho)'를 의미한다. 따라서 에스노 그래피, 즉 문화기술지는 '에스노'와 '그래피' 이 두 단어가 조합하여 생성된 말로 사람들에 대한, 특히 그들의 삶의 방식과 문화적 배경에 대한 사회과 학적인 기술이다(Patton, 2002).

문화를 기술한다는 것은 현지인의 관점과 삶을 영위하는 방식을 파악하 여 그들의 세상을 보는 그들의 눈을 깨닫는 것이다(Malinowski, 1922). 현지 인의 관점이란 다른 방식으로 듣고, 보고, 생각하고, 행동하도록 배운 사람 들에게 세상은 어떤 것인가를 세련된 방식으로 연구하는 것을 말한다 (Spradley, 2006). 따라서 문화기술지는 "무엇을 발견했는가"에 대한 답이 아 닌 "무엇을 묘사하고자 하는가"에 대한 연구이며(Spradley, 2006), 바라봄의 대상이 되는 타자의 발견(김기화, 2015)에서 시작된다고 할 수 있다. 문화기 술지의 특성 자체가 연구자가 속한 사회나 문화공유 집단이 아닌 경계를 넘어선 공간의 문화연구이기에 그 공간의 구성원은 '타자'일 수 밖에 없다. 이러한 타자를 발견하고 이해하는 것은 질적연구자에게 숙명적으로 부여 된 과업인 셈이다.

인간은 객관적 실체가 아니라 맥락 안에서 구성되는 상대적인 것이므로 맥락에 들어가 연구참여자의 관점에서 자료를 도출하고 기술하는 것이 중 요시된다(신경림 외, 2005). 요컨대 문화기술지의 핵심은 행동과 사건들이 우 리가 이해하고자 하는 사람들에게 어떤 의미를 갖는가에 관해 관심을 두고 그들의 '모든 의미'를 찾기 위해 유심히 살피고, 활동에 참여함으로써 그들 의 의미체계를 배우는 시각을 갖는 것이다(Spradley, 2006).

2) 문화기술지의 특징

문화기술지 연구자들은 현지연구를 수행할 때 다음과 같은 세 가지의 공통된 가정을 지녀야 한다. 이것은 문화기술지 연구자의 신념이며 연구참여자를 바라보는 일종의 관점이 된다.

첫째, 인간의 행동은 무의미하게 기계적으로 이루어지는 움직임이 아니라 상황과 맥락에 따른 행위자의 움직임에 이미 해석을 포함하는 것으로서 의미를 지니고 있다(Punch, 2005). 둘째, 인간이 구성하는 특정 문화공유 집단은 구성원들의 상호작용을 통해 '문화'를 생산해 내는데 여기서 문화란 특정한 집단의 공통적인 행동 양식이나 신념을 의미한다.[1] 이러한 행동양식과 신념을 토대로 인간은 현상에 대한 인식, 행위, 감정, 행위의 목적과 방법에 대한 기준을 구성한다(Patton, 2002). 따라서 잘 훈련되고 성찰적인 문화기술지 연구자는 자신의 현지조사에서 해당 사회구성원들의 개별적인 행위일지라도 촘촘하게 관찰해야 하며 호기심을 가지고 접근해야 한다. 아울러 해당 현지의 문화가 오랜 시간 그 사회구성원들의 상호작용을 통해 형성되고 공유되며 발전되어 왔음을 인지해야 한다. 그럼으로써 특정 집단 안에서 역사적 및 사회적으로 구성된 실재에 대해 집단 내부 구성원들과의 집중적이고도 경험적인 만남과 소통을 통해 부분적 혹은 잠정적인 시각을 형성할 수 있게 된다. 이러한 시각을 통해 문화기술지 연구자는 문화집단과 그 구성원들이 갖는 속성과 특성을 탐색해 낼 수 있다.

문화기술지는 연구대상이 되는 현지인들로부터의 거리 유지와 아울러 밀접한 친밀성을 동시에 필요로 한다. 이는 곧 에믹 관점과 에틱 관점을 연구자에게 동시에 요구하는 것으로 이해할 수 있다. 현지문화를 해석하는

---

1. 문화에 대한 관점은 '문화를 어떻게 개념화'하느냐에 달라지며 이에 따라 자료수집, 자료의 종류, 연구와 분석의 초점이 달라진다. 이에 대한 내용은 이후의 절에서 다루고 있다.

작업은 문화기술지 연구자에게는 매력적인 책무임에 틀림없다. 해석 작업은 현지 문화의 의미를 탐색한다는 것으로 등치시킬 수 있기 때문이다. 아울러 그 문화에 완벽하게 몰입해야 하면서도 과학적 연구를 위해서 현지문화에 대해 분리와 객관성을 유지하는 것은 반드시 필요하다. 현지문화와 가깝고 친밀한 관계를 만들어감으로써 긴장감을 어느 정도 해소하였지만 현지인들에 대해 기술할 때는 객관적 목소리를 통해 친밀함을 감추어야만 한다.

잘 알려진 서구의 문화인류학자들은 다양한 비서구문화에 대한 문화기술지를 통해 학문적 경력을 쌓았고 나름의 이론형성을 통해 특유한 문화인류학적 연구 사조를 이루었다. 그런데 이들의 프로젝트에서 공통으로 발견된 것은 완전하게 분리된 외부인의 입장에서가 아니라 현지인의 관점으로부터 문화를 이해하려는 욕망이었다. 이러한 문화기술지 작성을 위한 노력에 타자지향성을 기반으로 한 현상학이 바탕에 있다. 결국 문화기술지 연구는 분명히 이타적이며 '타자의 발견'에 시동을 거는 연구임이 틀림없다.

2. 문화기술지의 전통과 연구경향

1) 문화기술지의 전통

문화기술지는 19~20세기 초 문화인류학과 사회학에서 출발한 것으로 질적연구 중에서 가장 오래되고 일반적 개념으로 사용되고 있다(김영천, 2013). 문화인류학의 학문적 발달에 뿌리를 두고 있는 문화기술지는 이국적이고 낯선 문화에 대한 탐구와 이해를 위한 연구방법으로 등장하였다. 기능주의에 토대를 둔 인류학자 말리노프스키가 트로브리안드(Trobraind) 섬에서의 현지 연구(1922) 이래, 일정 지역에 장기 거주하며 사람들의 삶과 문화를 이해하는 독특한 학문적 전통으로 발달한 문화기술지는 문화인류학 연구에 입문하는 학자들에게는 일종의 통과의례가 되었다(조용환, 2016). 따라서 어떤 초보 문화인류학자가 처음으로 문화기술지를 작성한 현지를 '나의 마을(My Village)'이라고 하는 이유는 그만큼 현지와 현지연구를 강조한 것으로 판단할 수 있다. 초기 문화인류학 연구는 연구자가 위치한 문명국가 유럽에서 자신들과 다른 다양한 문화를 수집해 알려줌으로서 문화다양성의 전도사적 역할을 했다는 긍정적 평가와 함께 당시 제국주의와 식민주의 확산에 협력했다는 비판을 받기도 한다.

외부자의 관점에서 연구대상이 되는 문화를 기술하고 해석하는 전통적인 문화기술지는 제국주의와 식민주의 확장에 도움을 주었다는 비판과 연구자와 연구대상자 사이의 권력, 부, 특권에서의 불균형이 존재한다는 점, 연구 수행에 있어 연구자의 개인적 가치와 문화적 배경이 미치는 영향에 대한 의문이 제기되었다(Patton, 2002).

학부의 문화인류학과에서 많이 읽혀지는 전통적 문화기술지의 주요 학자와 저서로는 말리노프스키의 〈서태평양의 항해자들(Argonauts of the Western Pacific)〉, 베네딕트의 〈국화와 칼(The Chrysanthemum and the Sword)〉, 레비-스트로스의 〈슬픈 열대(Tristes tropiques)〉, 기어츠의 〈문화의 해석(The Interpretation of Cultures)〉가 있다. 말리노프스키는 기능주의를, 베네딕트는 상대주의를, 레비-스트로스는 구조주의를, 기어츠는 상징주의와 해석주의를 패러다임으로 연구를 수행하였다. 이렇듯 문화기술지의 철학적 패러다임은 현지의 문화현상을 해석하는 토대를 제공해 준다. 각 문화기술지에 이러한 패러다임이 어떤 방식으로 작동되는지는 반드시 독서와 토론을 통해 파악해야 할 것이다. 초보 문화기술지 연구자에게 이런 작업은 지침이 될 수 있기 때문이다.

2) 문화기술지 연구의 변화

18세기 말에서 태동하여 19세기 서구 열강이 식민지를 건설하면서 문화인류학자들은 진화주의 및 전파주의를 기본으로 그들의 조국에 부역자 역할을 했다. 당시에 문화인류학자들은 이민족, 종족에 대한 문화기술지 연구에 주력하였다. 그러다가 사회학과의 학문적 교섭을 통해 영향을 받은 문화기술지는 매니아, 빈곤, 세계화, 교육, 다문화사회, 사회 계층, 집단 간 갈등, 범죄자들 등 사회적 하위집단과 주변 집단의 독특한 문화와 사회 문제 영역에 관심을 두고 발전하였다. 그러다 근대에 들어서서는 타인에 대한 관심에서 내 자신, 내 집단의 삶과 문화에 대한 연구에 대한 관심이 증가하여 자문화기술지[2]라는 새로운 연구 영역이 생겨나기도 했다.

실제로 문화인류학자들이 낯설고 이국적인 문화에 관심을 두었던 반면 최근의 문화기술지 연구자들은 일상생활, 커뮤니티, 제도적 환경 내 친숙한 문화에 관심을 가지고 사회의 하위집단에서 형성된 독특한 문화와 사회적 문제로 관심 영역을 세분화하였다(유기웅 외, 2012).

특정 집단이 공유하는 문화를 이해한다는 것은 그들의 행동을 이해하는 데 있어 중요하다. 전통적 관점에서 문화기술지의 목적은 문화집단에 내재되어 있는 문화적 요소들의 의미와 속성들이 인간 행위와 의미생성에 어떠한 영향을 끼치는지에 초점을 두었다. 그러나 현대에 들어 주로 수행된 비판적 문화기술지는 바람직한 방향으로서의 사회적, 문화적 변화를 이끌어내는 수준까지 연구목적과 영역을 확장했다.

비판적 문화기술지를 수행하는 연구자들은 연구참여자의 의식과 행동을 중립적인 관점에서 바라보는 것이 아니라 체계적이고도 비판적으로 그들

---

2. 자문화기술지가 사회과학 연구방법으로 적합한 방법인가에 대한 의문에 학문적 기여, 미적인 기여, 성찰성, 영향성, 실제성의 표현 등과 같은 평가 기준을 제시하였다(Richardson, 2000).

의 인식 이면에 숨어 있는 구조적인 문제들을 드러내는 작업을 수행했다 (Anderson & Milson, 1989). 이 연구자들은 가정(family), 소유(property), 만족 (satisfaction) 등의 영역과 정치, 경제 등의 사회제도가 사회적 형태를 재생산 하는 과정을 규정하는 요소로 보고 있다. 그러면서 이러한 범주들이 특정 한 사회적 관계성의 재생산을 이끈다는 점에서 이데올로기적 성격을 가지 고 있음을 인식해야 한다는 것이다(유기웅 외, 2012).

전통적 문화기술지이든 비판적 문화기술지이든 간에 문화기술지의 주된 연구주제는 몇가지 범주로 구분될 수 있다. 첫째, 남성 아이돌 그룹에 열광 하는 40대 여성들에 관한 연구처럼 특정 집단이나 사람들이 보이는 행동에 대한 사회·문화적인 맥락에 대해서 이해하고자 할 때, 둘째, 아이돌 그룹 온라인 팬클럽에서의 게시판 상호작용의 특성 혹은 팬클럽 구성원의 온라 인 상의 위계구조 등 특정한 맥락 속에서 일어나는 사회적 상호작용의 상 징적인 의미와 중요성에 대해 알고자 할 때(신재한, 2017), 셋째, 군대 병영에 서의 동성애 문화 같은 특정한 집단에 관련한 선행연구나 연구자의 직접 혹은 간접적인 경험이 없어 매우 새롭고, 기존의 주류와는 다른 어떤 문화 를 소유하고 있는 집단에 대해서 탐색할 경우(권은선, 2019), 넷째, 군대 병영 에서의 동성애에 대한 올바른 교육적 접근법과 정책을 마련하기 위해 우선 적인 실태파악을 위한 연구를 문화기술지를 적용하여 진행하는 경우 등 특 정한 집단과 문화에 대한 본격적인 연구 프로젝트의 수행에 앞서 연구자가 일차적인 이해를 얻고자 하는 경우에 활용된다.

문화기술지는 거시적 단위(복합 사회, 특정 국가, 민족 등)에서 미시적 문화(단 일 사회제도, 특정 지역과 장소, 단일 사회적 상황 등)에 이르기까지 연구의 범위가 광범위하게 분포되어 있음을 다음 〈표 4-1〉을 통해 알 수 있다.

표 4-1. 문화기술지 연구의 범위와 단위

연구의 범위	사회적 연구 단위
거시적 문화기술지	복합사회 / 미국문화
	복수 커뮤니티 / 콰키우틀 인디언
	단일 커뮤니티 / 사무조직(은행)
	복수 사회 제도(기관)
	단일 사회 제도(기관) / 도시 엘리트, 중고품 시장
	복수 사회 상황 / 브래디 주점
미시적 문화기술지	단일 사회 상황 / 인사

출처: 참여관찰법(Spradley, 1980: 39)

3. 문화기술지의 유형과 수행절차

1) 문화에 대한 대한 관점의 차이

문화는 현장의 연구대상을 개념화하는 방식과 연구과정, 분석의 수준을 결정짓는 것으로 민족과 다양한 사람의 문화기술지 작성에 분석 틀을 제공한다. 따라서 인류학자가 동일한 집단을 연구할지라도 문화를 어떻게 개념화하느냐에 따라 자료수집과 자료의 종류, 연구와 분석의 초점이 달라진다. 문화기술지 연구방법은 해석주의(구성주의)를 이론적 바탕에 두고 있다.

해석주의 패러다임은 다수의 실재가 있을 수 있다고 보는 상대주의적 존재론을 가정하며, 인식론에서는 연구자와 연구참여자가 지식과 이해를 공동으로 창조해 나간다고 보는 주관주의적 입장을, 연구방법과 절차에서는 인위적인 조작이나 조정을 거부하는 자연주의적 입장을 취하고 있다(곽영순, 2009). 이러한 패러다임을 바탕으로 하는 문화기술지는 한 집단의 부분이나 전체 집단을 대상으로 그 대상 집단의 문화를 기술하고 해석함으로써 인간 사회를 이해하는 것을 목적으로 하며(김영순 외, 2018) 연구자는 연구집단의 가치관과 관습, 행위에 직접 참여하고 관찰하면서 이를 다양한 방식으로 해석한다. 인류학에서 문화에 대한 논의는 '총체적 접근'과 '해석적 접근'으로 구분된다.

총체적 접근은 문화를 '공유된 생활양식과 사고방식의 총체'의 두 가지 측면에서 이해하였다. 타일러(1871)는 "넓은 의미의 민족학에서 문화 또는 문명사회의 구성원으로서 인간이 습득한 지식, 믿음, 예술, 도덕, 법률, 관습 그리고 사회의 성원으로서 인간이 획득한 모든 능력과 습성을 포함하는 복합적 총체"라고 정의하여 문화를 공유된 생활양식으로 이해하였다. 반면에 구디너프는 총체적 접근을 취하였지만 문화적 산물로서의 생활양식과 함께 인간 삶의 기저에 깔린 공유된 관념들의 체계, 개념, 규칙, 의미 등의 인지체계로 이해하였다.

타일러와 구디너프는 문화의 총체론을 주장한 대표적인 학자로 문화는 행위자로부터 독립적인 것으로 존재한다고 가정하고, 문화의 내용과 법칙성 규명에 치중하여 문화의 주체로서의 행위자는 논의에서 제외시켰다. 이는 곧 문화는 행위자와 뚜렷이 경계 지을 수 있는 고유하고 자율적인 영역이라는 것이다. 문화총체론 입장에 있는 학자들은 체계를 활용하여 사회와 실재, 개인적 경험의 의미를 구성해 나간다고 보며, 사회의 구조와 기능들, 일정하게 반복되는 문화의 패턴을 묘사하고자 했다. 그럼으로써 문화에 의해 인간 행위가 결정된다는 문화결정론이 힘을 받는다.

이와 같은 총체적 접근의 문화기술지는 말리노프스키가 주도한 기능주의적 탐구 사례들이 있다. 그는 트로브리안드 군도 주민들의 사회조직 원리와 법률과 관습의 규칙을 탐색했으며, 그들의 종교적 주술에 대한 연구를 수행했다. 또한 래드클리프-브라운은 구조와 기능 탐구의 패러다임을 통해 통가의 외삼촌과 조카 사이의 친족체계를 연구했으며, 베네딕트는 문화패턴 개념을 통해 일본의 국민성과 문화의 패턴을 탐색했다. 해리스는 생태적 적응체계 틀로 인도의 암소 숭배와 유대인과 무슬림의 돼지 혐오에 관한 연구를 수행했다.

이에 반해 문화를 이해하는 해석적·상징적 접근은 문화를 '상징과 의미의 체계'로 이해하였다. 해석적·상징적 접근에서는 문화를 행위자의 실천과 관련하여 파악해야 한다고 보았는데 문화를 행위자와 독립된 체계로 두지 않고 사람들의 일상생활 조건에 나타나는 주요한 변화에 대한 반응으로 이해함을 강조하였다(김영천, 2015). 해석적·상징적 접근에서 '상징'은 문화의 기초이다(White, 1977). 또한 행위자가 실천하는 의미 해석에 초점을 두며 행위자는 상징적 존재이자 의미를 생산하고 실천하는 관심있는 존재이다. 해석적·상징적 접근의 측면에서 문화는 핵심적인 상징들과 의례들을 해석함으로써 해독할 수 있는 독자적이고 고유한 체계로 간주된다(송희영, 2020). 그럼으로써 사회문화 제도들이 행위자에 의해 '어떻게' 실천되는가를 탐구하고자 했다.

기어츠는 훌륭한 해석이란 독자들을 대상의 실체에 더 가깝게 위치시키는 것이라고 정의하였다. 그러면서 문화기술지는 사회 혹은 문화가 가지고 있는 문화의 단면을 그 사회가 갖고 있는 의미 구조 속에서 드러내는 것이라고 했다. 그럼으로써 보다 정확하게 기술하고, 이를 설명하고 기술하는 데 주력하였다. 집단의 공유된 문화를 이해하는 것은 해당 집단의 일상과 평범성을 탐색하면서 개인의 사건 혹은 행위가 갖는 특수성을 감소시키지 않아야 하며, 이를 보다 더 잘 설명하기 위해 다양한 층위에서 검토해야 함을 의미한다.

해석적 접근의 문화기술지를 수행한 학자 중 대표적인 연구는 기어츠가 수행한 인도네시아 발리의 닭싸움에 관한 것인데, 불법으로 규정된 닭싸움의 문화적 실천의 의미로서 사회질서를 유지하는 것으로 이해하였다. 메리 더글라스는 일상적 사물에서 효과적으로 의미체계를 탐구하였는데, 일상에서 관찰 가능한 문화적 산물, 즉 상품, 깨끗함과 더러움, 사람들이 자기

몸을 다루는 방식, 환경오염, 의례로서의 언어와 식사 등에서 상징체계와 의미를 밝혀내고자 했다. 문화기술지는 패러다임과 이론적 렌즈에 따라 각기 다른 유형으로 분화되었으며, 다양한 분야의 연구대상을 이해하는 데 기여했다. 아울러 문화기술지는 인간 사회의 문제를 해결하고 국가 정책의 효과적 수행하는 데 있어 다양하게 활용된다.

2) 문화기술지 수행절차

문화기술지만이 갖는 독특한 연구설계는 존재하지 않는다(Punch, 2005). 그럼에도 불구하고 문화기술지의 연구설계는 크게 두 가지 입장으로 정리된다.

첫째, 사전에 준비된 연구설계의 필요성을 강조하는 입장으로 체계적이고 의도적인 접근방식이 연구자의 성찰과 결합될 때 사회과학의 연구방법으로 인정받을 수 있다고 보는 것이다(Hammersley & Atkinson, 1983). 이러한 관점은 문화기술지가 방법론적인 명백함을 갖추기 위해서는 왜 특정한 연구방법을 선택했는지를 설명할 책임과 사회적 상호작용에 대한 미시적 접근을 강조한 전통을 이어 연구목적과 연구문제의 설정, 연구문제 해결에 적합한 자료수집과 자료분석, 이론과 연계된 탐색과 자료에 근거한 이론화 작업의 중요성을 강조한다(Mills & Morton, 2013).

둘째, 문화기술지는 방법론적 절충주의를 지니는 데 타당성, 객관성, 실증성 등이 내포하는 인식론적 가정들에 토대를 둔다. 그럼으로써 문화기술지는 다양한 방법의 실험적인 적용을 허용하며 맥락에 따라 자연스럽게 변화하고 새롭게 진화하는 형태를 띠고 있다(고정미, 2020). 또한 다른 연구방법에 비해 상대적으로 비구조화되어 있는 실증적인 자료들을 수집하는 경우가 많고, 상대적으로 적은 집단 혹은 적은 수의 사례에 관심을 가지며,

그 자료의 분석 결과 보고에 있어서 설명과 해석을 강조하는 특성을 가진다(Atkinson & Hammersley, 1994).

스프래들리(Spradley, 2009)와 크레스웰(Creswell, 2013)은 문화기술지 수행 단계를 다음 〈표 4-2〉와 같이 제시하였다.

표 4-2. 스프래들리와 크레스웰의 문화기술지 연구 절차

스프래들리(2009)	크레스웰(2013)
중요한 문화적 장면 선정하기	연구방법 및 연구문제의 적합성 판단
문화기술지적 질문 던지기 (서술적, 구조적, 대조적 질문)	연구대상 집단의 공유 문화를 파악 주요 정보제공자 탐색
자료수집 (서술관찰, 집중관찰, 정선관찰)	문화기술지 유형 선정
문화기술지 기록	현지조사 수행
자료분석	자료를 통한 주제 분석
문화기술지 작성	집단에 대한 종합적 묘사 규칙 및 일반화를 위한 해석

두 가지 절차는 세부적인 차이는 있으나 순환적 과정을 거친다는 점과 일반적 절차는 유사하다고 볼 수 있다. 즉 문화기술지와 연구문제와의 적합성을 판단하고, 무엇을 보고자 하는지 결정하기, 현지조사를 통한 자료수집, 수집 자료의 기술과 분석, 문화에 대한 해석과 같은 일련의 맥락적 흐름은 비슷하다는 공통점을 가지고 있다.

〈표 4-2〉에서와 같이 스프래들리(2009)가 제시한 연구 절차는 다음과 같다. 첫째, 특정한 문화적 장면에서 중요하다고 느끼는 것을 과제로 정한다. 둘째, 서술적·구조적·대조적 질문 즉, 문화기술지적 질문을 한다. 셋째, 광범위한 서술관찰을 통해 초기 자료를 기록하고 분석하여 자료를 수집한다. 서술관찰 이후에는 관찰 범위를 좁혀 집중관찰을 하고 이후 더욱 좁혀 정선관찰을 한다. 넷째, 문화기술지를 기록한다. 이때의 기록은 관찰과 분석

의 중간 단계에 해당한다. 다섯째, 새로운 문화기술지 질문의 발견, 추가 자료의 수집, 관찰일지의 작성과 분석을 할 수 있도록 자료를 분석한다. 여섯째, 연구의 마무리 단계로 문화기술지를 작성한다. 스프래들리는 [그림 4-1]의 순서로 문화기술지 연구절차를 도식화하였다.

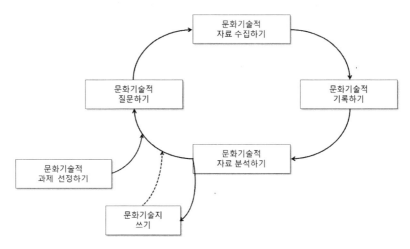

그림 4-1. 스프래들리의 문화기술지 연구 절차(Spradley, 1980: 38)

앞에서 설명한 스프래들리와는 달리 크레스웰(2013)은 가장 먼저 문화기술지가 연구문제를 해결하기 위해 적합한 방법인지를 결정해야 한다고 하였다. 이때 연구주제는 문화집단이 작동하는 방법과 그 집단이 직면하고 있는 이슈들의 탐색에 적합해야 한다. 둘째, 연구할 집단이 공유하는 문화가 무엇인지 파악하고 문화의 위치를 정해야 한다. 주요 정보제공자를 찾기 위한 탐색도 함께 한다. 셋째, 문화적 주제, 문제와 이론을 선별하고 문화기술지 중 어느 유형을 사용하여 문화적 개념을 연구할 것인지를 정해야 한다. 넷째, 집단이 일하고 살아가는 상황에서 정보를 수집하는 현지조사를 실시한다. 다섯째, 수집된 자료에서 그 집단에 대한 묘사, 집단과 전체적 해석에서 드러난 주제를 분석한다. 여섯째, 연구자의 관점(etic)과 연구참여자의 관점(emic)을 종합하여 집단에 대한 종합적 묘사인 최종 산물로서의 규칙, 일반화에 대한 작업을 구축한다.

3) 스프래들리의 발전식 연구절차

스프래들리(2009)는 문화기술지 연구자가 행동을 관찰하면서 행동의 의미를 탐구해야 하며 인공물과 자연 사물에 대한 관찰도 사람들이 그 대상물에 부여하는 의미를 발견해야 한다고 주장했다. 이에 따라 의미에 대한 이론을 탐구할 수 있는 구체적인 설계가 필요하다고 제시한다. 스프래들리는 다음 [그림 4-2]와 같이 문화기술지 작성을 위한 주요 활동을 12개의 단계로 구성하였고 상세하게 설명했다.

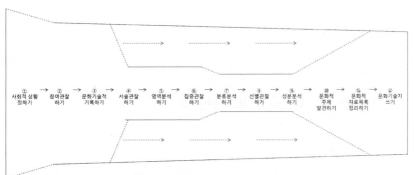

그림 4-2. 스프래들리의 발전식 연구절차(Spradley, 1980: 134)

우선 연구자가 문화기술적 과제를 선정해야 하는데, 이는 연구목적에 적합한 연구문제를 설정하는 것과 같은 의미이다. 문화기술적 과제 선정은 무엇에 집중하고자 원하는지 '탐구의 범위'를 정하는 것에서 시작하며 이는 거시적 문화에서 미시적 문화에 이르기까지 다양한 스펙트럼에 위치한다. 문화기술적 질문은 사람들의 행위에서 그들이 어떤 질문에 응답하고 어떻게 반응하는지, 즉 사회적 상황 속에서 발견되어야 한다. 이 질문은 서술적 질문, 구조적 질문, 대조적 질문의 세 가지 유형으로 이루어진다.[3] 또한 자료수집은 서술관찰-집중관찰-정선관찰로 점점 범위를 좁혀가며 문화기술적 질문과 함께 이루어져야 한다. 또한 자료수집이 끝날 때까지 세 단계의 관찰은 지속되어야 한다. 문화기술적 기록은 현지 노트에 현지인의 언어나 용어와 관찰자의 용어 모두를 기록해야 한다. 이 경우 구체적인 언어를 사용해서 기록해야 한다.

발전식 연구절차의 단계는 가능성 있는 많은 사회적 상황을 조사한다는 넓은 초점을 가지고 시작한다. 하나가 선정되면, 단계 3부터 단계 12를 통해 그 사회적 상황의 '전체'를 포괄한다. 하지만 초점을 두 가지로 잡는데 하나는 좁고, 다른 하나는 넓고 전체적이다. 문화기술지 연구자는 단계 4와 단계 5에서 수련 받은 기법을 계속 사용하면서, 동시에 선택한 문화적 영역들에 초점을 맞추어 관찰한다. 연구의 마무리 단계에 들어 문화적 장면을 전체적으로 서술하기 위해 초점은 다시 확장된다(Spradley, 2006).

4. 문화기술지의 자료수집과 자료분석

1) 자료수집

문화기술지 연구에 있어서 자료수집의 핵심활동은 현장에서 이루어지는

---

3. 서술적 질문은 "어떤 사람들이 여기 있는가?", "그들은 무엇을 하고 있는가?", "이 상황의 물리적 배경은 무엇인가?" 등이다. 구조적 질문은 집중관찰에 근거를 두고 이루어지는데 총괄용어와 함께 한 영역의 의미론적 관계를 활용하여 묻는다. 이를 테면, 장보기 단계에서는 "장보기에는 어떤 단계들이 있는가?" 또한 줄 바꾸기의 종류에 대해서는 "사람들이 줄을 바꾸는 이유는 모두 무엇인가?", 갈등의 원인에 대해서는 "갈등의 원인에는 어떤 것들이 있는가?"의 질문들이 이에 해당한다. 무엇보다 선별관찰을 하기 위해서는 대조 질문을 해야 한다. 대조적 질문은 각 영역의 용어들 사이에 존재하는 차이에 근거를 두고 문화적 의미가 다른 범주들과 어떻게 다른지를 묻는 것이다. 이를테면 "가게로 들어가기와 계산하기의 차이는 무엇인가?", "닮은 것들과 다른 하나의 차이는 무엇인가?" 등이 이에 해당된다.

참여관찰이다. 현지에서의 자료수집은 연구문제 해결을 위한 자료가 충족될 때까지 일정한 기간에 걸쳐 반복적으로 이루어진다. 문화, 삶의 방식, 집단에 내재된 의미는 외부자에게 추상적이어서 탐색이 어려운 문제들이다. 이러한 추상적 실재들은 개인, 집단수준에서, 조직이나 사회적 수준에서 의미가 다르게 해석될 수 있다. 그 때문에 연구자는 행위와 언어, 상호작용이 내포하는 의미를 깊이 이해하기 위해서 많은 시간이 소요될 수 밖에 없다. 연구자는 현지조사 시에 연구집단 및 조직의 독특한 문화의 의미를 암시하는 행위가 반복적으로 일어난다는 것을 주지해야 한다. 그렇기에 반복되는 현상에 대한 지속적인 자료수집은 필수적이다.

겐주크(Genzuk, 2003)에 의하면, 문화기술지 연구자가 현지에서 자료수집을 할 때 다음과 같은 참고할 만한 유의사항을 제시한다. 첫째, 연구자는 현지의 연구대상 집단에서 상징성을 가진 의미들이 특정한 상호작용방식으로 교환된다는 사실을 인지하고 이러한 의미와 교환방식에 집중해야 한다. 둘째, 연구참여자들과 라포를 형성하여 그들로부터 신뢰와 공감대를 얻기 위해 노력해야 한다. 연구참여자들도 연구자를 관찰하고 평가한다는 사실을 명심해야 한다. 셋째, 내부자적 시선에서 일어나는 일과 환경을 관찰해야 한다. 실재하는 것들에 대해 일상적인 눈으로 보는 것과 과학적인 눈으로 보는 것에 차이가 있음을 항상 염두에 두어야 한다. 넷째, 관찰일지와 현장 기록은 구체적이고 상세하게 기술해야 한다. 가능한 모든 언어적, 비언어적 행동을 기록으로 남겨둘 필요가 있다. 다섯째, 다양한 형태의 자료, 이를테면 문서, 면담, 사진, 오디오 자료 등은 현지인들의 상호작용을 이해하는 데 도움이 된다. 이러한 여러 형태의 자료를 육하원칙에 따라 수집하고 보존해야 한다. 여섯째, 연구대상 현지 집단에서 소통되는 상징체계와 그 의미를 사회적 관계성과 연관지어 생각해야 한다. 일곱째, 핵심정보를 제공할 수 있는 연구참여자들을 현명하게 선택하고 그들을 소중하게 생각하고 그들이 가진 삶의 지혜를 연구에 활용할 수 있도록 한다.

이런 의미에서 보자면 위에 설명한 문화기술지 연구자에 관한 현지조사를 위한 유의사항은 김영순 외(2018)에서 설명한 질적연구자의 윤리와 태도로 귀결될 수 있다. 질적연구자가 행하는 학문수행이 성찰의 자세로부터 출발하고, 연구참여자에 대한 타자성을 지녀야 한다는 지침과 일맥상통한다.

심층면담은 참여관찰과 함께 주요한 자료수집 방법이다. 심층면담은 연구를 위한 정보 수집이라는 뚜렷한 목적의식을 바탕으로 이루어지는 연구자와 현지 연구참여자 간의 소통 행위로 다양한 현상과 인간의 행위를 총체적이고 맥락적으로 이해할 수 있게 하며 인간의 삶을 이해하고 경험과 감정을 파악하여 효과적으로 자료를 수집할 수 있게 한다(유기웅 외, 2012). 연구참여자와 연구자는 공동의 경험 재구성 과정에 참여하게 되는데, 이 과정에서 개인의 경험과 그 의미를 이해하며, 자신의 행위를 성찰적으로 조망함으로써 내적 성장과 치유를 경험하기도 한다.

문화기술지 연구에서 이루어지는 심층면담은 해당 문화를 연구자가 잘 이해할 수 있도록 정보를 제공해 주는 제보자의 선정이 매우 중요하다(김영순 외, 2018). 좋은 연구참여자는 해당 문화를 잘 알고, 이야기를 즐기며, 비학술적이고 토속적인 언어를 사용하되 주관적 분석을 하지 않는 사람이다(Spradley, 1979). 심층면담에서 비구조화된 면담은 의도하지 않은 연구참여자들의 전체적인 삶의 맥락을 더 깊이 이해할 수 있게 한다. 이를테면 윤혜경(2020)은 지속적인 참여관찰과 비구조화된 면담을 통해 자연스런 관계가 형성된 이후에는 연구참여자들이 '뭐 물어볼 거 없어요?'라고 먼저 물어보기도 하며 풍부한 개인적 이야기를 수집할 수 있게 되었다고 한다.

비공식적 면담은 일상적 상황에서 이루어지는 대화이고 질적 면담에서 요구되는 일련의 절차를 따르기 어렵다. 그 때문에 연구자가 참여관찰일지에 기록한 후에 자료로 활용된다. 또한 비공식적 면담을 통한 자료수집의 한계를 보완하기 위해 공식적 면담을 추가적으로 실시해야 한다. 공식적 면담은 자료가 어느 정도 수집되어 구체적인 질문을 계획할 수 있는 시기가 적당하며 서술관찰과 집중관찰 이후에 하는 것이 적절하다. 심층면담은 가능한 한 공적 장소에서 하는 것이 좋다(Spradlley, 1979). 심층면담 시 연구자는 연구참여자가 자신의 이야기를 잘 할 수 있도록 지나치게 내용을 제한하거나 구조화하는 것을 지양해야 한다(Bogdan & Biken, 2007).

참여관찰은 연구자가 특정 집단의 일상세계에 비교적 장기간 참여하여 그들의 삶과 문화를 관찰하고, 기록하고 해석하는 것을 말한다. 참여관찰은 연구자가 직접 듣고, 보고, 대화하고, 느끼고, 함께 행동하면서 그들의 낯선 문화를 자신의 것으로 체화하도록 돕는다(윤혜경, 2020). 연구자는 현지조사 시에 연구참여자들이 일상적으로 직면하는 상황들은 무엇이며, 그 속에서 그들이 어떻게 행동하는지를 알기 위해 참여관찰을 행한다. 이를 통해 참여자들과 대화를 나누며, 다양한 상황을 그들이 어떻게 이해하고 있는지 알게 된다. 이런 측면에서 참여관찰의 주요 도구는 연구자 자신이라고 할 수 있다. 그 이유는 연구자가 자연스러운 환경에서 관찰 행위에 기초하여 풍부하고 상세한 자료를 수집할 수 있기 때문이다. 참여관찰은 연구참여자들의 일상생활에서 표출되는 이면에 그들의 가치관과 사고가 무엇인지 알 수 있고, 어떤 상황에 대해 그들 자신의 언어로 표현되는 설명을 들을 수 있다는 장점이 있다.

참여관찰은 사람들의 행동을 자연스러운 환경에서 연구목적과 문제에 적합한 자료를 수집할 수 있어서 비교적 '가공되지 않은 자료(raw data)'를 창출할 수 있는 방법이다. 이는 사람들이 자신의 행동이나 경험에 대한 '해석'을 자료로 창출하는 심층면담과는 구별된다. 그러나 참여관찰과 심층면담 모두 해석적인 자료에 입각해 연구자가 설명을 시도한다는 점에서, 그리고 연구자가 연구 과정에 전적으로 개입된다는 점에서 자기 성찰은 물론 연구자의 주관성을 배제하기 위해 노력해야 한다.

2) 자료분석과 해석 작업

문화기술지의 자료분석은 현지조사로부터 수집한 다양한 자료들 중 무엇을 중점적으로 찾아내고 분석할 것인가에 초점을 맞춘다. 맥락적 축소, 상징에 대한 분석, 문화적 패턴, 전략적 지식 등의 요소가 분석 대상이 될 수 있다.

맥락적 축소란 간단한 에피소드들을 통해 사회적 구조성과 역동성을 분석해 내는 것이다. 현지에서 일상적으로 벌어지고 있는 인간의 행위, 상호작용의 원인과 결과, 영향을 미치는 요인을 수집하여 분류하는 것은 높은 수준에서의 이론적인 설명을 가능하게 할 것이다. 현지의 사회구성원들의 행위와 상호작용 등을 에피소드로 제시하는 맥락적 축소 작업은 특정한 이론형성을 가능하게 하고 이러한 이론적인 틀을 통해 더욱 다양한 사회적 상황들을 이해할 수 있을 것이다.

상징에 대한 분석 작업은 상징이 문화기술지 연구의 핵심 분석 대상이라는 점을 감안하고 상징주의 및 해석주의 입장을 견지하는 행위이다. 상징이란 어떤 문화 체제 내에서 사용되는 모든 형태의 인공물을 의미하는 것으로 구두 및 비구두적 언어, 의복, 과학기술, 예술품 등이 이에 해당한다. 문화기술지에서는 이러한 상징들이 특정 문화 체제 안에서 어떻게 사용되는지를 확인하며, 이를 넘어 상징 안에 내포되어 있는 의미가 무엇인지 이해하고자 하는 작업이다(유기웅 외, 2012).

문화적 패턴이란 문화기술지가 기본적으로 전체성을 추구한다는 점에서 이해할 있는 개념이다. 하나의 상징은 개별적으로 이해될 수 있는 것이 아니라 그 상징이 사용되고 있는 전체적인 맥락과 함께 고려되어 분석해야 한다. 그래야 현지인들이 사용하는 상징이 지닌 진정한 의미를 이해할 수 있다. 문화적 패턴을 추출하는 작업은 개념 지도 만들기, 집단의 학습과정에 초점 맞추기, 수용과 배제의 원칙들 살펴보기의 방법이 있다(유기웅 외, 2012).

개념 지도만들기는 집단에 속한 구성원들이 사용하는 용어들을 다양한 상황과 그 맥락에 맞추어 다양한 행위들과 연계시킴으로써 특정한 문화적 패턴을 도출하는 작업이다. 집단의 학습과정에 초점 맞추기는 문화의 특성 중 학습성에 맞추어진 것으로 세대 또는 구성원들 간에 중요하다고 생각되는 것이 어떻게 학습을 통하여 전수되는지에 초점을 맞추는 것이다.

수용과 배제의 원칙들 살펴보기는 문화적 요소들로서 특정한 상징들이 집단 구성원들에게 어떻게 공식적인 것으로 선택되어 통용되고 배제되는지에 대한 과정을 탐색하는 것이다.

문화의 패턴에 대한 탐구는 총체적 문화기술지의 개념으로 문화상대주의에 토대를 두고 각 사회집단이 공유하는, 다른 사회와 뚜렷하게 구별되는 독특하고 폐쇄적인 유형을 뜻한다(김영천, 2015). 그럼으로써 총체적 문화기술지는 독특한 문화의 패턴이 그 사회의 인성에 미치는 영향 또는 그것들의 관계를 탐구하는 것에 초점을 두고 있기도 하다.

전략적 지식은 집단과 문화 속에서 문제를 해결하는 데 사용되는 전략, 지식, 노하우 등의 형성방법을 의미한다. 이는 해당 현지 집단과 문화가 세계를 어떻게 이해하는지, 무엇을 중요시하는지, 어떤 해결책을 가치 있게 여기는지와 같은 다양한 정보를 얻게 한다(유기웅 외, 2012).

문화기술지 연구자는 자료를 분류하고 이를 기술하는 분석과정과 아울러 해석 작업을 병행해야 한다. 해석 작업은 연구보고서 혹은 논문 작성 등 글쓰기로 완결된다. 이는 자료수집과 분석과 대등한 가치를 지니는 만큼 한 단위의 질적연구를 마감하는 단계이기도 하다(Golden-Biddle & Locke, 1993). 문화기술지 연구에서 '좋은 글쓰기' 평가를 받으려면 에믹 관점과 에틱 관점의 균형 있는 글쓰기 전략과 이론적 논의에 제시한 개념과 이론적 틀을 배경으로 하는 해석 작업이 선행되어야 한다. 또한 현지 문화에 대해 독자들을 배려한 설득력이 있고 읽기 쉬운 내러티브들로 구성해야 한다.

기어츠(1973)의 경우는 문학적 묘사와 과학적인 분석, 낯섦과 친숙함, 상세한 기술과 의도적 압축이 균형을 이루어 글쓰기를 진행해야 한다고 주장한다. 문화기술지를 읽는 독자들이 연구자의 현지 바로 그곳에 현지 사회 구성원들인 연구참여자와 마치 함께 있는 것처럼 느낄 수 있어야 한다. 이를 위해 생생한 묘사, 맥락적 서술, 상상력을 자극할 수 있는 서사적 표현이 필요하다. 그렇지만 일군의 문화기술지 연구자들은 문화기술지가 사회과학적 연구에 토대를 하고 있기에 이러한 문학적 표현은 지양되어야 한다고 주장한다. 단지 문학적 표현을 사용할 경우는 광범위한 개념적, 이론적 논의를 위한 디딤돌 역할을 수행하는 것으로 범위를 한정 짓기도 한다(유기웅 외, 2012).

문화기술지 연구자는 자료분석 결과의 해석단계에서 문화적 요소들이 갖는 일상생활에서의 힘 또는 인과관계를 과대평가할 수 있다는 사실을 인식해야 한다. 또한 문화기술지는 개인적 차원의 문화보다는 집단, 조직, 사회적 차원에서의 문화에 관심을 둔다. 그 때문에 집단이 지닌 문화적 속성이 연구주제의 사회·문화 현상의 인과관계에 미치는 영향을 과대평가할 수도 있다. 이에 반해 연구자는 개인의 심리나 해당 현지 사회의 다른 하위집단의 목소리를 간과하는 경향이 있을 수 있다. 연구자가 집단과 사회의 모든 것을 완벽하게 경험하고 이해했다는 오해에서 벗어나 연구자의 의도하지 않은 편견과 자의성이 개입될 수 있다는 점을 유념해야 한다. 아울러 연구자의 해석과 관점이 항상 변화할 수 있음을 인정하는 자세가 독자와 연구자 모두에게 필요하다(Genzuk, 2003).

　문화기술지의 특성이 특정 문화공유집단의 행동 체계와 관습 등의 연구에 중점을 두기 때문에 마치 민족성을 중심으로 한 컨테이너식 발상이라는 지적을 받기도 한다. 현명한 문화기술지 연구자는 민족적 단위를 연구하는 현장에서도 각자성을 지닌 현지 구성원들이 어떻게 소통을 하고 다양성을 보이는가에도 관심을 기울어야 할 것이다. 물론 최근의 문화기술지 연구에서는 문화인류학적 현지조사 연구 기법인 참여관찰과 심층면담을 사용하여 해당 현지 민족의 일반적 특성보다도 구성원의 다양성을 기술하는 연구 경향이 보이기도 한다.

문화기술지 연구의 형식과 실제

2부

05. 문화기술지 연구의 최근 동향 분석
 1. 문화기술지의 전개와 흐름
 2. 문화기술지 선행연구 분석
 3. 문화기술지 논문 분석 대상 개요

06. 연구방법 및 연구참여자 선정 기술방식
 1. 연구방법 선정과 연구참여자 선정의 의미
 2. 연구방법 선정 이유 기술방식
 3. 연구참여자 선정 및 특성 기술방식

07. 자료수집 방법과 과정 기술방식
 1. 자료수집의 의미와 방법 유형
 2. 참여관찰 과정 기술방식
 3. 심층면담 과정 기술방식

08. 자료분석 및 연구윤리 기술방식
 1. 자료분석과 연구윤리의 의미
 2. 자료분석 과정 기술방식
 3. 연구윤리 확보의 기술방식

문화기술지 연구의 최근 동향 분석

1. 문화기술지의 전개와 흐름

앞선 1부에서 우리는 '문화기술지(ethnography)'가 사회과학 연구의 맥락에서 인류학과 사회학에 기원을 두고 발전해왔음을 알 수 있었다. 사람들의 기록인 문화기술지는 하나의 집단공동체의 일상적 세계를 이해하고 기술하는 연구방법이다. 문화기술지는 질적연구의 전통 중에서 가장 오래되었으며 초창기에는 문화기술지가 질적연구이고 질적연구가 바로 문화기술지라고 인식될 정도로 일반적인 개념으로 받아들여졌다(김영천, 2013).

역사적으로 문화기술지는 서구 학문 사조의 흐름 속에서 문명의 확장과 더불어 발달했다(Creswell, 2015). 이미 2장에서 살펴본 진화주의 인류학적 사조의 맥락과 같이 초기 인류학자들은 '원시'에서부터 '문명화'에 이르는 사회진화론의 입장을 가지고 있었다. 다원의 '종의 기원'에 영향을 받은 일군의 문화인류학자들은 진화주의 패러다임 속에서 원시적인 것으로 여겨지는 삶과 문화를 소유한 집단에 대한 탐구를 주로 수행하였다. 1990년대를 전후로 포스트 구조주의와 페미니즘의 관점에서 문화기술지 연구는 식민주의, 젠더, 인종, 계급적 차원의 권력 문제 등을 다루었고, 비판적 문화기술지 탐색으로 귀결되었다(오은정, 2020).

또한 영국의 사회학과 북미의 시카고학파를 중심으로 사회학 분야에서 문화기술지의 특성을 발전시켜나가며 현지조사(field work)에 참여관찰 기법을 적용하여 자기 문화 내 집단들을 연구하기 시작했다. 기존의 전통적 문화기술지의 연구영역이 하나의 총체적이고 체계적인 전체로서 단순한 미개사회를 연구하려고 했다면, 새로운 문화인류학의 움직임은 한 사회 안에서 혼란과 무질서, 빈곤과 사회계층 간의 갈등을 심층적으로 이해하고자 했다. 이런 맥락에서 문화인류학자들은 자신의 일상 영역을 넘어 도시의 노동자, 농민 또는 소외된 지역인 슬럼가 등을 관찰하고 범죄자 집단, 도시 빈민, 소수민족 등에 대한 지속적인 연구를 하였다.

최근 들어 문화기술지는 세계화(globalization)로 인해 빈번한 인구이동과 대중매체의 발달로 탈지역화되며 다양성에 기초를 둔 광범위한 일상생활의 체험과 현상의 경험을 밝히는 데 주안점을 두고 있다. 이와 더불어 특정한 철학적 패러다임이나 이론적 렌즈를 통해 일상생활의 체험과 현상의 경험을 해석하고자 시도했다(김영순 외, 2018). 또한 현대의 문화기술지는 연구자의 정체성이 객관성과 중립성을 가진 초월적 존재가 아니라 구체적인 상황에 붙박여 있는 인식자로 전환되는 관점을 갖게 되었다. 이런 학풍은 연구자가 속한 자국의 정치, 경제적 상황과 자아정체성을 연구하는 방향으로까지 연구범위로 확장되는 데 영향을 미쳤다(김영천, 2013). 문화기술지는 해석적 문화기술지(interpretive ethnography), 비판적 문화기술지(critical ethnography), 여성주의 문화기술지(feminist ethnography), 조직적 문화기술지(organizational ethnography), 제도적 문화기술지(institutional ethnography), 자문화기술지(auto ethnography)가 있다. 최근에는 인터넷 문화기술지(internet ethnography)에 이르기까지 문화기술지 용어 앞에 붙여지는 수식어들이 계속 늘어나면서 문화기술지의 영역은 확장되고 있다(김인숙, 2013). 이제 문화기술지는 문화인류학뿐만 아니라 사회학, 교육학, 지리학, 국제개발학, 정책학, 생태학, 보건학, 의학 등에서 질적연구의 중요한 조사 방법으로 광범위하게 활용되고 있다(오은정, 2020).

문화기술지의 역사적 발달 단계와 그에 따른 내용에 대해 김영천(2013)은 네 단계로 구분하여 분화 및 발달과정을 설명하고 있다.

첫 번째는 제3세계 국가와 민족에 관한 문화연구인데 이 단계는 문화기술지의 태동 단계이며 미개사회에 대한 그리움, 유럽 국가의 우수성 인정, 소멸될 우려가 있는 민족과 문화에 관한 탐구를 주로 수행했다.

두 번째는 자국 내의 소수계층에 대한 문화연구이다. 이 단계에서 문화기술지 연구경향은 소수민족과 문화의 독특성 탐구, 자국 내 소수문화의 문화적 변화와 변용의 과정을 연구하였다.

세 번째는 자국 내의 다양한 조직에서의 문화연구인데, 연구자가 소속 사회의 다양한 하부조직과 구조들에 대한 이해와 아울러 사회적으로 관심이 필요한 지역과 공간에 대한 연구이다.

네 번째는 삶의 개선을 위한 응용인류학의 적용이다. 최근 진행되고 있는 문화기술지 연구경향은 사회조직과 기관의 구조조직 등을 개선하기 위한 목적으로 수행된다. 이를테면, 글로벌문화기술지, 발전문화기술지, 의료문화기술지, 관광문화기술지, 마케팅문화기술지, 교육인류학문화기술지, 노년문화기술지, 영양문화기술지 등이 있다.

위에서 기술한 바와 같이 초기의 문화기술지는 연구자가 소속된 사회와 문화로부터 가장 거리가 먼 사회집단의 연구로부터 출발했다. 문화기술지는 식민지 시대의 서구권 연구자들이 자신과 다른 문화공유집단인 비서구 사회를 연구하였다. 그 목적이 식민지 통치에 있었지만 서구 사회에 문화다양성을 확대할 수 있는 계기가 되었다. 물론 서구인들의 문화적 우월성을 신장시켰다는 부정적인 의견들도 있다. 이후 문화인류학계의 학문적 성찰이 진지하게 대두되었고, 이에 따라 사회적 소수자에 관한 연구와 사회의 하위집단과 그들의 문화에 관심을 갖게 되었다. 이런 맥락에서 현대의 문화기술지는 공간 및 과정으로 특화되어 작성되거나 전공영역별로 세분화 경향을 보인다.

2. 문화기술지 선행연구 분석

1) 분석의 기준

국내에서 문화인류학적 맥락에서의 문화기술지 연구가 진행된 것은 대학에 문화인류학과가 설치되면서부터라고 할 수 있다. 한국문화인류학회가 1958년에 창립되었고, 서울대 사회인류학과가 70주년을 되었음을 참고할 때 문화기술지 연구의 역사가 70여 년이 되었다고 볼 수 있다. 물론 구비문학이나 민속학 등에서 이루어진 연구성과를 문화기술지 연구에 포괄적으로 포함한다면 나름 문화기술지 연구의 범위나 전통은 그 뿌리가 깊다고 볼 수 있다.

그러나 최근 들어 인문학의 위기가 고조되면서 문화인류학도를 양성하는 대학원 수련 과정에서의 입학생 감소를 비롯하여 국문학과의 구비문학이나 민속학 등의 교수직이 사라지고 있음은 문화기술지 연구자 수의 감소를 가져오고 있다. 그럼에도 불구하고 문화기술지 연구 기법이 타 학문분과로도 확장되어 오히려 문화기술지 연구가 더욱 발전하고 있음을 확인할 수 있다.

최근의 문화기술지 연구 동향을 살펴보기 위해 문화기술지 박사논문을 검색하였다. 학술정보서비스(RISS)를 검색도구로 사용하여서 1차 검색어로 '문화기술지'를 입력하여 최근 10년간(2012~2021년)의 박사학위논문을 검색한 결과 87편이 검색되었다. 이후 원문이 없는 경우, 열람이 불가능한 경우, 문화기술지와 상관없는 논문을 제외하고 69편이 검색되었다.

본 연구는 문화기술지 연구 동향에 관한 선행논문인 오호영, 조홍중 (2017)의 분석 근거를 참고하였다. 그들은 연구참여자 수, 자료수집 방법, 자료수집 기간, 신뢰성 기술 등을 분석기준으로 삼았다. 본 연구는 이 분석 기준에 연도별, 연구분야, 발행기관, 연구참여자의 발달개요별 등의 내용을 추가하였으며, 그 내용은 다음 〈표 5-1〉과 같다.

표 5-1. 문화기술지 연구 분석준거

분석기준		내 용
연구 현황	연도별	2012~2021년의 연도별
	연구분야	학문 분야별(교육학, 자연과학, 사회복지, 인문·사회과학, 예체능, 기타)
	발행기관	학교별
연구 참여자	참여자수	①1~10, ②11~20, ③21~30, ④31~40, ⑤기타
	발달 개요별	①제3세계 국가와 민족 ②자국 내의 소수 계층(다문화, 여성, 빈곤, 비행, 한부모, 노숙, 장애인) ③자국 내의 다양한 조직(학교, 기업, 여가활동, 병원, 기관·조직, 지역) ④삶의 개선을 위한 응용인류학의 적용(의료, 노년, 교육·인류학, 직업·전문성)
자료수집 방법		①심층면담, ②참여관찰, ③문서자료, ④사진, 동영상, 녹음 등, ⑤기타
자료수집 기간		①3~5개월, ②6~8개월, ③9~11개월, ④12~14개월, ⑤15개월 이상, ⑥기타
신뢰성 기준		①충분한 참여관찰, ②삼각측량, ③심층적 기술, 사용 참고문헌 ④동료 연구자 검토, ⑤연구참여자 검토, ⑥Follow-up, ⑦반성적 주관, ⑧기타

이 분석준거를 통해 최근 10년간 2012~2021년의 문화기술지 연구 총 69편의 동향을 분석하고자 한다.

2) 연구현황

(1) 연도별 연구현황

연구현황을 파악하기 위해 최근 10년 동안 문화기술지 연구를 활용한 박사논문을 분류한 결과는 다음 [그림 5-1]과 같다.

그림 5-1. 문화기술지 연구의 연도별 현황

　문화기술지 연구는 2013년도에 11편으로 가장 많이 연구되었으며 2016
년도 이후 꾸준히 연구되고 있다. 2013년도 연구를 살펴보면 교육학에서
4편으로 장애인, 결혼이주여성 등 사회적 소수자에 대한 연구(김홍정, 2013;
이은숙, 2013), 국내지역, 기관 및 조직에 대한 연구(박혜연, 2013; 송성숙, 2013;
윤현호, 2013)가 진행되었으며 그 외 간호학에서 3편, 체육학에서 3편으로 다
양한 교육학과 간호학, 체육학을 중심으로 연구가 진행되었다. 2016년 이
후로 총 50개의 논문이 발행되었으며, 역시 교육학 14편, 인문·사회과학
분야 13편, 간호학 분야 11편으로 주요 학문을 중심으로 연구가 되었음을
확인할 수 있었다.

(2) 연도별 학문 분야별 현황

　최근 10년 동안 문화기술지를 활용한 박사논문의 연도별, 학문 분야별
연구현황을 정리한 내용은 다음 〈표 5-2〉와 같다.

　교육분야가 19편으로 가장 많았다. 연구참여자는 유아에서 노인에 이르
기까지 다양했으며, 수업 활동과 과정에서의 상호작용 양상과 변화를 분석
하고 실천적 대안을 탐색했으며, 학습경험의 의미를 연구하였다. 다음으로
자연과학 분야에서 17편이 나왔는데, 이 중 16편은 간호학 논문으로 간호
학에서 문화기술지 연구가 활발하게 진행되고 있음을 알 수 있었다. 그 밖

표 5-2. 문화기술지 연구의 연도별 학문 분야별 현황

분야	2012	2013	2014	2015	2016	2017	2018	2019	2020	2021	합계
교육		4		2	3	1	2	2	2	3	19
자연과학	3	1	1	3	4	3	1	1			17
사회복지			1	1	1		3	1	2	1	10
인문·사회과학	2		1	1				4	1	1	10
예체능	1	2					2	2	1	1	9
기타						1	1		1	1	4

에 사회복지, 인문·사회과학, 예체능 등의 학문 분야에서 문화기술지를 활용한 연구가 진행되었다.

(3) 발행기관별

국내 문화기술지 연구의 박사논문 발행기관의 현황은 다음 〈표 5-3〉과 같다.

표 5-3. 문화기술지 박사논문 발행기관별 현황

	학교명	편수		학교명	편수		학교명	편수
1	서울대학교	8	13	숙명여자대학교	2	25	대전대학교	1
2	한양대학교	7	14	신라대학교	2	26	동덕여자대학교	1
3	이화여자대학교	5	15	아주대학교	2	27	목포대학교	1
4	연세대학교	3	16	한국교원대학교	2	28	부산가톨릭대학교	1
5	가톨릭대학교	3	17	강남대학교	1	29	부산대학교	1
6	인제대학교	3	18	경남과학기술대학교	1	30	성공회대학교	1
7	인하대학교	3	19	경상대학교	1	31	순천향대학교	1
8	경기대학교	2	20	경성대학교	1	32	울산대학교	1
9	경희대학교	2	21	계명대학교	1	33	전주대학교	1
10	대구대학교	2	22	고려대학교	1	34	중앙대학교	1
11	서강대학교	2	23	고신대학교	1	35	충남대학교	1
12	서울여자대학교	2	24	공주대학교	1	36	한국외국어대학교	1

가장 많은 문화기술지 연구가 발표된 서울대학교는 다양한 학문 분야에서 문화기술지 연구가 채택되어 진행되었고, 한양대학교와 이화여자대학

표 5-4. 문화기술지 연구의 연구참여자 수

연구참여자 수(명)	편수(%)
1-10	22 (32%)
11-20	23 (33%)
21-30	12 (17%)
31-40	6 (9%)
기타	6 (9%)
합계	69 (100%)

교에서는 간호학에서 연구가 주로 진행되었다. 이는 특정 전공 혹은 특정 지도교수 연구실에서 연구가 진행된다고 볼 수 있다.

3) 연구대상에 따른 분석

(1) 연구참여자 수

문화기술지 연구의 연구참여자 수는 〈표 5-4〉에 제시한 바와 같이 1-10명(22편, 32%), 11-20명(23편, 33%), 21-30명(12편, 17%), 31-40명(6편, 9%), 그 외 기타(6편, 9%)으로 주로 1-20명의 연구참여자를 선정하는 것을 확인할 수 있다.

문화는 한 그룹 안에 공유되는 현상으로서 문화기술지 연구는 연구자와 경계가 지어진 그룹을 대상으로 연구하는 경향이 있이 주로 1명에서 20명이 45편(55%)으로 가장 많음을 알 수 있다. 여기서 연구참여자가 1명인 경우는 자문화기술지 연구이다. 일반적으로 문화기술지 연구는 연구참여자수가 고정되어 있지 않고 연구 상황과 주제에 따라 그 규모가 결정된다. 한 단위의 마을 또는 지역을 연구할 때 많게는 50여 명에 이르기도 한다. 이를테면, 필자가 연구소장으로 있는 인하대학교 다문화융합연구소에서 수행한 문화기술지 연구는 연구자 20여 명이 3년간 연구참여자 200여 명을 참여관찰하고 심층면담하여 문화기술지 연구를 수행한 바 있다.

(2) 연구영역 및 방향에 따른 현황

최근 문화기술지 연구는 다양성에 기초를 둔 광범위한 일상생활의 체험과 현상에 대한 경험, 그 속에 흐르는 삶의 진실이란 주제로 연구범위가 넓어졌다. 이는 세계화로 인한 빈번한 초국적 인구이동과 대중매체의 발달, 탈지역화로 촉진된 변화라 할 수 있다. 이와 같은 현황은 다음 〈표 5-5〉와 〈그림 5-2〉와 같다.

표 5-5. 문화기술지 연구영역 및 방향에 따른 현황

연구영역 및 방향	'12	'13	'14	'15	'16	'17	'18	'19	'20	'21	합계
제3세계 국가와 민족					1					1	2
자국 내의 소수 계층		2	1	3	1	1	4	2	4		18
자국 내의 다양한 조직		4			2		3	4	1	4	18
응용인류학의 적용	1	5	1	2	4	5	3	4	4	2	31

특히 인류의 삶 개선을 위한 '응용인류학' 분야의 연구가 전체 69편 중 31편으로 가장 많았으며, 자국 내의 소수계층에 대한 연구가 18편, 자국 내의 다양한 조직이 18편으로 연구되었다. 응용인류학의 적용에서는 의료, 교육, 직업 전문성에 관한 연구주제가 주를 이루었고 자국 내 소수계층은 다문화, 장애인, 여성에 대한 주제였으며, 자국 내 다양한 조직은 사회기관으로서 학교, 기업, 지역을 주제로 다루었다.

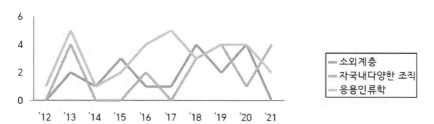

그림 5-2. 문화기술지 주제별 논문 발표 빈도

4) 자료수집에 따른 분류

(1) 자료수집 방법

문화기술지 연구는 주로 심층면담과 참여관찰을 활용한다. 문화기술지 연구의 자료수집은 심층면담 67편, 참여관찰 58편으로 두 가지의 자료수집 방법을 중심으로 연구가 이루어졌으며 문헌 연구도 2편이 있었다. 69편 중 연구방법 중복을 확인하고 분류한 현황은 다음 〈표 5-6〉과 같다.

표 5-6. 자료수집 방법 활용 현황

자료수집방법	편수(%)
심층면담	67
참여관찰	58
문서자료	22
사진, 동영상, 녹음 등	4
기타	3

기타 자료수집으로 남은영(2016)의 온라인 사이트 텍스트 분석, 조수진 (2018)의 심상지도 작성, 감각-정서지도 작성 분석, 권은선(2019)의 온라인 메시지 단체 대화를 활용한 자료수집 및 분석이 있다. 전통적인 문화기술지 자료수집방법을 바탕으로 최근 온라인상의 텍스트와 그 외 자료들을 활용하는 것으로 보여진다.

(2) 자료수집 기간

문화기술지 연구의 자료수집 기간 현황은 다음 〈표 5-7〉과 같이 3~5개월이 14편, 6~8개월 12편, 9~11개월이 7편, 12~14개월이 15편, 15개월 이상이 15편으로 나타났다.

8개월 미만으로 자료 수집된 연구를 살펴보면 간호학, 사회복지, 교육학에서 간호조직과 업무, 직업에서 조직과 업무, 학습에 관한 연구가 주를 이

표 5-7. 문화기술지 자료수집 기간 현황

자료수집 기간(개월)	편수(%)
3~5개월	14
6~8개월	12
9~11개월	7
12~14개월	15
15개월 이상	15

루었다. 1년 이상 자료를 수집한 연구가 30편으로 다른 질적연구에 비해 오랜 기간의 자료수집이 이루어진 것을 확인할 수 있다.

3. 문화기술지 논문 분석 대상 개요

이 절에서는 2부에서 기술할 박사논문의 연구개요를 기술할 것이다. 선정된 박사논문은 2절 문화기술지 선행연구 분석 논문 69편 중 필자의 연구실 문화기술지 연구팀에서 스터디 대상으로 정한 논문들이다. 이 논문 선정 기준은 문화기술지 연구방법의 두 가지 주요 방법인 참여관찰과 심층면담을 성실하게 활용한 논문 중 스터디 참여 대학원생의 우선 순위 선호를 받은 논문들이다. 이 절에서는 이런 과정을 통해 선정된 논문 6편의 연구개요를 개괄적으로 제시할 것이다. 이주여성(이은숙, 2013), 보호처분 청소년(차명희, 2020), 부자(父子)가족(김기화, 2015), 탐사보도 언론인(최문호, 2019) 등 사회적 소수자를 다룬 소수집단 문화기술지 4편과 발달장애인 서비스(박광옥, 2018), 노숙인 거처 찾기(김진미, 2019) 등의 제도적 문화기술지 2편을 분석 대상으로 한다.

1) 결혼이주여성의 가족생활에 나타난 다문화 전환학습 경험
(이은숙, 2013)

이은숙(2013)의 연구목적은 결혼이주여성들의 사회문화 적응과정을 학습으로 규명하기 위해 가족생활이라는 일차적 사회화 장면을 중심으로 그들의 삶의 맥락을 이해하고, 적응을 위한 다양한 학습경험을 밝히는 데 있다. 이를 위해 결혼이주여성들의 이주 과정과 이후의 가족생활 적응과정에 배태되는 삶의 맥락이 무엇인가? 결혼이주여성들의 가족생활 맥락에서 나타난 문화변용 전환학습 경험의 특징적 양상과 결혼이주여성들이 전환학습 경험을 통해 어떠한 삶의 변화와 새로운 문화가 새롭게 형성되었는가?를 연구문제로 설정하였다.

이은숙(2013)은 20편의 선행연구 분석을 통해 이주여성의 적응 관련 연구들이 결혼이주여성들이 정착과정에서 겪는 갈등을 사회복지적 관점에서 이해하고 있다는 것(김옥남, 2009; 심인선, 2007; 권미경, 2006; 왕한석, 2006; 성향숙, 2011; 이애련, 2008; 양옥경·김연수·이방현, 2007)과 문화 차이와 자녀 양육 및 교육, 사회적 편견 등을 다루고 있음을 보여주고 있다(박신규, 2008; 정경운, 2007; 양애경·이선주·최훈석·김선화·정혁, 2007; 양순미, 2006; 최금해, 2006). 연구자는 교육학 분야의 연구물이 무형식적 학습과 성인교육 경험이 결혼이주여성들의 일상생활에 대한 삶을 학습으로 규명하고, 평생교육의 경험이 적응의 중요한 변수가 되고 있다는 데 주목하여 결혼이주여성들의 적응과정을 재사회화로 규정하고, 적응단계와 적응을 학습으로 규명하였다는 부분에서 의의가 있다고 평가하였다. 특히 이은숙(2013)은 리상섭(2007), 노희숙(2012), 이은경·나승일(2009), 박(Park, 2003)의 이주민 사회적응에 관한 연구 분석을 통해 이주민의 적응에 있어 전환학습 경험이 이주민들의 낯선 사회문화 환경에의 적응을 촉매하는 데 결정적인 역할을 하고 있음에 착안하였다. 이에 따라 전환학습이 성인 이주민들의 문화적응 과정을 설명해 주는 이론으로 적합하다고 보고 이를 결혼이주여성의 가족 사회화를 이해하는 데 적용하고자 하였다.

이은숙(2013)의 연구에서 결혼이주여성의 삶의 맥락은 '이주동기'와 '가족생활', '새로운 가족으로의 자리매김'의 세 가지로 나타났다. 연구참여자들은 경제적 성공에 대한 기대뿐만 아니라 꿈에 대한 실현과 외국 남성에 대한 환상이라는 요인을 품고 한국에 왔지만, 차별과 경제적 어려움, 문화차이에 따른 어려움을 딜레마로 경험하고 있었다. 그러나 그들은 이방인에서 한국가족으로 편입되는 생활에서 가족의 '주체'가 되고 가족의 '주인'이 되어감으로 새로운 가족으로 자신의 자리를 찾아가고 있음을 발견할 수 있었다. 연구참여자들의 자발적 이주는 혼란스러운 딜레마가 아니라 결혼이주여성들이 한국 가족생활의 적극적 문화변용을 통한 전환학습의 촉매제가 되었으며 이들이 겪는 딜레마는 국제이주에 따른 딜레마보다 개인적 위기, 경제적 어려움, 자녀 양육 및 교육, 문화차이 등에서 오는 어려움에서 비롯된 것으로 보았다. 마지막으로 결혼이주여성들이 한국 가족의 '주인'이 되어가는 양상은 다른 이주민의 적응과정에서는 찾아보기 어려운 독특한 현상으로 분석하였다.

결혼이주여성의 삶의 맥락을 바탕으로 이해한 가족생활에 나타난 전환학습의 경험은 '한국 가족의 중추가 되기 위한 동화학습', '일상생활 적응을 위한 점이학습', '새로운 자아 찾기'의 의미를 가지고 있었다. 연구자는 결혼이주여성들의 전환학습 경험에서 나타난 '동화학습'은 반성의 과정 없이 비감정적 대응을 함으로써 한국 가족들의 가치를 그대로 수용하여 한국 가족의 중추가 되고자 하는 의미를 내포하고 있다고 보았다. 특히 결혼이주여성들의 한국어 배우기, 모국어 가르치기, 가정 경제를 책임지기, 한국의 미적(美的) 가치 이해하기 등 일상생활에서 일어나는 '점이학습'은 메지로(Mezirow, 2000)의 비판적 반성과 이성적 담화가 촉매 된 결과로 해석하였는데 의미체계 전환과 관점전환을 통해 가족 사회화가 되어가는 것이 점이학습의 현상이 된다고 본 것이다. 연구자는 이러한 점이학습이 동화와 통합어느 한쪽으로 귀결된다고 보는 베리(Berry, 1997)의 결과로 해석하는 것에는 무리가 있다고 판단하고 이를 동화와 통합을 넘나드는 점이학습(transitional learning)으로 새롭게 상정하였다. '새로운 자아 찾기' 역시 비판적 반성과 이성적 담화가 촉매로 작용함을 논의하였다. 결혼이주여성들은 한국사회에서 '다름' 때문에 불편한 시선을 느껴야 하지만 사회의 차별과 눈총에 머물지 않고 기존 준거를 버리고 새로운 준거를 학습함으로써 자아를 찾아가고 있었던 것이다. 그들은 한국과 출신국에서 의미 있는 '무엇'이 되기 위해 새로운 공부에 도전하고, 봉사활동에 참여하며 능동적 삶을 찾아가는 자들로 살아가고 있다.

이은숙(2013)은 연구 결과를 바탕으로 저학력 결혼이주여성들에 대한 체계적 학력 인정과 두 번째 교육 기회 제공을 통해 이들이 한국사회의 새로운 문화를 창조하는 주역이 될 수 있다는 인식의 전환이 필요함을 제안하고 있다. 연구자는 결혼이주여성들의 교육 가치관과 자녀교육에 대한 심층 연구와 이 연구를 발판삼아 점이학습에 대한 체계적 이론이 마련되어야 할 것을 후속 연구로 제시하였다.

2) 교정시설보호를 경험한 청년의 퇴소 후 삶의 적응 연구
: 문화기술지 접근으로 (차명희, 2020)

차명희(2020)는 제6호 보호처분 시설을 경험한 청년들이 퇴소 이후에 어떠한 삶을 살아가는지 그들의 사회적응 양상을 살펴보고자 하였다. 이를 통해 교정시설보호를 경험한 청년들을 이해하고 사회적응을 돕기 위한 제언을 도출하는 것을 연구목적으로 설정하였다.

차명희(2020)는 최근 사회문제로 대두되고 있는 청소년 범죄의 심각성(흉포화, 집단화, 저연령화, 재 범죄화)을 지적하며 청소년의 범죄는 청년으로의 발달과정을 거치며 성인 범죄로 이어지기 쉽고 만성화될 가능성이 크다고 보았다. 또한, 청소년의 재범률[1]이 성인의 2배이며 이에 대한 대책으로 2020년 4월에 '소년보호혁신위원회'가 출범되고(법무부, 2020) 소년범죄의 대책 방안을 강구하기에 이르렀지만, 아직 그 실효를 거두지 못하고 있음을 들어 이들을 위한 대책 방안이 시급함을 제시하였다. 따라서 교정시설보호를 경험한 청년들의 삶을 탐색하여, 그들의 재범률을 낮추고 삶의 질 향상을 위한 제언을 도출할 수 있다는 측면에서 본 연구의 필요성이 크다고 보았다.

이에 따라 차명희(2020)는 연구문제를 '제6호 보호처분 경험을 한 청년의 시설 퇴소 이후의 사회적응 경험은 어떠한가?'로 설정하고, 하나의 사회집단에 대한 이해를 바탕으로 기술과 해석이 용이한 문화기술지 연구방법을 통해 본 연구를 탐색하였다. 연구참여자 선정을 위해 차명희(2020)는 의도적 표본추출과 세평적 사례 선택, 눈덩이 표집 방법을 활용하여 14명의 연구참여자와 8명의 보조 연구참여자를 모집하였다. 자료수집은 2019년 9월부터 2020년 2월까지 참여관찰과 심층면담을 통해 이루어졌다. 참여관찰은 제6호 보호처분 시설과 삶의 자리인 일터, 가정, 학원, 유흥장소, 길거리, 쇼핑센터 등에서 주로 이루어졌으며 기타 자료(편지, 시설의 전단지, 일기 등)도 연구자료로 수집하였다.

차명희(2020)는 선행연구 분석 결과를 토대로 청소년 범죄의 원인을 크게 두 가지로 정리하였다. 첫 번째는, 가정환경을 1차 원인으로 보고 가정질서의 파괴와 경제적 빈곤 문제는 자녀의 인격형성에 부정적 영향을 일으켜 양심결여, 감수성 부족을 불러오고 결국 청소년 비행으로 연결된다고 보았다. 두 번째는 가정 요인보다는 불건전한 또래 관계가 청소년 범죄에 더

---

1. 청소년의 재범률은 2018년 현재 12.8%로 성인의 재범률(5.6%)보다 2배가 넘으며 강력사건인 청소년 폭행은 2009년 456건에서 2018년 현재 1,779건으로 그 증가율이 무려 4배에 달한다(법원행정처, 2019).

큰 영향을 일으키며 비행 친구가 있고, 학교와 단절된 집단 중에서 청소년의 재범률이 높게 나타난다고 도출했다. 또한, 청소년의 재범은 청년으로 이어지는 발달과정을 거치는 동안 만성화로 이어지기 쉬우며 성인범죄로 나아가는 초석이 되므로 관리가 필요하다고 도출하였다.

이처럼, 차명희(2020)는 선행연구 분석을 통해 교정시설을 퇴소한 이후 청년들의 삶의 현장과 그들의 적응문화를 탐색하고 살펴보는 연구는 찾아보기 어려운 현실을 지적하며, 따라서 제6호 보호처분시설을 경험하고 퇴소한 청년들의 삶의 적응과정을 살펴봄으로써 청년들의 삶을 이해하고 사회적응력을 높여 재범률을 낮추는 방안을 도출하는 것을 본 연구의 시사점으로 제시하였다.

차명희(2020)의 연구를 분석한 결과 다음과 같은 세 가지의 본질적인 현상이 도출되었다. 첫째, '제6호 보호처분시설에 가기 전의 삶의 자화상'에서는 '생존을 위한 일탈'과 '하위문화로의 이끌림', 둘째, '제6호 보호처분시설에서의 삶의 자화상'에서는 '시설생활은 면죄부로 작용함', 셋째, '제6호 보호처분시설을 퇴소한 이후의 삶의 자화상'에서는 '부평초의 질긴 생명력으로 삶을 지탱해감'이라는 본질적 현상이 발견되었다. 이를 토대로 청년들의 삶을 통해 다섯 개의 사회적응에 관한 문화적 주제가 도출되었다. 청년들의 퇴소 이후 사회적응의 양상은 시간의 흐름에 따라 '단기(短期)의 성질', '시설 퇴소라는 낙인과 면죄부로서 죄의 사함이라는 양면성', '자기 없음의 일상을 살아감', '기댐의 전략을 살아감', '자기를 직시하며 살아감'으로 5개의 문화적 주제로 나타났다. 첫째, '단기(短期)의 성질'에서는 연구참여자들 대부분이 분노를 즉각적으로 쉽게 표출하는 단기(短期)의 성질을 구술했으며 이는 성장 과정에서 애착 형성의 실패로 인해 적체된 현상으로 보았으며 성인이 되어서도 회복되지 않고 내재되어 있음을 발견하였다. 둘째, '시설 퇴소라는 낙인과 면죄부로서 죄의 사함이라는 양면성'에서는 시설은 그들에게 자유보다는 압박으로 작용하였지만 돌이켜보면 타인에 의해 홀로 머무는 자리로서의 의미가 있었고 이로 인해 자격증을 취득하기도 하고 자기성찰의 기회를 통해 성장의 기회가 되었음이 도출되었다. 셋째, '자기 없음의 일상을 살아감'에서는 청소년들은 퇴소 후 사회에 적응하기 위해 노력하지만, 세대와 이전 생활의 답습으로 인해 결국 자기 없음의 상태로 돌아간다고 보았다. 넷째, '기댐의 전략을 살아감'에서는 퇴소 이후의 청년들은 사회에 적응하는 과정에서 점차 무력감과 좌절을 맛보며 법망을 피하는 방법으로 생존하는 전략을 취하지만 결국, 현실의 벽 앞에서 무능감을 발견하게 되고 타인에게 기대는 전략을 통해 생존함으로 보았다. 다섯째, '자기를 직시하며 살아감'에서는 퇴소 이후 청년들이 현실을 직시하게 되고 진정한 자신의 자리를 찾아가게 됨을 발견하였다.

차명희(2020)는 이상의 다섯 가지의 주제에서 다음과 같은 의미들을 찾아냈다. 첫째, 범죄의 원인을 아동기 양육과정에서 받지 못한 긍정적 자기 신뢰와 자기강화의 부재에서 기인 된다고 보았다. 또한, 반복되는 결핍은 범죄의 원인으로 이어지므로 코헨(Cohen, 2008)의 '운 상쇄 평등주의(luckegalitarianism)'를 들어 공평하지 못한 조건들을 상쇄시켜서 기회를 주어야 한다고 주장했다. 둘째, 학업 중단 과정에서의 주변 자원의 부재는 범죄예방과 일탈 방지 차원에서 가정, 학교, 지역사회의 책임 있는 자세와 강구가 필요함을 호소했다. 셋째 퇴소 후, 청년기로의 전환과정에서 나타나는 재범률은 자기 역량의 부족에서 기인되며 이는 경제력 저하와 사회적응의 어려움(배주미 외, 2011)을 가져와 부적응을 양상한다(안윤숙, 김흥주, 2019b)는 연구 결과와 일치함을 밝혀냈다. 넷째, 퇴소 후 청년들은 주체적인 자아로의 전환을 통해 삶의 방향을 긍정적으로 바꿔 가는 계기가 되므로 이를 위해 자기를 바로 직시해야 함을 강조하며 타인과의 의미 있는 관계를 통해 서로 영향을 주고받으며 발전하고 성장해 나아간다(박재연, 2020)는 선행연구와 일치함을 발견했다. 또한 연구자는 혼자의 힘으로는 접근하기 어려운 사회적, 제도적, 행정적인 관행 절차들에 대해 개선이 필요하며 사각지대가 발생되지 않도록 생애주기별 원조 프로그램들이 활성화 되기를 기대하였다.

3) 부자가족의 적응과정에 관한 연구: 부자가족복지시설에서의 경험을 중심으로 (김기화, 2015)

김기화(2015)의 연구목적은 부자가족이 가족해체와 적응과정에서 어떠한 경험을 하는지 부자가족 복지시설에서의 생활 경험을 중심으로 탐색하는 것이다. 맥락적이고 총체적인 관점에서 위기를 어떻게 극복해 나가는지, 긍정적 경험과 내적 역량은 무엇인지, 안정적인 삶을 방해하는 요인은 무엇인지 살펴보고 이해하고자 하였다. 김기화(2015)는 이혼율의 급격한 증가로 인한 한부모가족의 증가와 보편화 현상(김연우, 2012) 가운데 주 관심 대상이었던 모자가족이 아닌 부자가족에 주목하였다. 부자가족의 수적 증가에도 불구하고 부자가족의 가족해체 이후 당면한 경제적 어려움, 자녀 양육 역할의 어려움, 가족으로서 기능하기 위한 재구성 과정 등에 대한 심층적인 이해와 구체적인 논의가 이루어지지 않음을 지적하였고 특히 한부모가족의 적응과정에서 개인적, 가족적, 환경적 측면의 전체적인 맥락이 간과되었으며 삶을 변화시키려는 긍정적인 노력도 조명되지 못했다고 하였다. 또한 한부모가족복지시설 거주자 대상 생활실태 및 요구조사를 통해 공적 자원에 의존한 생활(김승권, 김유경, 박정윤, 김연우, 최영준, 2011), 시설 서비스에 대한 불만족(매우 만족 7.8%, 보통 37%, 불만족 39.6%, 매우 불만족 13%) 등의 결과를 바탕으로 현실적 욕구와 부합하지 않는 시설 서비스 정책을 탐색하고 한부모가족의 시설 생활 경험을 담은 연구자료를 활용한 자립지원 서비스와 정책을 마련하고자 하였다. 이에 현장관찰과 심층면담을 중심으로 연구현장에서 자료를 수집하고 분석하는 문화기술지 연구방법을 선정하였다.

김기화(2015)는 선행분석을 통해 그동안 문제중심의 연구가 오히려 부자가족에 대한 부정적 인식과 사회적 낙인을 형성하고 사회적 편견을 양상시키는 결과를 초래하였다는 한계점을 발견하고 이러한 한계를 극복하기 위해 역경 가운데서도 가족의 강점을 발견하고 다시 일어서게 하는 잠재력으로서의 가족 탄력성 개념을 부자가족의 적응과정을 살펴보는 이론적 렌즈로 설정하였다. 이를 통해 가족의 안정화를 회복하기 위해 개인과 가족, 가족과 환경이 상호작용하는 장면을 포착하고 가족 발달의 경로를 밝힘으로써 부자가족의 적응과정을 총체적으로 이해하고자 하였다.

김기화(2015)는 연구결과에서 부자가족 아버지의 적응과정과 부자가족 자녀의 적응과정으로 나누어 부자가족복지시설 생활에 대해 전반적으로 탐색하였으며 삶의 전체적인 맥락을 이해하기 위해 양부모가족 시점부터 시설퇴소 이후 지역사회에서의 적응과정을 살펴보았다. 연구결과에 따르면 부자가족 아버지의 적응과정에 나타난 삶의 주제는 '가족축소의 변화'와 '부자가족의 위기 상황에 직면', '위기를 극복하기 위한 돌파구 찾기', '가족 세우기', '미완의 퇴소준비', '부자가족으로서 독립된 삶에 도전'의 과정을 중심으로 전개되고 있으며, 부자가족 자녀의 적응과정에 나타난 삶의 주제는 '가족축소의 변화', '부자가족 자녀가 겪는 상실과 혼란', '현실적 대안을 선택하기', '부자가족복지시설 적응과 정체성 구축', '새로운 삶에 대한 소망'으로 나타났다. 김기화(2015)는 삶의 맥락에서 부자가족복지시설에서의 생활이 가족탄력성이 실현되는 공간으로 보았으며 이를 통해 가족기능을 회복하고 퇴소 이후 지역사회에서 안정적인 생활을 유지하기 위한 자립준비를 이루어 간다고 보았다.

본 연구의 함의는 실천적, 정책적 측면에서 제시되고 있다. 첫째, 실천적 함의는 이혼위기 가족대상 부모역할 교육, 자녀교육, 자녀의 심리상담 지원의 확대 및 보장, 자녀돌봄 서비스 제공, 자녀 양육 관련 정보 제공 및 교육, 부자가족 아버지 자조 모임 제안, 맥락을 고려한 지속적이고 장기적인 맞춤형 지원, 강점 관점을 바탕으로 한 가족역량 강화에 초점을 둔 상담, 서비스 지원 및 사례관리 제공을 제안하였다. 둘째, 정책적 함의는 저소득층 한부모가족에 대한 서비스 지원이 초기에 이루어질 수 있도록 사례 발굴 체계 구축, 자녀양육을 위한 제도적 기반 마련, 지속적으로 사례관리 지원, 한부모가족 대상 사회복지서비스 개선방안 마련을 강조하였다. 부자가족복지시설의 운영 측면에 관한 정책적 함의로는 실효성 있는 시설입소, 유지조건, 연장사유 개선, 부자가족복지시설에 대한 적극적인 홍보로 지역사회에 이미지를 개선시킬 수 있는 방안 마련을 제시하였다.

4) 한국 탐사보도 언론인의 소명의식과 가치자유 실천에 대한 참여 관찰 연구 (최문호, 2019)

최문호(2019)의 연구목적은 〈뉴스타파〉 언론인들이 가지고 있는 소명의식이 무엇이며, 어떻게 실천하는지, 그리고 탐사보도 전문성이 무엇인지 이해하는 것이다. 이 논문은 탐사보도가 언론과 민주주의에 있어 긍정적으로 기여함에도 불구하고 언론사 내에서 부침을 거듭하고 있으며 언론인 일부만이 탐사보도 전통을 지켜가고 있는 현실을 지적하였다(정서린, 2010; Mair & Keeble, 2011). 최문호(2019)는 탐사보도 논의에 있어서도 탐사보도의 생존과 발전 전략에 대한 연구(김재영, 2014; Berry, 2009; Mair & Keeble, 2011)에 비해 탐사보도 언론인에 대한 논의가 부족함을 지적하였다. 이에 연구자는 탐사보도 언론인들에 관한 선행연구를 검토하면서 탐사보도 언론인을 이해하는 데 그들의 내면세계, 특히 소명의식이 간과되어서는 안 된다고 여겼으며, 탐사보도 언론인의 소명의식에 대한 연구가 미흡함을 지적하였다. 연구자는 탐사보도 언론인에게서 나타나는 탐사 정신 즉, 용기, 집요함, 만족할 줄 모르는 호기심, 직감 등을 장인의 삶에 나타나는 소명의식(김재호, 2015; 조성실, 2013; 유승호·이나라, 2015)과 같은 것으로 보고 이러한 주장에 따라 탐사보도 언론인의 전문성에 대한 것도 교육, 연수로서 형성되는 것이 아닌 소명의식의 실천에서 쌓여가는 과정으로 가설을 세웠다. 또 탐사보도 언론인을 이해하는데 정파보도와 객관보도의 한계를 지적하고 탐사보고 언론인에 대한 설명, 이해, 분석을 위한 새로운 이론으로 베버(Weber)의 소명의식(Beruf)과 가치자유(Wertfreiheit)를 본 연구의 이론적 렌즈로 적용하여 탐사보도가 실제로 어떻게 이루어지며 그 중심의 언론인은 어떤 생각을 하고 있는지 이해하고자 하였다.

이에 최문호(2019)는 탐사보도 개인에 대한 심층적 맥락적 이해를 위해 탐사보도 언론인의 자연스러운 일상으로 들어갈 필요성을 느꼈으며 연구목적에 부합한 현장으로 탐사보도가 위축된 상황에도 활발하게 탐사보도를 이어가고 있는 매체인 〈뉴스타파〉를 이상적인 사례로 선정하였다. 그리고 〈뉴스타파〉의 탐사보도 언론인들이 가지고 있는 소명의식은 무엇이며, 그들은 소명을 구현하기 위해 구체적으로 어떤 노력을 하고 있으며, 이를 통해 그들이 축적해 놓은 고유한 기능, 즉 탐사보도 전문성이 무엇인지를 문화기술지 연구방법을 통해 고찰하고자 하였다. 이에 따른 연구문제는 다음과 같다. 첫째, 〈뉴스타파〉 언론인들은 어떠한 소명을 갖고 있는가? 둘째, 〈뉴스타파〉 언론인들은 소명을 어떻게 실천하는가? 셋째, 탐사보도 전문성은 무엇이며 어떻게 쌓여가는가? 이다.

최문호(2019)는 연구문제에 따라 순서대로 연구결과를 기술하였다. 첫째, 〈뉴스타파〉 언론인들은 어떠한 소명을 갖고 있는가? 에 대한 내용은 다음과 같다. 참여자들은 〈뉴스타파〉에서 자유롭게 자신들의 신념을 표출했는

데 그중에서 소명의식으로 판단되는 것은 "독립언론, 자유언론", "저널리즘", "이명박근혜", 그리고 "탐사보도"로 요약됐다. 〈뉴스타파〉의 출발은 독립언론, 자유언론을 위해 열정적으로 헌신해 왔다. 둘째, 〈뉴스타파〉 언론인들은 소명을 어떻게 실천하는가? 에 대한 연구 결과는 〈뉴스타파〉가 독립언론, 자유언론의 대의 아래 구체적으로 실천했던 이념과 가치는 세 가지였다. 1) 저널리즘 비판은 이명박, 박근혜 정권 아래에서 보수 언론은 정권과 유착해있고 공영방송으로 제기능을 못하기 때문에 〈뉴스타파〉가 언론 감시의 책임을 적극적으로 수행해야 한다는 사명감이었다. 2) 이명박, 박근혜 정권 감시라는 소명의식은 분노였다. 3) 탐사보도는 〈뉴스타파〉의 생존 전략으로서 소명이다. 참여자들은 주류 언론이 하지 않는 것을 보도하거나 주류 언론의 보도를 비판하던 대안 언론의 성격에서 벗어나 탐사보도를 통해 명실상부한 언론으로 인정받고자 했다. 셋째, 탐사보도 전문성은 무엇이며 어떻게 쌓여가는가? 에 대한 결과는 다음과 같다. 연구자는 소명의식과 가치자유 실천의 능수능란함 그리고 그 능수능란함이 탐사보도 정의(진실, 폭로, 변화)와 부합할 때 탐사보도가 전문성을 갖춘 것으로 정의내렸다. 최문호(2019)는 해석을 통해 〈뉴스타파〉가 겪고 있는 위기의 원인을 탐사정신의 원동력과 탐사보도의 방향성, 탐사보도와 정파성, 탐사보도의 취재 윤리, 그리고 탐사보도의 독립성 등 다섯 가지 측면으로 정리한 뒤 〈뉴스타파〉와 나아가 한국 탐사보도에 대한 연구자의 제언을 제시했다.

5) 발달장애인의 고용서비스 경험의 사회적 조직화
: 제도적 문화기술지의 적용 (박광옥, 2018)

박광옥(2018)은 발달장애인들의 고용서비스 경험을 분석하여 발달장애인의 취업 진입과 유지에 어떠한 어려움이 있는지를 이해하는 것을 연구목적으로 설정하고 이를 위해 발달장애인의 고용서비스 경험의 사회적 조직화를 탐색하였다. 연구자는 발달장애인 고용에 대한 지원이 확대되고 있음에도 불구하고 고용의 성과(고용률, 임금 수준 개선, 고용 보장 등)가 충분히 나타나지 않고 있는 상황에 주목하여 '고용서비스가 발달장애인의 취업을 위해 제대로 구현되고 있는가'에 의문을 제기하였다. 이를 위해 '발달장애인의 고용서비스 경험이 제도적 질서 안에서 어떻게 조직화되는가?'로 연구문제를 설정하고 조직화 탐색을 가능하게 하는 제도적 문화기술지[2]를 적용하여 연구를 발전시켰다.

연구자는 선행연구 분석을 위해 장애인 고용 관련 연구물 25편을 분석하였다. 그 결과 발달장애인을 대상으로 한 연구물 자체가 부족하였으며 이 연구물들조차 발달장애인의 입장이 배제된 채 진행되고 있었다. 또한 대부분의 연구가 특정 서비스의 효과를 검증하는 데 한정되어 있어 고용서비스의 어떠한 내용과 과정이 서비스 효과에 관여하는지 알 수 없다는 한계를 가지고 있었다. 이에 연구자는 고용서비스의 이용 주체인 발달장애인의 입장에서 고용서비스 이용 경험을 분석하는 일이 필요하다는 시사점을 도출하였다. 20명의 발달장애인과 11명의 관련인에 대한 심층면담과 참여관찰 자료, 관련 텍스트를 수집하여 '고용서비스 이용 단계별 사회적 조직화' 양상과 '사회적 조직화에 전제된 담론과 체제'가 어떻게 이루어지고 있는지를 분석 결과로 제시하였다.

박광옥(2018)의 연구에서 고용서비스 이용 단계별 사회적 조직화는 다음

---

2. 제도적 문화기술지(institutional ethnography)는 Dorothy Smith에 의해 발전된 연구방법으로 입장과 문제틀, 일과 일 지식, 텍스트의 방법론적 장치들을 활용하여 연구자가 특정 대상의 입장에 서서 이들의 특정 경험을 발생시키는 거시, 중시, 미시적 요인들 간의 조직화의 모양새를 정교하게 묘사하는 데 유용한 연구방법이다(김인숙, 2014).

과 같은 양상으로 나타났다. 첫째, 서비스 진입 단계에서 발달장애인은 초기면담 서비스 이용에서 발달장애인의 특성을 고려하지 않은 표준화된 서식과 각종 지표 등에 의해 '나를 배제한 대화의 장'에 참여하게 되었고 낯선 도구평가항목으로 초기 직업평가를 받게 되는 환경에 놓이게 되었다. 개인별 직업재활 지원계획은 전문가에 의해 '나도 모르는 계획'이 수립되는 경험을 하게 되었다. 둘째, 취업 전 서비스 이용 단계에서 광범위한 직업 준비를 요구하는 시스템, 제도에 의해 축소되는 취업알선 과정을 경험하게 되었으며 자신이 알아야 할 정보들이 누락 된 채 정확하게 제공되지 않았다. 또한 지원고용 서비스 이용 과정에서는 정형화된 서비스 지침으로 인해 '원하지 않는 과정'에 참여해야만 하는 상황들이 발생하고 있었다. 셋째, 취업 후 서비스 이용 단계에서 취업 후 적응지원 서비스를 이용하면서 정작 근로자인 발달장애인을 위한 옹호 부재와 이들의 고용유지에 대한 지원이 장애인고용제도 안에서 제대로 작동하지 않고 있었다. 연구자는 각 단계에서 나타난 사회적 조직화를 분석하여 '재활 및 사회복지 모델에 집중된 지원', '성과 중심의 정책 및 지원체계', '발달관점에 매몰된 훈련체계', '공평성에 기반한 적극적 조치의 부재'라는 담론과 체제가 전제되어 있음을 밝히고 있다. 박광옥(2018)은 연구결과를 기반으로 '제도 안에 발달장애인이 있는가?' '제도가 발달장애인의 다양성을 수용하고 있는가?', '제도가 발달장애인의 근로자성을 존중하고 있는가?'를 중심으로 논의를 전개하였다.

본 연구의 함의는 이론적, 정책적, 실천적 측면에서 제시되고 있다. 첫째, 당사자 중심의 실천과 정책 방향을 설정, 발달장애인의 고용서비스 체계와 매커니즘에 대한 구체적 지식 제공, 발달장애인 고용서비스의 실천과 정책의 구체적 개선점을 제공한다는 데서 이론적 함의를 내포하고 있으며 둘째, 정책적 함의로 중증장애인 고용정책 및 지원 전반에 혁신적 패러다임과 발달장애인의 장애와 취업 특성을 고려한 정책과 지원체계 구축, 관런 제도 간 호환성, 인권에 기반한 장애인 고용정책과 제도의 설계가 필요함을 강조하였다. 마지막으로 발달장애인의 개별성이 반영되어 작성되는 텍스트, 발달장애인의 주체적 권한을 보장하는 서비스 규정과 지침을 포함, 지역사회에서의 실질적인 자립기능을 지원하기 위한 훈련과정 개편, 근로 장애인 적응 중시에서 근로 장애인의 옹호를 위한 적응지원 기능을 실천적 함의로 제시하였다.

6) 노숙인의 거처 찾기 일에 관한 제도적 문화기술지(김진미, 2019)

김진미(2019)의 연구는 거처를 찾고 유지하는 노숙인들의 일[3]이 노숙을 둘러싼 제도적 환경이나 노숙인 복지서비스 체계 등과의 관련 속에서 어떻게 조정되며 조직화 되는지의 과정을 추적함으로써, 노숙 탈피와 노숙인 거주 안정의 문제를 새롭게 조망해 보는 데 목적이 있다. 이는 노숙인들이 거처의 상실과 삶의 위기 속에서 어떻게 자신의 거처를 찾고 유지하는지, 그 결과 어떻게 순환하는 삶의 모습을 빚어내는지를 제도적 관계 속에서 조직화 과정으로 파악하는 것이다. 이를 위한 연구문제로 '거처를 찾고 유지하는 노숙인의 일은 노숙인이 참여하는 제도적 관계 내에서 어떻게 조직되는가'로 설정하였으며, 이에 대한 하위 질문 설정은 다음과 같다. 첫째, 거처를 찾고 유지하기 위한 노숙인들의 일의 과정은 어떻게 나타나는가? 둘째, 노숙인들의 일은 노숙인복지서비스 체계에서 텍스트를 매개로 어떻게 조정되는가? 셋째, 노숙인들의 일은 노숙인 정책, 담론 등으로부터 어떻게 조정되는가?

연구자는 노숙인의 탈노숙을 위한 거처찾기의 조직화 양상이 어떻게 이

---

3. 제도적 문화기술지를 주창하는 Dorothy Smith(2005)는 이러한 인식의 연장선에서 일의 개념을 사람들이 시간, 노력, 의도를 가지고 하는 일로 확장된 개념(김인숙 외 역, 2014: 377)

루어지고 있는지에 대한 탐구와 관련하여 그간의 선행연구 분석을 통해 노숙인 개인의 경험에 치중한 연구에 대해 비판하였다. 또한 노숙 당사자들이 행위자로서 노숙인 복지서비스를 비롯한 제도적 관계 내에서 무엇을 하고 있는지를 충분히 다루지 않았음을 논의하며, 노숙을 벗어나지 못하는 현상에 대한 탐구는 노숙인의 활동이 복지체계 속에서 구체적으로 어떻게 수행되고 조직되는지 연구되어야 한다고 제시하였다.

본 연구의 필요성을 바탕으로 제도적 문화기술지 연구방법을 택하여 연구참여자인 18명의 노숙인, 11명의 노숙인복지 실무자들과 심층면담을 실시하고, 3개월의 현장 방문조사와 3개월의 현장 참여관찰을 통해 얻은 일 지식과 텍스트 자료를 분석했다. 분석은 노숙인들이 거처찾기와 유지하기 과정에서 노숙인복지체계에 어떤 식으로 섞여 들어가고, 실무자 및 기관의 방침이나 서비스에 관련된 텍스트를 매개로 자신들의 삶을 어떻게 조직화 하는지를 중심으로 이루어졌다. 본 분석을 위해 연구자의 해석을 최대한 배제하고, 일 지식을 모으고 제도적 텍스트의 조정 양상을 파악하면서 노숙인들의 삶의 실제를 발견하여 제시하였다.

김진미(2019)의 연구에서의 분석 결과를 개괄하자면, 노숙인들은 노숙화 이후 생존의 어려움을 노숙인 복지 정책과 서비스가 제공하는 자원에 접근하여 해소하고자 했으며 노숙을 피하고 거처의 안정을 이루기 위해 접근한 응급/임시거처를 중심으로 순환하고, 단기의 노숙인 생활시설 거처에 머물며, 간혹 지역사회에 독립거처를 마련하여 노숙을 벗어났다가 다시 노숙인 시설 거처로 회귀하는 회전 양상을 보이고 있었다. 노숙인의 입장에서 회전문 현상이 실제는 노숙인복지 전달체계 및 노숙인복지시설 체계의 틀 안에서 모든 게 단기 수혈에 그치고, 자기구제의 책임을 요구하는 제한적이고 규제적인 텍스트로 매개되는 자활지원정책 및 사회담론과 조응하면서 나타나는 조정의 양상으로 나타났다. 더불어 사회적 관계의 취약함 등으로 지역사회에 안정적으로 정착하지 못하는 노숙인들은 공적 복지의 협애한 틀 안으로 포용되지 못하고 배제되는 가운데 빈번하게 노숙 서비스로 회귀하곤 했다. 결론적으로, 제도적 관계 속에서 자신의 거처를 확보하고자 하는 노숙인 중 일부는 현실적으로 자활/자립의 어려움을 노숙인 응급구호라는 노숙인복지정책의 성격으로부터 비롯되는 느슨한 텍스트의 틈새를 활용해서 해결할 수밖에 없었다.

이상의 분석을 기초로 본 연구를 통한 함의는 다음과 같다. 제도적인 관계 속에서 조형되는 노숙인의 삶에 덮어씌워져 있는 '서비스를 탈피하지 못하고 의존하는 사람들'이라는 부정적 인식을 거둬내고, 오히려 노숙인의 인간다운 삶을 회복할 수 있는 노숙인복지체계의 재설계가 시급하다는 점을 제기하였다. 재설계는 노숙인을 지원하는 복지서비스 전달체계의 경로를 지역사회 거주의 안정성을 높이고 노숙인의 다양한 처지와 욕구를 반영하는 데 기초해 다양화할 필요, 숨겨진 노숙인으로서 광범위한 주거취약계층을 포괄하는 서비스 전달체계를 마련할 필요, 노숙인복지시설 체계의 조정, 노숙인의 순환하는 삶을 매개하는 중요한 텍스트로서, 이용 기간을 규제하는 텍스트의 점검, 법 텍스트가 담지하고 있는 노숙인의 책임 담론에 대한 재검토 등을 포괄하는 것이다. 또한 노숙인 지원에서 강조해야 할 담론은 인권, 주거권 같은 노숙인의 기본권이 될 필요가 있고, 이를 중심으로 노숙인에게 보다 인간적인 환경을 조성하는 실천 운동을 추가할 필요가 있음을 제기하였다.

06

연구방법 및 연구참여자 선정 기술방식

1. 연구방법 선정과 연구참여자 선정의 의미

　문화기술지 연구에서 주요 연구방법은 참여관찰과 심층면담이다. 이번 장에서는 두 가지의 목적을 갖는데 바로 이 두 가지 주요 방법에 관한 기술이 아니라 이 방법을 포함한 연구, 즉 연구자가 문화기술지 연구를 선정한 이유를 살펴보는 것이다. 또 다른 목표는 문화기술지 연구에서 연구자들이 어떤 연구참여자를 어떻게 선정하고 그들의 특징을 어떻게 기술하고 있는지를 확인하고자 한다.

　질적연구로서 문화기술지는 연구방법으로서 어떤 의미를 지닐까? 연구자가 문화기술지를 연구방법으로 선정한 것은 어떤 이유일까를 이번 장을 통해 생각해 볼 필요가 있다. 연구방법이란 연구를 전제로 지식을 탐구하는 인간의 활동을 의미한다. 이 활동은 세상의 여러 측면에 대하여 인간이 새롭게 알게 되었거나 이미 존재하던 지식의 발견이나 해석 등에 초점을 맞추는 체계적인 조사를 일컫는다. 바로 이러한 연구를 하는 방법으로서 문화기술지를 선택했다는 점은 자신이 선정한 연구주제를 가장 적합하고 체계적인 연구방법이라고 보기 때문이다.

　문화기술지 연구는 앞의 1부에서 살펴본 바와 같이 연구자의 문화권 밖에서 수행되다가 최근 들어 연구자와 같은 사회의 특정 집단에 관한 연구와 인간 삶의 향상을 위한 연구 등으로 확대됐다. 따라서 이 저술을 위해 선정한 6편의 박사논문에서 연구자가 연구방법 선정 이유를 어떻게 작성했는지를 알아보는 것은 문화기술지로 연구수행을 계획하고 있는 연구자의 호기심을 자극할 수 있다.

또한 연구참여자는 주요 정보제공자, 제보자 등으로 호칭 받는 존재로서 문화기술지 연구에는 없어서는 안 될 중요한 인물이다. 연구참여자의 선정은 연구자가 설정한 연구목표와 연구문제에 적합한 인물을 찾아내는 과정이다. 연구참여자를 선정하는 것은 확률 표집과 비확률 표집으로 구분되지만, 질적연구에서는 비확률 표집 방법을 사용한다. 비확률 표집에는 할당 표집과 임의 및 편의 표집, 유의 및 의도적 표집, 눈덩이 표집 등이 있다.

첫째, 할당 표집은 모집단의 연령, 성별, 교육, 소득, 직업 등의 기준을 이용하여 일정한 범주로 나눈 뒤, 이들 범주에서 표본을 작위적으로 추출하는 방법이다.

둘째, 임의 및 편의 표집은 연구자의 임의대로 사례를 추출할 수 있다. 이 표집은 시간과 비용을 절약할 수 있지만 편견이 개입될 수 있으며 대표성의 문제가 있을 수 있다.

셋째, 유의 및 의도적 표집은 연구자의 판단에 의해 조사하며, 목적에 의해 표본을 선정할 수 있다. 이 표집의 장점은 비용 절약과 함께 조사목적을 충족시키는 요소를 정밀하게 고려할 수 있다. 그러나 모집단에 대한 상당한 사전지식 필요하며, 표본의 대표성을 확인하는 것이 불가능하다.

넷째, 눈덩이 표집인데 이 방법은 문화기술지 연구에서 자주 활용된다. 이 표집은 최초의 표본에서 시작하여 조사대상자를 점진적으로 확대해 나가는 방법을 취한다. 특히, 사회적 연결망을 가진 사람들 또는 문화공유집단 내 조직들을 대상으로 연구할 때 많이 사용된다. 이 표집은 모집단을 파악하기 곤란한 대상을 표본추출할 수 있다는 장점이 있다. 또한 하나의 연결망을 가진 사람들의 특성을 파악하고자 할 때 유용하다.

2. 연구방법 선정 이유 기술방식

이은숙(2013)의 연구에서는 결혼이주여성의 삶의 맥락과 가족생활 적응 과정에 나타난 학습 경험을 분석하기 위해 문화기술지 연구방법을 적용하였다. 연구자는 결혼이주여성들이 하나의 문화공유 집단으로 구성되어 있어 한국의 전통적 가족문화를 공유하는 일반적 가족들과는 구별되는 특별한 문화를 공유한 집단으로서 타자성을 지니기 때문에 문화상대주의 관점에서 그들의 문화변용을 볼 수 있다고 판단하였다. 그러나 연구참여자들이 결혼이주여성이라는 동질성 이외에 출신 국가, 결혼 동기와 과정, 거주 지역, 연령, 혼인 시기 및 유지 기간 등이 모두 상이하기 때문에 하나의 문화를 공유하고 있는 집단으로 보기에는 어려움이 있는 부분이다. 이 연구는 결혼이주여성의 삶의 맥락 전반에 걸친 적응 과정에 담긴 전환학습적 의미가 무엇인지를 찾고, 그 의미를 해석하는 해석적 문화기술지적 성격을 가지고 있다. 참여관찰과 심층면담을 주요 자료수집의 원천으로 활용하는 문화기술지적 연구방법론을 활용하여 자료를 수집하였다.

차명희(2020)는 자신이 설정한 연구목적을 도출하기 위해 총체적 문화기술지 연구방법으로 접근하였다. 문화기술지는 질적연구의 가장 오래된 연구방법이며(김영천, 2013) 하나의 사회집단이나 문화, 체계에 관해서 해석하고 기술한 것으로(권지성, 2007: 17) 한 집단의 독특한 문화를 탐색하기에 적절하다(조흥식 외, 2007: 105)는 선행연구 결과를 근거로 제시하며 본 연구에서 문화기술지 연구방법을 선정한 이유를 다음의 세 가지로 들어 설명했다.

첫째, 제6호 보호처분시설에서 퇴소한 청년들이 그들만의 독특한 동질문화를 공유하며 상호작용하는 집단으로 퇴소 후에도 일정부분 공유문화를 유지한다는 의미에서 본 연구의 목적에 부합된다. 둘째, 제6호라는 보호처분 공통경험이 있는 청년들은 일반적인 청년의 삶과는 다른 그들만의 독특한 문화가 있으며 공통된 배경을 토대로 깊숙이 탐색할 수 있다. 셋째, 본 연구자(차명희, 2020)는 2014년 이후 제6호 보호처분시설을 방문하며 구성원들과의 라포형성을 기반으로 한 게이트키퍼(gate keper)로서의 이점을 살려 협조를 얻을 수 있다는 장점이 있다라고 보았으며 사전의 라포형성은 현장에서의 자료수집을 용이하게 함은 물론, 좋은 연구와 올바른 연구에 도움이 될 수 있다고 기술했다. 차명희(2020)는 연구의 목적에 부합한 문화기술지 연구방법의 두 축인 참여관찰과 심층면담을 중심으로 보호시설 퇴소 이후의 청년들의 삶의 과정은 어떠한지, 그 행위 이면의 감추어진 것은 무엇이며 왜 그러한지를 밝히고자 하였다.

김기화(2015)는 양부모 가족이 해체되고 부자가족으로 전환, 시설 입소, 시설 퇴소 이후의 과정과 개인과 사회·환경적 요인이 복합적으로 상호작용하며 적응 또는 변화의 경험을 탐색하기 위해 문화기술지를 활용하였다. 특히, 특정한 사회적 맥락 내의 상호작용에 대해 초점을 두고(Hatch, 2008) 가족생활, 직장, 학교, 사회적 연계망 등 일상생활을 연구하는 미시적 문화기술지(Microethnography)가 적합하다고 보았다(홍현미라, 권지성, 장혜경, 이민영, 우아영, 2008). 연구자는 문화기술지 연구방법 선정의 이유에 대해 다음과 같이 제시하였다. 첫째, 부자가족복지시설에서 생활하고 있는 부자가족들은 하나의 문화공유 집단으로 그 안에서 어떠한 행동, 언어, 상호작용을 통해 문화를 형성한다고 보아 그들의 공유문화가 형성된 곳에서 정보를 수집하고자 하였다. 둘째, 문화기술지는 외현화된 현상 이면에서 무엇이 작용하고 있는지 어떠한 신념 체계가 문화를 형성하게 하는지 발견하고자 하는 것으로 부자가족복지시설에서 가족들이 어떠한 가치와 의미를 공유하고 문화를 형성하는지 보고자 하였다. 부자가족의 삶에서 시설문화의 발견은 중요한 신념과 가치를 발견하는 것을 뜻하며, 본질적인 세계를 이해할 수 있게 해주는 것으로 보았다. 셋째, 생활세계인 부자가족보호시설에서 부자가족의 관점을 통해 삶의 의미들을 파악하고 그들의 시각을 통해 그들의 삶의 관계를 파악하고자 하였다(Spradley, 2003). 즉, 그들의 문화를 이해하고 제대로 해석하기 위해 내부자적 관점(emic)으로 그들의 생활세계에 계속해서 몰입하였다. 자료수집 이후에는 외부자적 관점(etic)으로 돌아가 내부자적 관점과 외부자적 관점을 통합하여 총체적인 문화기술지로서의 해석을 제시하였다.

최문호(2019)는 해석적 문화기술지로서 탐사보도 언론인 내면의 소명의식과 구체적인 실천 방법, 그리고 그 속에서 그들이 지키려고 노력하는 윤리와 탐사보도 전문성에 대해 탐색하고자 하였다. 하지만 선행연구가 미흡하기 때문에 선행연구를 바탕으로 가설 또는 개념을 도출한 뒤 관계를 밝히는 양적 연구방법은 어렵다고 보았으며 탐사보도가 이뤄지고 있는 현장을 찾아가서 질적연구를 하는 것이 적합하다고 보았다. 최문호(2019)는 탐사보도 언론인에 대한 선행 연구가 많지 않은 상황에서 언론인의 소명과 소명의 실천, 그리고 탐사보도 전문성을 고찰하는 데는 문화기술지 연구가 가장 적합하다고 보았으며 문화기술지의 주요 자료수집 방법인 참여관찰과 심층면담을 통하여 탐사보도 현장의 역동성 안에서 탐사보도 언론인 집단의 상호작용, 선배 후배 집단의 관계, 탐사보도 언론인의 내면, 실천의 양상과 전문성 등 집단의 사회문화적 맥락을 파악하고자 하였다.

최문호(2019)는 문화기술지 연구방법을 활용한 근거로서 조용환(1999)의 문화기술지 연구를 수행하기 적합한 과제, 또는 문화기술지 연구에 대한 다섯 가지를 제시하였다. 첫째, 연구하고자 하는 대상, 지역, 현상에 관한 선행연구 혹은 사전지식이 전혀 또는 거의 없는 경우로서 앞선 선행연구를 통해 탐사보도 언론인에 관한 연구가 미비함을 확인하였다. 둘째, 복잡하고 미묘한 사회적 관계 또는 상징적 상호작용을 탐구하기 위해 〈뉴스타파〉 현장을 찾아가 참여관찰하였다. 연구참여자들의 일상, 말로 할 수 없거나 논의하기를 원하지 않는 화제들, 참여자들이 처한 상황이나 전체 맥락 등 참여자가 직접 설명하지 못하는 삶의 과정이나 의미 등을 파악하고자 하였다. 셋째, 국지적이지만 소규모 집단인 〈뉴스타파〉의 사회적 역동성에 관해 총체적으로 연구하고자 하였다. 넷째, 시간의 흐름과 맥락, 구조에 따라 분석을 하고자 하였으며, 마지막으로 현상 이면의 가치, 신념, 행위 규칙, 적응 전략을 파악하기 위해 문화기술지를 활용하였다.

박광옥(2018)은 발달장애인들이 고용서비스를 이용하는 과정에서 취업 진입과 유지에 어려움을 주는 거시, 중시, 미시적 요인들과 상호연결된 지배관계, 즉 사회적 조직화를 탐색하는 데 연구목적이 있다. 박광옥(2018)은 다음과 같은 이유에서 제도적 문화기술지를 적용하였다. 첫째, 경험의 원인이 되는 거시, 중시, 미시적 요인들 간의 상호관계를 탐색하고 관계를 구체적으로 설명하는 데 유용하며 둘째, 연구자가 '입장'이라는 방법론적 장치를 사용하여 특정 주체의 입장에서 자료를 수집하므로 발달장애인의 실제적인 고용서비스 경험에 대한 충분한 자료 수집이 가능하다. 셋째, 다양한 차원의 요인들이 텍스트에 의해 조정되는 것을 탐구하는 방법으로 제도적 세팅에서 많은 텍스트들의 영향을 받아 진행되는 제도화된 발달장애인 고용서비스 영역에 적합하다. 넷째, 제도적 문화기술지는 조직화 양상을 시퀀스(장면)으로 묘사하므로 구체적인 개선점을 찾을 수 있다. 연구자는 이상과 같은 제도적 문화기술지의 특징은 발달장애인의 고용서비스 경험의 사회적 조직화를 통해 장애인 고용정책 및 서비스의 구체적 개선점을 찾는 데 유용하게 사용될 것으로 기대하였다.

특히 박광옥(2018)의 논문에서 설정한 연구방법론적 장치를 살펴보면 '입장과 문제틀'로서 발달장애인의 입장에서 실제 고용서비스 이용 과정을 들여다보았으며 연구의 전 과정에서 발달장애인 입장에서 사람들의 행위의 조직화, 조직화에 관련된 법, 체제, 행정, 정책, 담론, 정부, 이데올로기를 발견하고자 하였다. 다음으로 '일과 일 지식'과 관련해서는 '일'은 발달장애인의 고용서비스 이용 경험으로 이용 서비스와 서비스 과정과 같은 사실적 정보, '일 지식'은 발달장애인이 고용서비스를 이용하면서 경험할 수 있는 다양한 조정 양상 및 관점(어려움, 타인과의 상호관계, 노하우, 서비스관련 인식)으로 정의내리고 이 틀에서 문제와 상황을 인식하고 해석하였다. 또한 사람들의 일을 다양한 방식으로 조정하는 '텍스트'와 관련하여서는 발달장애인의 고용서비스와 관련된 서비스 서식, 법령, 정책 및 제도 규정 및 지침, 기관의 서비스 지침, 전산시스템, 서비스 진행 시 사용되는 도구 및 재료 등을 텍스트로 수집하여 자료분석에 활용하였다.

김진미(2019)는 노숙인들이 노숙을 탈피하지 못한 채 순환하거나 노숙인 복지체계로 다시 회귀하는 것에 착안하여 노숙인들이 거처를 찾고 유지하는 일과 복지시설, 실천 세팅, 관련 법과 제도와 같은 제도적 맥락이 어떻게 연결되며 조정을 통해 만들어지는 양상인지 과정의 실제를 심층적으로 살펴보고자 하였다. 본 연구의 초점은 노숙인들의 거처가 조직화되는 과정을 추적함으로써 노숙인 거처의 불안정성이 짜여지는 지배적인 사회관계를 발견하는 데 있다. 따라서 연구방법론으로 제도적 문화기술지(institutional ethnography)를 연구방법으로 선정하였다. 제도적 문화기술지는 제도와 사람 사이에 발생하는 현상 즉 경험들이 어떻게 조직화(organization)되는지, 그 실제적이고 사실적인 양상을 그려내는 것을 목표로 한다. 특히, 제도적 세팅에서 발생하는 문제나 현상을 행위자의 성격이나 능력에서 찾지 않고, 제도적 세팅 내 사람들을 관리하고 질서 짓는 '지식'을 통해 이해하려 한다 (김인숙, 2016). 특히, 연구자의 해석이 없이도 세밀한 묘사를 통해 사람들의 행위가 어떻게 조직화되는지를 드러내는 문화기술지 전략을 통해 일상의 사람들이 실천해가는 정책, 체제, 담론 등이 눈에 보이게 하는 방법이다. 즉, 제도적 문화기술지는 마치 지도의 좌표처럼 사람들이 지역에서 한 일상적 경험들을 면밀히 보여주고, 우리가 사회의 지배적인 관계들과 이들의 교차지점에 어떻게 연결되어 있는지를 보여주는 방법이라고 할 수 있다.

김진미(2019)는 제도적 세팅에서 노숙인의 탈노숙 지체를 설명하는 회전문 현상이 노숙인의 삶 속에서 어떻게 구체화되는지 제도적 문화기술지의 일 지식과 텍스트 등 방법론적 장치들을 사용하여 구체적 조정 양상과 조직화 양상을 탐구하고자 하였다. 이를 통해 노숙인들을 위한 정책이나 지원시스템, 담론 등이 교차하는 제도적 세팅의 복합적 양상을 발견하고 노숙 탈피에 실패하는 현상이 제도적 맥락과 조응하는 것인지, 어떻게 조응하는지를 살펴보았다.

위의 6개 박사논문은 문화인류학의 현지조사법을 활용한 문화기술지로서 특정한 사회적 맥락 내의 상호작용에 대해 초점을 둔 미시적 문화기술지(microethnography)이다. 먼저 위 논문들의 문화기술지 연구방법 선정이유에 대해 일상적 문화기술지와 제도적 문화기술지 2가지 측면에서 살펴볼 수 있다. 첫째, 문화기술지 연구방법 측면에서 이은숙(2018), 차명희(2020), 김기화(2015), 최문호(2019)는 문화를 공유하고 있는 연구참여자 집단의 독특한 행동, 신념, 언어적 측면을 탐구하려 했다는 점과 특정한 사회적 맥락 내 상호작용에 초점을 두고 그들의 문화를 심층적으로 이해하려 했다는 데 있다. 이은숙(2013)은 결혼이주여성의 삶의 맥락에 걸쳐 적응과정에 나타난 전환학습적 의미를 해석하고 해석적 문화기술지로 접근한 반면 나머지 3개의 논문은 하나의 집단, 체계 내 성원들에 의해 공유, 전승되는 지식, 태도 및 습관적 행위유형의 총체를 탐색하고 해석하고 기술한 총체적 문화기술지로 접근했다는 차이점이 있다.

둘째, 제도적 문화기술지를 활용한 박광옥(2018)과 김진미(2019)는 연구참여자가 속한 조직이나 환경의 제도적 세팅에서 제도와 사람들 사이에 일어나는 현상들이 어떻게 조직화되는지 실제적이고 사실적인 양상을 보기 위해 제도적 문화기술지를 활용하였다(김인숙, 2017). 즉, 연구참여자의 경험이 어떻게 사람들, 제도들과 정교하게 연결되어 있는지 그 지배의 조직화 방식을 탐구하고자 한 것이다(김인숙, 2020).

3. 연구참여자 선정 및 특성 기술방식

이은숙(2013)은 결혼이주여성을 대상으로 그들의 가족생활에 나타난 학습경험 양상과 학습경험을 통해 삶에 어떠한 변화가 일어났는가를 탐색하기 위해 한국 이주의 특성을 띤 결혼이주여성들로 연구참여자를 구성하였다. 연구참여자는 총 4명으로 각 연구참여자의 특징을 다음과 같이 제시하였다. 첫 번째 연구참여자는 '일본 부인과 한국 남편' 부부로 결혼한 지 22년이 되었다. 종교기관을 통해 남편을 만나 결혼하게 되었고, 일본어 강사로 활동하고 있다. 두 번째 연구참여자는 '중국 조선족 부인과 한국 남편' 부부로 현재 남편과는 재혼으로 만났으며 결혼한 지 18년이 되었다. 부모의 소개를 통해 남편을 만났고 현재 학교급식 종사원으로 근무하고 있다. 세 번째 연구참여자는 베트남 여성으로 결혼중개업체를 통해 결혼하였으며 혼인한 지 9년이 되었다. 대학교 1학년에 재학 중이다. 네 번째 연구참여자는 인도네시아 여성으로 편지를 통해 남편을 만나 연애 결혼을 했다. 모국에서 고등학교까지 졸업하였고, 결혼한지 13년이 되었다. 현재 가정주부이다. 연구참여자들의 혼인 기간은 9년 이상부터 22년까지이며 연령은 30대 후반부터 50대 초반이다. 배우자의 나이는 50대 이상으로 비슷하거나 10세 이상 많은 경우가 2명에 해당하였고 대부분 현재는 시댁과 떨어져 독립거주를 하고 있는 공통된 특징을 가지고 있다. 연구참여자와 관련된 정보는 연령, 혼인 기간, 결혼 경로, 출신 국적, 학력, 직업, 배우자 정보(나이, 학력, 직업), 자녀 정보(성별, 나이), 시부모 동거 여부이다.

이은숙(2013)은 결혼이주여성의 가족생활 적응에 나타난 경험 현상에 대해 한국 이주의 특성이 구체적으로 드러난 연구참여자를 의도적으로 선정할 필요가 있음을 밝히고 이에 따라 유의적 표집방법을 활용하였다. 한국 이주의 특징을 유형화한 정기선(2008)의 연구를 참고하여 결혼이주여성의 한국 이주 특성을 반영하여 유형화한 후 지인들을 통하여 연구참여자를 소개받았다. 연구참여자는 학습 경험 현상을 능숙하게 표현할 수 있어야 하므로 한국어가 능숙한 사람으로 판단하여 선정하였으나 한국어가 능숙하다는 것의 기준이 제시되지는 않았다.

차명희(2020)는 제6호 보호처분시설을 경험하고 퇴소한 청년들의 입소 전과 입소 내, 퇴소 후의 삶의 적응과정을 탐색하고 그들의 삶의 질을 향상하고 재범률을 낮추기 위한 제언을 도출하고자 하였다. 연구의 질을 높이기 위해 신중을 기했으며 그에 따라 연구참여자 선정시 다음과 같은 기준을 두었다. 먼저, 집단의 크기는 제6호 보호처분시설을 경험한 20세-29세의 청년 14명과 보조 연구참여자 8명이며 선정기준은 크게 세 가지로 설정하였다. 첫째는 제6호 보호처분 후 시설에서 생활한 경험이 있을 것, 둘째는 심층면담 당시 나이가 20세-29세의 청년일 것, 셋째는 연구참여를 자발적으로 동의한 자일 것이다. 연구참여자의 나이를 20세-29세로 규정한 근거는 '청년고용촉진 특별법'에 의한 청년의 나이를 15세-29세로 규정(통계청, 여성가족부, 2020)한 것과 시설에서의 생활이 20세 미만인 점을 참고하였다.

연구참여자의 모집 과정은 의도적 표본추출을 통해 연구목적에 맞는 한 명의 참여자를 선정하여 의뢰하고 동의를 받았고 세평적 사례선택을 통해 보호시설의 전직 직원에게 전직 직원 3명을 소개받았다. 마지막으로 눈덩이표집을 사용하여 앞서 자발적 동의를 받은 연구참여자들에게 연구목적에 적합한 연구참여자들을 소개받아 주 연구참여자 14명과 보조 연구참여자 8명을 선정하였다.

차명희(2020)의 연구에서 주 연구참여자의 특성을 대략적으로 살펴보면 모두 14명으로 연령대는 22-28세의 남 3명, 여 11명으로 이루어져 있다. 퇴소 후 자립 기간은 3-10년으로 분포되어 있으며 학력은 중졸이 3명, 고졸이 11명(검정고시 10명, 공고 1명)으로 나타났다. 범죄 내용은 성매매 알선(4명), 특수절도(3명), 특수폭행(3명)이 가장 많았고 재범률은 초범에서 3범까지 분포되어 있다. 이에 따른 주 연구참여자의 개인별 특성을 정리하면 다음 〈표 6-1〉과 같다.

표 6-1. 연구참여자 일반적 특성(차명희, 2020)

구분	세부내용
성별/나이	여(11명), 남(3명) / 22-28세
가족 상태(거주유형)	친양부모(5), 이혼가정(3), 편부모가정(6) / 가정(4), 1인 거주(7), 결혼 독립(2), 친구와 동거(1)
시설 입소나이(기간)	15세(1), 16세(6), 17세(5), 18세(2) / 6~24개월
범죄내용(범죄력)	성매매 알선(4), 특수절도(3), 특수폭행(3) / 초범~3범까지 포함
학력	중졸(3), 고졸(11/검정고시 10+공고 1)
퇴소 후 자립기간	3-10년으로 분포

차명희(2020)의 연구에서 보조 연구참여자는 여성 7명과 남성 1명으로 구성되었으며 직업은 보호시설의 직원이 2명, 자영업자 3명, 주부 1명과 판사 2명으로 구성되었다. 보조 연구참여자는 주 연구참여자와 문화를 공유한 사람으로 주 연구참여자의 구술이나 행적을 확인하는 보조 자료로 추가되었으며 이들의 구술 이외에 일기, 문집의 글, 편지, 제6호 시설의 행사 관련 출력물 등이 자료수집에 활용되었다. 세부적인 사항은 다음 〈표 6-2〉과 같다.

표 6-2. 보조 연구참여자 특성(차명희, 2020)

구분	세부내용
성별	여(7명), 남(1명)
직업	시설의 직원(2명), 판사(2명), 자영업(3명), 주부(1명)
연구참여 구분	제6호 보호처분 전담(2명), 시설의 청소년 생활 지도(2명), 시설의 봉사자(2명), 연구 참여자의 모(2명)

김기화(2015)는 우리나라에서 부자가족복지시설 3개소 중 하나인 '아담채'를 연구현장으로 결정하고 그곳에서 생활하고 있는 부자가족을 연구참여자로 연구를 진행하였다. 연구자가 부자가족복지시설 중에 부자보호시설을 연구현장으로 선택한 이유는 공동식당이 있어 시설에 입소한 구성원들 간에 상호작용이 더 많이 이루어지는 공동체이기 때문이다. 또한 문화기술지 연구에 적정한 표본추출과 표본 수로서 20세대(부 20명, 자녀 29명)의 부자가족이 입주하여 생활하고 있는 부자보호시설 '아담채'를 연구 현장으로 결정하였다.

'아담채'에서 생활하고 있는 부자가족 중 본 연구의 주요 정보제공자로 참여한 아버지는 16명이며 자녀 17명으로 총 33명이다. 주요 정보제공자 아버지 16사례 중 7사례만 자녀가 심층면담에 참여하였으며 나머지 9사례는 아버지만이 심층면담에 참여하였다. 자녀 17사례 중 아버지가 심층면담에 참여한 경우는 9사례이고 나머지 8사례는 자녀만이 연구에 참여하였다.

김기화(2015)는 연구참여자의 일반적 특성을 다음 〈표 6-3〉과 같이 제시하였다. 첫째, 연령 30대 1명, 40대 9명, 50대 6명으로 40대가 가장 많았다. 둘째, 학력은 중졸 1명, 고졸 12명, 대졸 2명, 대학원졸이 1명이다. 셋째, 직업은 자영업 1명, 회사원 3명, 간호조무사 1명, 상가관리 1명, 택배배송 2명, 대리운전 1명, 일용직 2명, 요리사 1명, 무직 4명으로 비정규직이 많아 불안정한 직업 특성을 보이고 있다. 넷째, 양부모가족 기간은 1년부터 19년까지 다양했으며, 시설에 입소하기 이전 부자가족으로 생활한 기간도 1년 9개월에서 9년까지로 다양하게 나타났다. 시설 생활 기간은 1년 미만 5명, 1년 이상 2년 미만 1명, 2년 이상 3년 미만 5명, 3년 이상이 5명이다. 다섯째, 자녀의 특성을 살펴보면 1인 자녀 7명, 2인 자녀 9명이었다. 2인 자녀인 경우 대부분 아버지가 자녀 모두 양육을 책임지고 있었으나, 일부 사례는 자녀들이 분리되어 한 명은 어머니, 한 명은 아버지와 가족을 이루고 있었다.

연구참여자 자녀 그룹의 특성을 살펴보면 다음과 같다. 남자 12명, 여자 5명이다. 학령범위는 초등 9명, 중등 2명, 고등 3명, 대학 3명으로 나타났다. 부자가족이 된 시기는 영·유아기 9명, 아동기 4명, 청소년기 4명이다. 시설 거주기간은 1년 미만이 5명, 2~3년 미만이 12명으로 나타났다. 부자가족 형성 배경은 모두 이혼이었으며, 모자관계가 단절된 경우가 9명, 지속적으로 연락하고 있는 경우가 8명으로 분석되었다.

표 6-3. 연구참여자 일반적 특성(김기화, 2015)

구분	세부내용
아버지 집단	연령, 학력, 직업, 양부모, 가족기간, 부자가족, 기간(입소전), 시설거주, 기간, 자녀수, 성별, 학년별
자녀 집단	연령, 학년, 형제 입소여부, 부자가족, 형성시점, 부자가족, 기간(입소전), 시설거주, 기간, 모와의 교류

최문호(2019)는 연구참여자 선정을 위해 연구문제해결에 가장 적합한 탐사보도 생산 현장 사례를 찾는 것으로부터 시작하였다. 첫째, 탐사보도를 오랫동안 지속해 왔으며 언론인이 많은 현장을 선택했다. 둘째, 언론사 내 탐사보도를 전담으로 하는 부서 또는 별도의 조직이 있으며 동시에 탐사보도가 활발히 이뤄지고 있는 곳을 선택했다. 연구자는 두 가지 조건에 부합하는 곳으로 〈뉴스타파〉의 취재팀을 연구문제와 목적에 맞는 가장 이상적인 사례로 선정하였다. 〈뉴스타파〉의 경우 오랜 기간 탐사보도를 해온 언

론인이 많았다. 탐사보도 경력을 보유한 기자와 PD들이 모여 4년 넘게 탐사보도를 이어오고 있기에 〈뉴스타파〉 취재팀이 가장 적합한 연구참여자라고 보았다.

최문호(2019)는 다음 〈표 6-4〉와 같이 연구참여자의 일반적 특성을 제시하고 있다. 본 연구의 연구참여자는 김용진과 최승호를 포함하여 시니어라 불리는 선배집단 11명과 주니어라 불리는 후배집단 8명 총 19명으로 구성되었다. 시니어 그룹은 대부분 다른 언론사에서 해직이나 퇴직을 통해 합류한 사람들로 10년 이상의 취재 경력을 갖고 있으며, 주니어는 〈뉴스타파〉가 탐사보도 전문언론이 된 후 공개채용을 통해 입사한 신입 그룹이었다. 주니어 중 일부는 다른 언론사 경력이 있었지만, 기간이 길지 않았다. 시니어의 경우 참여 경로, 출신 언론사, 경력에 있어 다양했지만, 주니어의 경우는 사실상 탐사보도를 전혀 경험해보지 못했다는 특징이 있다. 연구에서는 선배집단 후배집단으로 나누어 표기되었지만 주 연구참여자의 경우 실명으로 표기되기도 하였다.

표 6-4. 연구참여자 일반적 특성(최문호, 2019)

구분	세부내용
선배집단 (8)	이름, 직종(PD/기자), 뉴스타파 참여시기(2013년 3~9월 사이), 언론인 경력(1986~2001부터), 전 언론사, 참여경로(퇴직, 해직)
후배집단 (11)	이름, 직종(PD/기자), 뉴스타파 참여시기(2013년 2~3월 사이), 언론인 경력(2명/ 2003, 300 부터), 전 언론사, 참여경로(신규채용)

박광옥(2018) 연구의 문화집단은 발달장애인과 그들의 고용서비스 체계를 둘러싼 제도적 환경이다. 제도적 문화기술지는 개인의 주관적 경험에 대한 질적연구가 아니라 경험을 둘러싼 제도적 환경과의 관계를 정교하게 묘사하는 것이 중요하기 때문에 정보제공자라는 용어를 사용한 것으로 보인다. 이 연구에서는 정보제공자를 두 집단으로 나누어 선정하였다. 제1수

준 정보제공자는 발달장애인, 제2수준 정보제공자는 발달장애인의 고용서
비스 경험과 조직화에 연관된 관련인들로 서비스 제공자, 부모, 근로감독
관, 사업체 인사담당자, 지자체 공무원 등으로 구성되어 있다. 연구참여자
와 관련된 정보는 다음 〈표 6-5〉와 같이 제시되고 있다.

표 6-5. 연구참여자 일반적 특성(박광옥, 2018)

구분	세부내용
제1수준 정보제공자	이름(가명), 성별, 연령, 장애유형/등급, 이용기관, 서비스기간(년 개월)
제2수준 정보제공자	이름(가명), 발달장애인과의 관계, 소속, 직책, 경력(년 개월)

박광옥(2018)의 연구에서 연구에서 설정한 연구참여자 기준은 다음과 같
다. 제1수준의 정보제공자 참여 조건은 만18세 이상의 발달장애인(지적장애
인, 자폐성장애인), 최근 1년 내 서울에 소재한 고용서비스 기관(장애인복지관,
한국장애인고용공단 지사)에서 지역사회 통합고용의 진입과 유지를 목표로 고
용서비스를 이용한 경험이 있는 자, 표현 및 수용 언어에 어려움이 없고
적극적으로 자신의 특정 상황과 경험을 구체적으로 말할 수 있는 자이다.
박광옥(2018)은 발달장애인 고용지원의 대표적 주무부처에서 재정지원을
받고 있고 빌딜장애인이 통합고용을 목표로 고용서비스를 기장 많이 이용
하고 있는 현황을 고려하여 서비스 기관의 범위[1]를 결정하였다. 정보제공
자를 섭외하기 위하여 위의 선정기준을 정하고 서비스 기관에 참여 추천을
의뢰하였다. 연구자는 상이한 위치에 있는 사람들이 최대한 포함되도록 정

---

1. 박광옥(2018)은 발달장애인 고용지원의 대표적인 주무부처(보건복지부, 고용노동부)에서
재정지원을 받고 있고, 발달장애인이 통합고용을 목표로 고용서비스를 가장 많이 이용하
고 있는 현황 《장애인복지관 고용서비스: 79.4%(한국장애인복지관협회, 2015), 한국장애
인고용공단 지원고용사업: 81.4%(한국장애인고용공단, 2016)》을 고려하여 서비스 기관의
범위를 정하였다.

보제공자를 선정하였으며 조직화가 발견될 때까지 자료수집 과정을 진행하였다.[2] 그 결과 총 20명의 발달장애인이 정보제공자로 참여하였다. 본문에는 연구참여자 선정과정이 추천 의뢰-적합한 참여자 선정이라는 비교적 간단한 내용으로 기술되어 연구참여자 선정과정의 구체적 진행상황을 제시하지 않아 연구윤리 확보 측면에서는 한계가 있다고 볼 수 있다.

제1수준의 정보제공자의 특성을 살펴보면 남성과 여성이 각각 13명과 7명이며 연령은 20대 초반부터 40대 중반에 걸쳐 다양하게 분포되어 있다. 장애 유형과 등급은 지적장애 3등급(13명)이 가장 많이 차지하고 있으며 지적장애 2등급이 4명, 자폐성 장애 3등급(2명), 2등급(1명)이다. 서비스 이용 기관은 복지관과 공단지사이며 서비스 기간은 짧게는 2개월부터 길게는 8년 2개월로 편차가 크게 나타나고 있다. 제시된 자료에 의해서는 서비스 기간이 어떠한 점 때문에 차이가 나는지를 파악할 수가 없었다.

제2수준의 정보제공자는 11명이다. 정보제공자는 발달장애인의 관련인들로 주로 서비스 제공자(7명, 복지관 2개 시설, 공단지사)들이며 고용지청 공무원(1명), 사업체 인사담당자(1명), 지자체 공무원(1명), 부모(1명)로 구성되어 있다. 직책별로는 복지관의 취업지원담당자와 직업**팀장, 직업평가담당자, 적응훈련담당자이며 고용지청의 근로감독관, 공단지사의 과장, 주민센터 기초생활수급지원 담당자 등이다. 제2수준의 정보제공자들을 통해 수집된 자료는 발달장애인의 고용서비스 경험의 사회적 조직화를 탐색하기 위한 분석에 활용하였다.

김진미(2019)는 노숙인의 일 경험을 노숙인 지원체계를 중심으로 한 제도적 세팅 속에서 살펴보기 위한 연구로 첫째, 노숙을 경험하고 주거를 찾

---

2. 제도적 문화기술지는 정보제공자의 인원수보다 상이한 위치에 있는 사람들의 서로 다른 일 지식에 대한 정보를 수집하는 것이 중요하며, 행위의 조직화가 발견될 때까지 자료수집이 이루어져야 한다(하지선, 2016).

는 과정에서 거리 노숙인 대상 서비스나 노숙인 시설 서비스를 받고 있거나 받고 있는 사람, 둘째, 노숙인의 거처 찾기 과정에서 접근하게 되는 노숙인 서비스 관련 실무자로 노숙인 복지법에 근거한 노숙인 전달체계 하에서 다양한 시설 유형에서 활동하는 사람을 대상으로 두 개의 집단을 연구참여자의 일반적 특성은 다음 〈표 6-6〉과 같다.

표 6-6. 연구참여자의 일반적 특성(김진미, 2019)

구분	세부내용
노숙인 집단	별칭, 출생년도(연령), 주이용노숙인복지시설, 노숙시작년도[3], 現 잠자리(거처), 노숙화 이후 거주지 이력, 근로이력과 現 근로상황, 노숙인 서비스 이용, 공적 서비스 이용
노숙인복지시설 실무자 집단	별칭, 직위, 소속, 現 기관 경력, 타 복지기관 경력

김진미(2019)에서 설정한 연구참여자 기준은 다음과 같다. 노숙인의 거처 찾기와 관련된 복잡한 제도적 관계를 발견하는 데 충분한 정보를 제공할 수 있는 노숙인과 노숙인 서비스 실무자로 선정하였으며, 일 경험의 차이를 확인하기 위해 다양한 위치의 대상자 선정에 주력하였다. 이 과정에서 김진미(2019)는 노숙인복지체계의 이원성으로 연구참여자 집단 선정에서 표집 범위 제한으로, 지역별 환경과 맥락에 '제도적인 것'의 차이가 있어 노숙인이 가장 많고 예산 규모가 타 지방정부에 비해 크며, 외환위기 이후 노숙 문제에 대처해온 역사와 경험을 기반으로 노숙인 복지서비스가 잘 형성되어 있는 서울로 제한을 두었다.

본 연구의 목적은 노숙인의 거처 찾기와 유지하기 과정에 제도적 상황이

---

3. 노숙시작 년도는 본인이 노숙을 시작한 때로 인지하고 있는 것을 기준으로 정리하였다. 예를 들어, 주거취약의 스펙트럼으로 보면 정신요양원 생활부터를 노숙생활에 놓인 때로 이해할 수도 있으나, 본인이 요양원에서 나와 거리노숙을 한 때를 노숙을 시작한 때라고 진술하면서 이에 따랐다.

어떻게 배태되어 있는지를 탐색하고 질서를 발견하는 데 있다. 이에 노숙인 서비스 주요 이용자나 입소자의 각기 다른 경험을 수집하기 위해 성격이 다른 시설의 서비스를 받은 노숙인의 경험을 수집하였으며, 최소 인원의 심층면담 과정에서 문제틀과 관련한 새로운 정보가 필요한 경우 심층면담 대상자 수를 증가시켰다. 연구자는 서울지역 노숙인시설 종류별로 정보를 받기 위해 종합지원센터 및 일시보호시설 3개소 이용인 6명, 노숙인 재활시설 1개소 생활인 3명, 노숙인자활시설 2개소 생활인 7명, 총 18명을 면담하였다. 제도적 문화기술지는 반복적 표집을 하기 때문에, 최초 자활시설 생활인 3명을 대상으로 면담하였고 그들의 경험을 확장하기 위해 성격이 다른 재활시설 생활인을 면담하고, 다시 재활시설 생활인이 거쳐 탐색 초기에 접촉하였고 일시보호시설 이용인에게 경험을 수집하는 식으로 확장하였다. 또한 노숙인 경험과 관련된 제도적 관계 속에 관련된 실무자에게 노숙인의 경험이 어떤 제도적 경험인지를 확장하면서 자료를 수집하였다. 이에 따라 노숙인 서비스 전달체계 내의 각 시설유형별(종합지원센터, 일시보호시설, 재활시설, 자활시설) 실무자로 노숙인 대면 실천을 하는 현장실무자와 중간관리자 이상의 실무자, 기관장을 포함하여 총 5개 시설 11명을 면담하여 노숙인을 지원하는 제도적 세팅 내에서 일의 조정과 조직화 형태를 알 때까지 추적하였다.

연구참여자 선정과정과 연구참여자 그룹의 특징을 살펴보면 다음과 같다. 먼저 공통된 특징으로 연구자 선정에 있어 연구문제에 적합한 사람들을 의도적 표집방법을 사용하여 구성하였으며 충분한 정보를 제공할 수 있는 대상자를 선정하였고 마지막으로 다양한 위치에 있는 대상자를 최대한 포함하도록 하였다.

차명희(2019)의 경우 의도적인 표본추출을 통해 눈덩이 표집 방법으로 확장하여 연구참여자를 모집 및 선정하였으며 김기화(2015)와 최문호(2019)는 연구참여자 선정에 앞서 연구문제 해결에 가장 적합한 연구현장을 먼저 선정하였다. 연구참여자의 구별된 특징으로 차명희(2020), 박광옥(2019), 김진미(2019)의 연구에서는 주 연구참여자와 보조 연구참여자 두 그룹을 선정하였다. 주 연구참여자를 통해 연구문제에 대한 주요정보를 수집하였고 보조 연구참여자를 통해 주 연구참여자와 문화를 공유한 사람으로 주 연구참여자의 구술이나 행적을 확인하는 보조 자료로 활용하였으며 이들의 구술 외에 관련 문서 및 텍스트 자료를 수집하여 활용하였다.

특히 제도적 문화기술지인 박광옥(2018)과 김진미(2019)의 연구에서는 연구참여자들의 경험과 관련하여 제도적 관계 속에서 얽혀 있는 실무자들을 통해 연구참여자들의 경험이 어떤 경험인지를 이해하기 위해 보조 연구참여자들을 모집하였다. 보조 연구참여자들은 대개 서비스를 전달하는 실무자로 구성되어 있어 일의 조정과 조직화 형태를 알기 위한 구체적인 자료를 얻기 위한 목적으로 선정하였다.

07

자료수집 방법과 과정 기술방식

1. 자료수집의 의미와 방법 유형

사회과학에서 자료수집 방법은 '가설을 증명할 자료를 확보하는 방법'으로 정의된다. 질적연구에서는 가설이라기보다 연구문제를 설정하고 그것을 해결하기 위한 자료를 수집한다. 연구문제는 양적연구에서의 가설과 같은 '문제적 가설'로 간주된다. 문화기술지 연구에서 자료수집은 현지 사회와 문화의 모든 사정에 관한 문헌 자료, 현지 구성원들을 참여관찰해서 얻어낸 자료, 연구참여자들을 심층면담함으로써 도출한 자료를 수집하는 행위를 의미한다. 이런 맥락에서 자료수집 과정은 치밀한 계획과 절차에 따라야 한다. 일반적으로 사회과학방법론 개론서에서 등장하는 자료수집방법은 문헌연구법, 질문지법, 참여관찰법, 면담법, 실험조사법 등이다.

일반적으로 대학 학부의 사회과학 전공의 학과에서는 사회과학방법론, 사회조사방법론 등의 수업에서 자료수집 방법에 관한 교수학습활동이 이루어진다. 아울러 대학원에서는 연구방법론 수업에서 자료수집 방법이 논의되며 실제 연구논문 작성 등의 실습이 제시되기도 한다. 자료수집 방법은 연구자가 어떤 연구방법 유형을 선택했느냐에 따라 달라질 수 있으며, 해당 연구절차에 포함되어 연구를 성공적으로 이끄는 데 기여하게 된다. 따라서 연구자는 연구목적, 연구문제에 적합한 자료수집 방법을 선택하는 전문성을 익혀야 한다.

첫째, 문헌연구법은 연구자가 연구를 기획해서 수행하는 전 과정 동안 타 연구자에 의해 작성된 기록물 및 통계 자료를 통한 자료수집 방법으로 간주할 수 있다. 문헌연구법은 연구대상자의 특성과 정황을 파악할 수 있어 시간과 비용이 절약될 수 있는 장점이 있다. 그러나 자료의 신뢰성 확보의 문제와 자료 해석에 있어서 연구자의 주관이 개입될 수 있다는 단점이 있다.

둘째, 질문지법은 설문지법이라고도 하며, 연구자가 질문지를 작성하여 연구대상 집단에 제시하고 그들의 답을 구하는 자료수집 방법이다. 질문지법은 연구자가 시간과 비용을 절약할 수 있고, 정보수집 및 자료분석에 있어서 편리하다는 장점이 있다. 그러나 질문지 회수율이 낮을 우려가 있으며, 연구대상자가 질문을 잘못 이해할 경우도 있다. 혹은 질문지 내용이나 해당 언어를 잘못하는 문맹자, 외국인 이주민에게는 이 조사법을 수행하기 어렵다.

셋째, 참여관찰법인데, 이 조사법은 연구자가 해당 연구집단에 직접 참여하여 관찰하는 것으로, 현지의 특성을 직접적으로 경험하는 특성을 보인다. 그럼으로써 해당 현지가 지니는 맥락에 근거한 연구참여자들한테서 나온 심층적이고 개별적인 자료를 구하는 데 용이하다. 연구참여자나 해당 문화집단에 대한 외부자 시각뿐만 아니라 내부자 시각도 알 수 있어 유리하다. 그렇지만 연구자의 편견이 개입된 해석이나 결론을 내릴 수 있다는 단점이 있다.

넷째, 면담법은 연구자가 현지의 연구참여자를 면대면으로 대화하는 방법으로 캐묻기(probing)가 가능하므로 깊이 있는 자료수집에 유리하다. 그렇지만 연구참여자의 적극적인 참여 의지가 있어야 하며, 연구자나 연구참여자 모두 시간적 소요가 보장되어야 한다. 또한 연구참여 동의 절차가 복잡하고 까다롭다. 아울러 연구 참여에 대한 대가와 보상이라는 측면에서 비용이 많이 들어간다는 단점이 있다.

다섯째, 실험조사법은 연구대상자에게 실험이라는 처치를 한 후 그 과정 또는 결과를 관찰하는 방법이다. 물론 연구대상자를 위한 윤리 준수 측면에서 문제가 될 수 있어서 처치 이외의 모든 변수가 통제되어야 한다. 그럼으로써 변수의 관계를 보다 확실하게 밝힐 수 있고, 해당 처치 및 자극의 효과를 관찰할 수 있다.

위와 같이 여러 다양한 자료수집 방법이 존재하지만 문화기술지 연구가 채택하고 있는 연구수행을 위한 주요 자료수집법은 문헌연구법, 참여관찰법, 면담법 등이다. 그런데 문헌연구법은 질적연구와 양적연구 모두에게 사용되며 사회과학이 아닌 일반적인 모든 연구에 해당된다. 이에 따라 문화기술지 연구논문의 연구방법 영역을 집필할 때 문헌연구법은 연구설계 과정에 기술하지 않는다. 오히려 이론적 논의 혹은 이론적 배경 영역의 선행연구를 기술하거나 서론 영역에 '선행연구 분석' 부분을 두고 기술하기도 한다.

2. 참여관찰 과정 기술방식

이은숙(2013)은 연구참여자의 일상을 긴밀하게 관찰할 수 있다는 가정에서 참여관찰을 중심으로 자료수집을 진행하였다. 연구참여자 4명 모두의 가정을 방문하여 자연스러운 분위기에서 연구참여자와 그들의 가족생활을 관찰할 수 있었고 평균적으로 2-6시간 정도 머물며 관찰하였다. 각 가정마다 1-2회 정도로 한정하여 방문하였으며 가정의 분위기 및 가족생활 환경, 가족들의 얼굴 표정 등을 관찰했을 뿐만 아니라, 연구참여자의 남편 및 자

녀들과 대화와 식사를 하며 참여관찰을 시행하였다. 특히 연구참여자들의
가정뿐만 아니라 친족 및 이웃과의 관계에서 드러나는 생활상을 관찰하기
위하여 연구참여자들의 가족들과 함께 소풍을 가기도 하였다. 일상의 삶이
이루어지는 자연스러운 현장에 참여함으로써 친척들과 연구참여자 발언의
진솔함을 가족 관계 속에서 확인할 기회로 사용하였다. 소풍을 가는 날에
는 소풍을 준비하는 아침 7시부터 소풍을 마치는 저녁 6시까지 함께 하면
서 야외활동, 대화와 식사에 참여하여 하루의 전 일과를 집중하여 관찰하
였다. 참여관찰을 할 때는 필기구 및 메모장, 녹음기와 노트북을 준비하였

표 7-1. 참여관찰 기록 예시(이은숙, 2013)

관찰번호	1
관찰참여	연구참여자 C, 배우자, 자녀1, 2
일 시	2012년 8월 8일(10:30~18:00). 6시간 30분
장 소	연구참여자 C의 가정

관찰내용	주요 관찰 쟁점
연구참여자 C는 면담이 진행되는 동안에도 거실 겸 주방에서 남편을 위한 점심식사를 준비하고 있다. (중략) 오늘은 한국과 베트남의 퓨전음식을 한다고 한다. 베트남에서는 돼지 뼈를 가지고 만드는데, 한국에서 돼지꼬리가 매우 싸기 때문에 미리 사다가 얼려 놓았다가 사용한다고 한다. 베트남에서는 이러한 재료를 사다가 미리 얼려 놓지 않으나, 한국 상황에 맞게 재료를 싸게 구입할 수 있을 때 미리 사다가 얼려 놓았다고 한다. (중략) 한국에서는 뚜껑을 덮고 오래 끓이기 때문에 국물이 뿌옇게 나오는 것과 다르게 베트남식으로 뚜껑을 열고 끓인다고 한다. (후략)	- 연구참여자 C가 받아들인 한국 문화는 어떤 것이며, 어떻게 받아들이게 되었는가? - 연구참여자 C가 자국의 문화를 버리고 한국문화를 받아들인 것은 무엇이며, 왜 받아들이게 되었으며, 어떻게 받아들였는가?

분석과 해석

- 그녀는 배우자의 식생활에 대해 막중한 책임감을 가지고 있다. (중략) 그녀는 언제나 남편의 점심을 직접 챙긴다.
- 반찬은 시누에게 배워서 남편의 입맛에 맞게 하려고 노력한다고 하였다.
- 그녀의 식탁은 한국과 베트남의 음식문화가 섞인 퓨전요리가 상시 음식으로 자리 잡고 있다고 하였다. 그 외 베트남 음식은 친정어머니에게 물어 보아 만든다고 하였다.
- 본국에서는 재료를 그때그때 마련하였으나, 한국에서는 재료를 구입할 기회가 생겼을 때 나중을 대비하여 구입하고 냉동실에 보관한다. 이렇게 하면 재료가 쌀 때 구입하게 되기 때문에 가정경제에 도움이 된다고 자신만의 비법처럼 이야기를 하였다.

고 관찰 후에는 바로 내용을 기록하여 내용을 상세하게 담아내고자 하였다. 〈표 7-1〉은 이은숙(2013)에서 참여관찰 기록과 이에 대한 분석과 해석이 어떻게 이루어지고 있는지를 보여주고 있다.

〈표 7-1〉에서 보는 바와 같이 연구자가 현장에서 보고, 듣고, 느낀 것을 자신의 연구 노트에 바로 기록한 후 관찰 내용을 중심으로 주요 관찰 쟁점이 무엇이었는지를 기록하였다. 이를 통해 집중해서 보아야 할 문화적 현상이 무엇인지 스스로 질문하고 분석과 해석의 과정을 거쳐 자료를 정리하였다. 관찰내용에는 연구참여자의 말과 행동을 구체적으로 기록하였고, 연구문제에 맞추어 연구참여자의 경험을 해석하고자 끊임없이 질문을 통해 집중하였음을 볼 수 있다.

차명희(2020)는 본 연구의 목적을 도출해내기 위해 2019년 9월부터 2020년 2월까지, 총 6개월 동안 연구참여자 14명과 보조 연구참여자 8명에게 참여관찰과 심층면담을 통해 자료를 수집하였다. 이에 관한 세부 사항은 다음과 같다.

첫째, 입소 시설에서의 자료수집은 시설 내의 프로그램 참여관찰 자료, 시설 안에서의 메커니즘과 청소년들 간, 직원 간, 청소년들과 직원 간의 역동을 중심으로 자세히 관찰하였다. 이 과정에서 자료의 확보를 위해 시설의 홍보지 등을 수집하였다. 제6호 보호처분 시설은 24시간 생활형 공간이므로 1주일에 1회 정기적으로 방문하였고 1회당 4시간 이상이 참여관찰에 소요되었다.

둘째, 20세-29세 청년들의 퇴소 이후의 삶의 경험에 대한 자료수집은 일대일 심층면담을 통해 연구참여자들의 삶의 자리를 위주로 하여 가족 내의 역동과 사회생활에서의 갈등, 역동에 대한 세밀한 묘사가 이루어지도록 주의하며 관찰하였다. 이 과정에서 연구자는 집단과 개인이 공유하는 문화의 고유한 행위가 무엇이며, 어떠한 환경 속에서 이루어지고, 그 원리는 무엇이며 어떠한 사고체계로 이루어지는지를 염두에 두고 질문하며 자료가 포화 상태에 이를 때까지 수집하였다.

김기화(2015)는 자료수집을 위해 참여관찰과 심층면담 그 외 문서자료, 홈페이지, 사진자료를 수집하여 보조 자료로 활용하였다. 참여관찰을 위해 연구자는 2013년 3월 26일 시설연구에 대한 동의를 받기 위해 현장에 처음 방문하였으며, 본 연구의 자료수집 기간은 2013년 6월부터 2014년 4월까지 총 11개월이다. 연구자는 자연스럽게 라포를 형성하고 신뢰 관계를 구축하기 위해 여름방학 기간 자녀들에게 보충학습지도를 실시하였다. 초등학생 자녀들을 대상으로 주 2~3회에 걸쳐 방과 후 학습지도를 하였다. 내용을 살펴보면 초등 저학년 5명에게는 받아쓰기, 학교숙제, 일기쓰기, 그림그리기 활동을 진행하였고 초등 6학년 남자아이들 3명에게는 영어학습지도를 실시하였다. 연구자는 이를 통해 자녀들과 라포를 형성하였고 현장의 분위기를 파악할 수 있었으며 시설에서 더이상 낯선 사람이 아닌 친숙한 사람으로 받아들여졌다. 또한 시설의 사무국장이 중재자 역할을 해주어 연구참여자들과의 신뢰 형성에 긍정적 영향을 주었으며 심층면담에도 도움이 되었다.

김기화(2015)는 일상생활 참여를 통한 참여관찰을 하였다. 이는 계획적이고 구조적이기보다 상황에 따라 수시로 이루어졌으며 연구자는 현장에 머무는 동안 상황에 따라 유연하게 다양한 관찰자로서의 입장을 취하였다. 보충학습 지도 시간 보다 일찍 현장을 방문하여 자녀들의 학습지도를 마친 후 일상생활에 대한 참여관찰을 시도하고 보충학습 지도 일정이 없는 날은 수시로 현장을 방문하여 일상생활을 관찰해 나갔다. 주 참여관찰 장소는 공동생활 공간인 프로그램실, 놀이터, 앞마당, 식당, 사무실 등으로 시설 생활의 다양한 장면들을 관찰하였다. 또한 시설 내 주일예배, 풍물놀이 프로그램, 'Home Comming Day' 행사 등과 공동식사, 여가시간과 같은 비공식적인 일상을 함께하며 그들의 생활 세계에서 자료를 수집하였다. 먼저 일상생활에 참여하며 광범위한 서술관찰을 하였고 그 가운데 포착한 몇 가지 의미있는 상황에 대해 집중관찰을 실시하였다. 마지막으로 발견되는 핵심적인 문화에 대해 선별관찰을 실시하였다. 연구자는 현장에서 보고, 듣

표 7-2. 참여관찰 기록 예시(김기화, 2015)

일 시		2013년 7월 24일(월) pm12시 30분 ~ 3시	
참여관찰내용	연구자가 관찰한 내용	일상생활 참여관찰 1. 연구자가 현장에 도착했을 때 자녀(남아,5세)가 사무실 의자에 누워 있음. 사무실 직원에게 자녀에 대해 물었을 때 열이 나고 몸이 아파서 사무실에 있으며, 아버지에게 연락을 하여 일을 하다 들어오고 있다고 함. 참여자 아버지와 면담을 마치고 사무실에 와보니 아버지가 병원에 데리고 갔다고 함. 2. 오후 1시 쯤 참여자 아버지(#1)가 이사(시설퇴소)를 하고 있었음. 원래 3월 퇴소 예정이었으나 방과후 자녀돌봄 문제가 해결되지 않아 퇴소 일정이 늦어짐.	
		내부자적 관점	외부자적 관점
	연구자의 느낌	1. 일을 하다 자녀가 아프다는 연락을 듣고 시설에 들어왔는데, 자녀돌봄이 시설 안에서 완전히 이루어지기를 바라고 있었음.	1. 아버지들이 밖에서 일하는 시간 동안 시설의 자녀돌봄에 대한 적극적인 역할수행이 필요하다고 생각함
		2. 아동기 자녀를 둔 아버지는 방과후 돌봄서비스를 제공하는 학교를 찾느라 퇴소가 지연되었는데 자녀에 대한 돌봄 문제를 걱정함.	2. 부자가족이 시설퇴소 이후 자녀의 발달단계가 유아기나 아동기인 경우 양육문제를 다시 겪게됨.
참여관찰 후기		1. 시설이 자녀들에게 안전한 보호체계 역할을 수행하고 있으나 자녀돌봄 전담 인력이 부재하여 프로그램이 없는 대부분의 시간 동안 여가나 놀이를 하고 지내고 있어 체계적인 자녀돌봄 제공과 같은 아동복지 차원에서의 적극적인 서비스가 필요함. 2. 퇴소 이후 아버지가 귀가하는 시간까지 자녀가 혼자 방임되는 시간이 많고 야간일이나 주말 근무시 자녀돌봄 공백이 발생되지 않도록 한부모가족 자녀의 방과후 돌봄지원이 확대되어함.	
		퇴소를 '이사한다'라고 표현하였는데 시설을 공적체계로 인식하기보다 삶을 이루었던 생활 터전으로 수용하는 것으로 해석됨.	
다음 참여관찰을 위한 계획		7월 26일(수): 공동식당에서 입소자 가족들과 저녁식사를 함께하며 참여관찰을 이루기 위해 사무국장에게 식사시간 참여에 대한 동의를 구함.	

고, 느낀 것들을 바로 메모하였으며, 현장을 떠나 즉시 참여관찰일지를 작성하여 현장에 대한 생생함을 〈표 7-2〉와 같이 기록으로 남겼다.

최문호(2019)의 현지조사는 예비 연구와 본 연구, 두 단계 나눠서 진행되었다. 2014년 11월 11일부터 2015년 3월 초까지 4개월 동안 매주 화요일 〈뉴스타파〉를 방문하며 예비 연구를 수행하였다. 연구자는 두 번의 기획 회의에 참관, 식사와 회식, 술자리 동행을 통해 〈뉴스타파〉 구성원들과 얘기를 나누었으며, 일부 참여자와는 탐색적 면담도 할 수 있었다. 연구자는 예비 연구를 통해 〈뉴스타파〉를 최종 연구참여자로 확정할 수 있었다.

연구자는 〈KBS〉를 퇴직하고 〈뉴스타파〉의 구성원으로 합류한 2016년 3월 21일부터 2017년 6월 31일까지 약 1년 3개월 동안 본 연구를 진행하였다. 연구자는 연구자 자신이 그 집단 및 문화의 한 사람으로 활동하며 참여하는 총체적 참여관찰을 통해 연구를 진행하였다. 연구자는 참여관찰 시 관찰내용을 최대한 상세하게 기록하기 위해 노력하였고 관찰자인 동시에 참여자였기 때문에 관찰된 사실과 연구자의 주관적 판단을 최대한 구분하여 기록하고자 노력하였다. 처음에는 매일 관찰기록지를 작성하며 최대한 넓게 〈뉴스타파〉와 취재팀의 생활 세계 구석구석(출·퇴근 시간, 누구와 식사하는지, 〈뉴스타파〉 내 공간 활용, 참여자들이 중요하게 생각하는 것, 어떻게 무리 지어 관계를 맺는지 등)을 이해하려고 하였다. 이후 연구문제와 관련하여 참여관찰 폭을 좁혀가며 깊이 있는 자료를 얻고자 하였다. 연구자는 참여관찰에 있어 스프래들리(1980)의 서술관찰-집중관찰-선별관찰 순을 따랐으며 점점 범위를 좁혀가며 자료의 포화에 이를 때까지 자료를 수집하였다. 다만 본연구의 한계점으로 구체적인 참여관찰에 대한 기록을 제시하지 않아 관찰이 이루어진 구체적인 장소 및 상황, 관찰 횟수, 시간 등을 파악할 수 없었다.

표 7-3. 참여관찰 기록 예시(최문호, 2019)

〈자료 94〉 기획회의 대화 중에서(2016년 8월 1일)
참석자 1: 이왕 한 번 하는 거 단편적인 거 말고 좀 구조적으로. 지금 어쨌든 재벌 시스템이
한국경제에 유용한가 이런 근본적인 질문부터 시작해 가지고.
참석자 2: 지금 기획의도가 그거예요. 한국 경제에 더 이상 재벌 시스템이 유효하지가
않더라. 경쟁력 제고를 위해서라도 일단 개혁해야 한다. 전체 주장은 그거입
니다.

표 7-4. 취재일지 예시(최문호, 2019)

〈자료 175〉 정재원의 취재일지 중에서 취재를 다음 단계로 나아가게, 깊어지게 하는
비결은 다른 게 아니다. 가능성이 작계라도 있는 부분을 검토해서 발품 팔아서 부지런하게
모조리 만나고 다니는 것, 그것이 거의 유일한 비결이다. 상대에게 내가 "같이 할 만한
믿을만한 사람이다"라는 믿음을 주는 것은 부차적이지만 중요한 요소.

박광옥(2018)은 문화기술지 자료수집을 위해 심층면담, 포커스 그룹, 참
여관찰 등의 방법을 활용하였다. 다른 질적연구방법과 차이점이 있다면 입
장, 일과 일 지식 등 방법론적 장치를 사용하여 발달장애인의 고용서비스
경험의 사회적 조직화에 대한 자료를 수집하였다. 박광옥(2018)은 심층면담
을 통해 수집된 자료의 내용을 확인하고, 면담을 통해 파악하기 어려운 자
료를 수집하기 위한 목적으로 참여관찰을 실시하였다. 이 연구의 참여관찰
은 심층면담 실시 한 달 후부터 이루어졌으며 약 두 달(2018.2.28.-4.40)에 걸
쳐 진행되었다. 관찰 장소는 발달장애인들이 참여하고 있는 기관이며 연구
자는 참여관찰을 하기 전 관찰 장소 관계자와 발달장애인에게 연구자의 신
분을 밝히고 참여하였다고 하였으나 서비스 기관과 제2수준 정보제공자들
의 참여관찰 동의에 대한 부분, 현지조사 계획 수립과 절차에 대한 부분은
상세하게 설명되어 있지 않고 있다. 참여관찰은 발달장애인이 이용하는 고
용서비스 전 과정(초기면담에서부터 취업 후 적응지원)에서 1-2회 정도 이루어졌으
며 서비스 담당자와 사전에 서비스 진행 일정 등을 논의한 후 참여하였다.

박광옥(2018)에서 연구자는 발달장애인의 고용서비스 이용 과정에 참여하여 서비스 기관의 분위기, 서비스 제공자와 발달장애인과의 상호작용, 서비스 제공자의 실천 내용과 진행 방식, 발달장애인의 서비스 기록, 사용되는 텍스트와 텍스트를 통해 상호 조율되는 실천내용 등을 관찰하였고 수집된 자료를 참여관찰 기록지에 작성하여 분석에 활용하였다. 박광옥(2018)은 참여관찰의 내용을 비교적 상세하게 논문에 제시하고 있는데 이는 발달장애인이 복지서비스 이용 과정에서의 대화, 작성한 텍스트 분석, 관련자들과의 상호작용 등을 파악하고 해석하는 데 활용하고 있다. 다음 〈표 7-5〉는 박광옥(2018: 71)의 참여관찰 내용의 일부이다. 연구자는 발달장애인과 그의 어머니, 그리고 기관 담당자가 초기면담을 하는 장면을 관찰하여 삼자 간 나눈 대화와 행동을 그대로 묘사하여 논문에 제시하였다.

표 7-5. 참여관찰 기록 예시(박광옥, 2018)

〈참여관찰 내용_ 2018. 4. 4〉
초기면담 담당자는 '초기면담지'에 제시된 '희망직종'이라는 항목에 대한 답을 얻기 위해 "희망하는 직종은 뭐예요?", "어떤 직종을 희망하세요?"라고 질문을 하였다. 그러나 발달장애인이 입을 떼기도 전에 어머니가 "지금 뭐 그런 게 있나요? 복지관 다니는 것만으로 감사하죠."라고 답변하였다. 그러자 초기면담 담당자는 발달장애인에게 적절한 답변을 기대할 수 없어서인지 아니면 어머니가 자녀를 가장 잘 안다고 생각해서인지 더 이상 발달장애인에게 묻지를 않고 '초기면담지'에 '없음'이라고 적었다.

김진미(2019)는 노숙인 지원기관에서는 일하는 실무자라는 특정 위치 때문에 꽤 장기간 자연스레 현지조사와 현장관찰이 이루어질 수 있었다. 약 1년의 기간 동안 지속적으로 기관별 조직구성 및 분위기, 의사소통의 방법 등을 관찰하며 문제 틀을 발견할 수 있었다. 또한 각 기관별 일을 진행하는 방식, 문제를 조정하는 과정, 각 기관이 텍스트들과 이를 통해 조율되는 내용도 자연스럽게 관찰할 수 있었다. 연구자는 8월부터 10월까지 3개월 동안 면담에 참여한 남성 자활시설 1개소를 주말마다 방문하여 노숙인의 일상적인 생활, 실무자들과의 응대 과정 등을 관찰하였다. 연구자는 여성 노숙인을 지원하는 세팅에서 일하고 있기에 이를 비교하면서 구체적이고 사실적인 양상을 파악하고자 하였다. 이 과정에서 제도적 관계가 배태된 일상이라고 관찰되는 내용들은 일지형식으로 기록하여 두었다.

문화기술지 연구방법론에서는 자료해석 및 연구결과의 신뢰성 확보를 위해 현지조사와 현장관찰에서의 상세한 내용을 기술한 기록지가 반드시 필요하다. 그러나 김진미(2019)의 연구에서는 현지조사와 현장관찰에 관한 일정은 기술되어 있으나, 현지조사에서의 기록지를 포함한 현지조사 이전의 계획 단계, 과정 절차, 자료수집 분석에 대한 해석 과정이 상세히 기술되어 있지 않았다.

일상적 문화기술지는 연구참여자 혹은 집단의 공유된 문화를 중심으로 참여관찰이 이루어지는 반면 제도적 문화기술지는 입장(standpoint)과 문제틀(problematic), 일 지식(work knowledge), 텍스트(text) 등 방법론적 장치를 사용하여 연구참여자의 일상에서 '실제'를 파악하고자 하는 것이다. 일상적 문화기술지와 제도적 문화기술지의 참여관찰 내용을 살펴보면 다음과 같다. 먼저 일상적 문화기술지로 작성된 이은숙(2013), 차명희(2020), 김기화(2015), 최문호(2019)는 연구참여자의 현장으로 들어가 그들과 일상을 함께하며 자료를 수집하고 보고 듣고 느낀 것들을 메모하였다. 그리고 바로 참여관찰일지를 작성하여 현장에 대한 생생함을 최대한 상세하게 담아내고자 하였다. 참여관찰 기간은 짧게는 4개월에서 길게는 15개월 동안 이루어졌으며, 참여관찰 횟수는 연구참여자별 1~2회 이루어진 경우(이은숙, 2013)와 주 1회 또는 주 2~3회 등 정기적 방문을 통해 이루어진 경우(차명희, 2020; 김기화, 2015), 장기간 내부인으로 생활하는 경우(최문호, 2019)로 나누어졌다. 수집된 참여관찰 자료로는 참여관찰일지를 기본으로 하였으며 김기화(2015)의 경우 홈페이지 사진 자료를 보조자료로 활용하기도 했다.

다음으로 제도적 문화기술지의 참여관찰 내용을 살펴보면 면담 위주의 자료수집을 먼저 한 뒤 면담으로 파악하기 어려운 자료를 수집하기 위한 목적으로 참여관찰이 실시되었다. 특히, 현상에 대한 원인을 연구참여자에게서 찾지 않고, 사람들을 관리하고 질서 짓는 제도적 맥락 아래에서 이해하려 하였다. 참여관찰에서는 면담에서는 보이지 않는 행동의 실제 모습을 관찰할 수 있으며 일의 조건과 맥락, 뉘앙스를 파악할 수 있다(김인숙, 2017). 참여관찰과 심층면담은 경우에 따라 참여관찰 후 심층면담, 심층면담 후 참여관찰, 참여관찰과 심층면담 병행 등 두 개의 자료수집 방법이 연구자와 연구참여자의 상황에 따라 다양하게 실시될 수 있다. 그렇기 때문에 연구자는 현지조사를 설계할 때 정교한 계획이 필요하며, 이 계획에 우발적인 상황을 대비할 수 있는 차선책도 미리 수립해야 한다.

3. 심층면담 과정 기술방식

이은숙(2013)의 연구에서는 참여관찰과 함께 심층면담을 주된 자료수집 방법으로 활용하였다. 면담 장소는 참여자의 가정생활의 모습과 친족들과의 만남을 겸하여 대화를 할 수 있고 라포를 형성하기 위해 반드시 1회는 연구참여자의 가정에서 실시하였으며 연구참여자가 주로 이용하는 평생학습시설의 세미나실을 주로 이용하여 자연스러운 상황에서 면담할 수 있는 장소를 선정하고 있다. 연구자는 결혼이주여성들의 사회문화적 맥락과 학습경험 현상을 반영할 수 있는 대화를 통해 학습경험을 심층적으로 탐색하였다. 심층면담은 면대면으로 진행되었으며 총 5차례에 걸쳐 이루어졌다. 포괄적 내용을 시작으로 점차 선택적, 집중적으로 면담 대상자와 면담 내용을 선정하고 있음을 알 수 있다.

면담은 2012년 7월 29일부터 시작하여 11월 25일까지 4개월에 걸쳐 실시하였다. 각 면담 차수에 따라 면담 내용과 목표, 방법이 다르게 설정되었다. 1차 면담은 대략 10일에 걸쳐 이루어졌으며 연구참여자들과의 친밀감을 형성에 주안점을 두고 비구조화된 방식으로 진행하고 있다. 이때는 학습경험 현상에 대한 질문을 중심으로 면담을 진행하였으며 가족생활과 가족생활의 어려움, 극복의 과정 등 연구참여자의 가족생활에 대한 질문을 심화시켜 나가면서 국제결혼의 계기와 가족생활의 생생한 이야기를 수집하였다. 2차 면담은 연구참여자 가족들과 함께 소풍을 가거나, 가정을 방문하여 식사를 같이 하면서 실시하였다. 1차 면담의 내용을 발전시켜 가정생활에 대한 구체적 이야기를 듣고, 결혼과 출생, 자녀 양육과 보육의 어려움, 극복 방법 등에 대한 이야기를 중심으로 면담을 진행하였다. 3차 면담은 가족생활에서 힘들었던 점과 이를 극복한 방법을 중심으로 질문하였고, 4차 면담은 추가 질문이 필요한 연구참여자에 한하여 실시하였다. 마지막 5차 면담은 전사 이후 의미가 모호하거나 연구참여자의 의미를 확인하는 과정에서 4명의 연구참여자 모두를 대상으로 전화로 실시하였다. 매회 면담을 통해 자료를 정리하고 정리된 전사자료를 바탕으로 추후 면담에서 다루어야 할 내용을 추출하고 있음을 알 수 있고, 면담의 질문 또한 포괄적인 내용에서 점차 심층적인 경험에 대한 내용으로 집중되고 있다.

차명희(2020)는 심층면담을 진행함에 있어서 연구참여자의 주체적 삶의 모습을 탐색하기 위해 탄력적이고 상황 대응적인 개방형 질문과 비구조화된 질문을 사용하였다. 하지만 빠트릴 수 있는 질문을 보완하기 위하여 반구조화된 질문을 동시에 사용하여 심층적으로 자료를 수집하였다. 2019년 9월부터 2020년 2월까지 개인당 총 5-6회, 1회기당 평균 120분의 면대면 심층면담을 수행하였다. 보조 연구참여자의 경우에는 개인당 1회로 실시했으며 평균 30분-60분 정도가 소요되었다. 매회 면담은 연구참여자의 동의

표 7-6. 심층면담 현장일지(김기환, 2015)

연구참여자 No.	아버지 2.
장소	시설내 방과후 프로그램실
일시(면담소요시간)	2013년 7월 11일 pm 4시 30분 ~ 7시 5분(2시간 35분)
준비과정	시설 사무국장을 통해 1차 연구참여 동의를 받음. (면담시간 전달받음) 연구참여자에 대한 기본적인 정보 파악 (상담기록지 제공받음) (전)직업: 00, 자녀: 남/대학교 1학년, 시설거주 기간: 약 1년
연구참여자 개별적 특성	시설 설립 주체인 인천교회를 통해 시설을 소개받고 입소하게 됨. 배우자와의 이혼으로 목회 일을 하지 못하게 되어 상실감이 큼. 현재는 일자리를 확보하기 위해 다른 분야의 취업 교육을 받고 있음.
연구참여에 대한 특성	연구참여에 대해 긍정적이며 적극적인 태도를 보임. 면담 후 깊은 대화를 나눌 대상이 없었는데 자신의 삶에 대해 이야기하게 되어 좋았다라고 긍정적 반응을 보임.
연구자의 느낌	아버지로서 책임감이 강하고 자녀에 대해 헌신적임. 시설생활에 대해 만족하고 있었는데 경제적 문제 완화, 심리적 안정, 자녀와의 관계가 긍정적으로 변화됨.
면담 후기	양부모 가족 해체에 대해 심리적 어려움이 컸으며 이를 극복하기 위한 노력이 이루어지고 있음. 이혼으로 인한 스트레스로 시설입소 후 정신과 상담을 요청하여 치료를 받았음. 시설 입소 전 부자가족으로서 삶의 경험에 대해 회고하며 눈물을 여러 번 보임. 연구자는 감정이입과 동감으로 참여자의 이야기를 존중하였는데 연구참여자와 신뢰를 형성하고 진솔한 면담을 이끄는 데 도움이 되었음. 목회자라는 직업 특성이 면담 전반에 영향을 미쳤는데 대부분의 면담질문에 신앙적 내용이 많이 포함됨.
다음 면담을 위한 계획	자녀의 연구참여에 대한 동의 및 허락을 받음.
기타	면담을 마친 후 연구자에 대한 직업, 결혼유무, 종교, 연락처 등 질문을 하였는데 여성연구자의 특성이 연구수행 과정에 어떠한 영향을 미칠 수 있는지를 생각해봄. 연구자와 참여자와의 적절한 관계유지에 대해 고려해봄.

를 받아 녹음하였고, 현장노트를 사용하여 연구과정, 참여관찰에서 받은 느낌, 생각들을 기록하여 녹취록 작성 시 도움을 받았다. 개인 심층면담 시 연구참여자의 구술에 대해 경청하며 라포를 형성하는데 주의하여 연구참여자가 안정된 구술을 할 수 있도록 도왔다. 또한 면대면 심층면담에서는 개인이 살아온 삶의 과정과 가족 간의 역동을 살펴보았다.

김기화(2015)의 연구에서 심층면담은 반구조화된 면담질문으로 시설입소 경위, 시설생활 경험, 가족관계, 적응과정에서의 긍정적·부정적 요인, 시설 퇴소 이후의 경험 등으로 구성되었다. 연구자는 사무국장을 통해 1차 심층 면담에 대한 구두동의를 받았으며 면담시간과 장소를 안내받았다. 또한 연구참여자에 대한 사회·인구학적 특성, 가족관계, 시설생활, 직업특성 등에 대한 사전정보를 제공받았으며 이를 바탕으로 심층면담을 풍부하게 진행할 수 있었다. 시설을 퇴소한 참여자들의 경우 'Home Comming Day' 행사 때 시설장으로부터 소개받아 추후 면담일정을 정하고 심층면담을 진행하였다. 면담 장소는 대부분 시설의 프로그램실, 사무실 같은 조용한 장소에서 이루어졌으며 퇴소한 참여자의 경우 참여자의 집 근처 카페에서 이루어졌다. 아버지 참여자에 대한 면담은 평균 2시간 소요되었으며 자녀들은 연령에 따라 상이하게 나타났다. 고등학생, 대학생은 1~2시간, 중학생은 1시간 미만, 초등학생은 30분~1시간 미만이었다.

　최문호(2019)는 심층면담에서 반구조화된 질문지를 사용하였다. 기술 관찰에서 선택관찰로 연구의 폭이 좁아지면서 면담 질문의 내용도 조금씩 수정해갔다. 연구 진행 과정에서 연구자는 예상과는 달리 난관에 부딪혔는데 연구자는 〈뉴스타파〉의 내부자로서 대부분의 참여자들보다 선배이며 직위도 높아 연구에 제한점이 되었다. 현지조사를 시작한 지 3~4개월 이후부터 심층면담을 시도했지만 효과적이지 않다는 판단 아래 면담을 중단했다. 1년이 지나면서부터 어색함이 사라졌고 면담을 재개할 수 있었다. 그제서야 참여자들에 대한 심층적 이해에 도움이 되는 자료들을 얻을 수 있었다. 연구자가 면담을 진행하며 유념한 점들은 다음과 같다. 첫째, 연구목적에 대해 연구참여자들에게 정직하게 말하되 세부적인 설명은 하지 않았다. 둘째, 연구참여자들의 생활을 방해하지 않도록 면담일정을 정했다. 셋째, 연구참여자들이 연구자에게 "내가 무슨 도움이 되겠는가?"라는 질문을 할 때

표 7-7. 심층면담 사례 예시(최문호, 2019)

〈자료 12〉 선배 집단 한 명과 심층면담 중에서(2017년 5월 24일)
후배들이 낸 아이템은 뭐 이를테면 내가 많이 해봤으니까 해봤는데 이거는 아니야, 지금은
약간 불요불급이야, 뭔가 너는 정곡을 찌르지 못하는 거 같아, 그러니 이거는 그냥 때로는
그런 거 있잖아요 수시로 하자. 그러면서 지금까지 애들이 따라왔던 측면들이 어느 순간에
불신으로 작용하고 그거를 풀지 못한 것들이 저는 있다고 봐요.

"탐사보도를 잘하고 못하고가 중요한 것이 아니라 탐사보도를 하면서 개인
이 느낀 것들을 알고 싶은 것"이라고 대답했다. 넷째, 연구참여자가 공개하
기를 원하지 않는 내용은 결과에 포함하지 않으며 면담내용에 대한 익명처
리를 약속하였다.

　박광옥(2108)의 연구에서는 심층면담의 목적을 '정보제공자의 일과 일 지
식을 수집하려는 분명한 목적'에서 실시되어야 한다는 제도적 문화기술지
의 지침을 따라 발달장애인의 구체적인 고용서비스 경험의 상황과 맥락,
제도 등의 일 지식을 수집하고 관련되는 텍스트와 텍스트 간의 관계성 등
을 수집하였다. 심층면담은 사전 면담과 본 면담으로 나뉘어 진행되었는데
사전 면담은 초기 문제 틀을 형성하여 조직화 탐색의 가능성을 검토하여
면담 질문과 진행 방식 등의 보완사항을 파악하는 데 활용하였다. 본 면담
은 제1, 2수준의 정보제공자 31명을 대상으로 2018년 2월 28일부터 4월
30일까지 두 달 동안 실시하였고 개인당 1-2회, 90분 이내로 진행하였다.
심층면담 내용은 고용서비스 경험과 관련된 구체적 내용, 이용과정에서 사
용되는 텍스트 자료로 구분되며 발달장애인 참여자가 최대한 이해하기 쉬
운 용어로 관련 자료와 단서를 제시하며 질문하였다. 박광옥(2018)에서 다
룬 심층면담은 고용서비스 진입과 서비스 이용, 서비스 종결 과정의 범주
에 따라 마련되었으며 각 범주당 5-6개의 주요 질문을 준비하였다. 연구자
는 제도적 문화기술지의 특성상 심층면담에서 수집되어야 하는 자료가 구
체적 고용서비스 경험의 내용을 다루어야 해서 발달장애인 정보제공자에

게 고용서비스 경험을 순차적이고 상세하게 말해 달라고 요청하였다. 관련 인 심층면담은 발달장애인의 면담 내용에 따라 결정되었으며 발달장애인 의 고용서비스 경험과 조직화에 관여된 질문으로 구성되었다.

박광옥(2018)은 관련인 심층면담에서도 추상적이고 학문적 용어보다 상 세하게 이야기해줄 것을 요청하여 자료의 구체성을 확보하고자 하였다. 두 집단 모두 참여자 동의하에 녹취가 이루어졌다. 박광옥(2018)의 연구에서는 자료수집에 텍스트 수집이 추가되어 있다. 이는 제도적 문화기술지의 특징 으로 관련되는 텍스트를 발견하고, 텍스트와 텍스트의 상호연결성을 살펴 보기 위한 연구목적을 달성하는 데 있어 중요하기 때문이다. 이 연구에서 텍스트 수집은 발달장애인이 고용서비스를 이용할 때 텍스트의 사용 방법, 관련 텍스트와의 상호관계성에 집중하여 이루어졌으며 심층면담과 참여관 찰을 통해 수집되었다. 이 연구에서 수집된 텍스트는 각종 서비스 서식, 서 비스 도구 및 재료를 포함하여 텍스트를 만드는 데 기여를 하거나 영향을 주는 것으로 법령과 시행규칙(6종), 제도 및 지원사업(8종), 주무부처 지침 및 시스템(6종), 서비스 기관 지침과 서비스 서식 등(15종)이다.

김진미(2019)의 노숙인에 관한 면담내용은 거처를 찾고 유지하는 과정에 대한 노숙인의 일 경험이 어떠한가에 관한 것과 그 과정에서 어떻게 제도 적 관계와 접점을 형성하는지에 관한 것이다. 주요 노숙인 면담내용으로는 노숙을 하게 된 상황, 노숙 상황에 놓인 이후 주거지를 찾기 위해 무엇을 어떻게 했는지 전체 과정, 노숙 상황에 놓인 이후 이 상황을 타개하기 위해 어디에 어떤 도움을 청하였였는지 전체 과정, 노숙 상황에 놓이기 전후, 공 적 복지에 접근하였던 경험, 노숙 상황에 놓인 이후 찾았던 사회 서비스, 노숙 상황에 놓인 이후 노숙인복지 서비스를 찾고 이용한 경험, 노숙인복 지 서비스 중 노숙인시설을 찾고 이용한 경험, 노숙인시설 거처 생활을 유 지하기 위해 한 노력, 현재 거처에서의 일과의 생활유지를 위한 활동, 지금의 거처와 다른 독립적 주거를 마련할 계획이나 준비활동으로 구성되어 있다. 다음으로 노숙인을 돕는 노숙인복지체계 내에서 기관들의 방침과 실천가들의 실천에 관련한 일 경험에 관한 면담구성은 노숙인 복지지원 실천과 관련한 상세한 업무내용, 진행하는 구체적 과정, 업무를 진행할 때 관여되는 사람들과 구체적으로 연결되는 상황, 일을 수행하는 데 전제되는 조건들, 일을 수행할 때 주안점 등에 관한 것으로 구성하였다. 주요 실무자 면담내용은 소속기관 내 지위와 기관의 미션을 실현하는 과정에서 주요 역할과 업무, 노숙인의 보호나 재활/자활을 지원하는 일을 실제 어떻게 하고 있는지에 대한 구체적 내용과 과정, 기관의 예산과 인력 배치, 관련 지자체나 정부와의 관계, 관련 법이나 지침과의 관계, 기타, 언론 보도 등과 실천내용 등으로 구성되어 있다.

이 외에도 일 과정에서 드러난 텍스트의 작동 양상을 이해하기 위한 면담도 진행되었다. 일 과정에 개입된 텍스트의 종류를 파악하고, 그것이 어떤 단계에서 어떻게 쓰이는지를 파악하고자 했다. 면담을 진행한 장소는 각 기관 상담실과 프로그램실, 회의실 등이었고, 면담할 때마다 대략 90분 내외로 진행하였다. 노숙인의 거처 찾기와 유지를 중심으로 면담을 수행했기 때문에 1차 면담이 끝나면서 거처의 변화가 생기면 연락을 하고 2차 추가 면담을 진행하기로 하였다.

우리는 상기 문화기술지 연구 분석 대상들에서 일상적 문화기술지는 주로 개방형을 질문을 중심으로 반구조화된 질문지를 사용하여 심층면담이 이루어진다는 것을 알 수있다. 또한 제도적 문화기술지는 '정보제공자의 일과 일 지식을 수집하려는 분명한 목적'에서 심층면담이 이루어져 반구조화된 질문지를 통해 면담을 실시함을 확인할 수 있다.

먼저 일상적 문화기술지로 작성된 이은숙(2013), 차명희(2020), 김기화(2015), 최문호(2019)는 연구참여자를 대상으로 개방형과 반구조화된 질문을 통해 심층면담이 진행되었으며 면담 횟수는 5~6회(이은숙, 2013; 차명희, 2020)였으며 김기화(2015), 최문호(2019)는 면담 횟수에 대한 표기가 기술되지 않았다. 면담 시간은 1~1.5시간이었으며, 김기화(2015)의 경우 아동에서 청소년에 해당하는 자녀그룹 연구참여자가 있어 연령에 따라 면담 시간이 조절되었다. 심층면담은 연구참여자의 동의를 받아 녹음하였으며, 현장노트를 사용하여 연구 과정과 느낀점, 연구자의 생각 및 성찰을 담아 다음 면담 질문을 구성하는 데 활용하였다. 면담 장소는 대부분 연구참여자의 문화공유공간이었으며 때때로 연구참여자 집 앞 카페 혹은 그들의 가정에서 이루어졌다.

다음으로 제도적 문화기술지의 심층면담은 주로 반구조화된 질문지를 활용하며 연구참여자의 일 지식을 발견하는 데 초점을 두고 진행한다는 특징이 있었다. 수집내용은 경험의 상황과 맥락, 제도 등의 일 지식이며 관련된 텍스트와 텍스트 간의 관계성이다. 면담의 유형이 사전 면담과 본 면담으로 진행된 경우 사전 면담은 초기 문제 틀을 형성하여 조직화 탐색의 가능성을 검토하고 면담 질문과 진행방식 등의 보완사항을 파악하는 데 활용된다. 즉, 면담을 통해 수집된 자료를 초기 분석한 후 분석결과에 따라 다음 자료를 수집하는 것으로(김인숙, 2017) 제도적 관계 및 일 지식을 확인하고 확장하면서 자료를 수집하는 것이다. 연구참여자별 면담 횟수는 연구참여자별 1~2회 정도였으며 면담 시간은 각각 1.5시간이었다. 연구참여자의 동의하에 녹음을 진행하였으며 면담 외에도 텍스트를 함께 수집하여 분석하였다.

자료분석 및 연구윤리 기술방식

1. 자료분석과 연구윤리의 의미

문화기술지 연구의 자료분석은 현지조사에서 얻어낸 다양한 자료들을 기록화하고 이를 분류하고 분석하고 해석하는 과정까지를 포함한다. 일반적으로 사회·문화 현상 탐구의 구체적인 절차는 양적연구, 질적연구, 혼합연구 등 어떤 방법을 선택하느냐에 따라 차이가 있다. 그러나 대부분 사회과학 연구는 문제 제기에서 시작하여 자료를 수집하고 분석하여 결론에 이른다. 이 흐름 속에서 자료분석은 연구자가 수집된 자료를 분류하고 정리하는 과정을 통해 자료 속에 포함된 의미와 가치를 이해할 수 있다.

문화기술지 연구에서는 주로 질적연구에 토대를 둔 자료분석을 시행한다. 따라서 연구자는 수집된 자료를 바탕으로 현지 문화집단 구성원의 행위 이면에 어떤 의미가 담겨 있는지를 탐색하고 해석해낸다. 이 과정에서 혹여 연구자의 가치가 개입되면 해당 현상을 객관적으로 서술하기가 어렵고 사실을 왜곡할 수 있다. 그렇게 되면 바람직한 연구결과를 도출하기가 어렵다. 연구자는 이 단계에서 자신이 기대하는 결과를 얻기 위해 자료의 분석을 조작할 가능성이 있다. 그래서 연구자는 이론적 논의를 통해 자신이 선택한 패러다임과 이론적 렌즈를 정리시킬 필요가 있다. 또한 자료분석 단계에 제3자에 의한 검증이 필수적으로 요망된다.

연구자는 우선 현지에서 수집된 관찰일지 및 면담 자료 일체를 분석하여야 하는데, 이 자료들에 대하여 정확한 검토를 통해 개념을 밝히고 속성과 차원을 발견해야 한다. 그리고 현상에 이름과 주제를 붙이고 범주화 작업을 통하여 방대한 자료들을 축소해 나가야 한다. 이는 공통된 개념의 의미를 추상화하는 범주화 작업이다(Strauss & Corbin, 1998).

면담자료에 한하여 자료분석 절차를 기술하면 연구자는 우선 전사한 면담자료를 개별 부분으로 분류하여 반복해서 읽어가면서 유사성과 차이점에 대해 비교한다. 이때 의미 있는 진술에 밑줄을 그으며 개념을 찾는다. 이후 줄 단위 분석을 사용하여 한 구절, 한 단어까지 자세히 검토하여 개념을 도출하고 이를 정리한다(박신애, 2016). 이와 더불어 문장 및 문단으로 확대하여 그 속에 포함된 중심 생각을 확인한다. 이런 과정을 통해 자료가 개념적으로 유사하거나 의미상 관련되어 있다고 판단되는 사고 및 사건, 상호작용 등을 '범주화' 한다. 이렇게 나타난 범주들을 한 단계 더 추상화하여 상위범주들을 찾아내고 이들의 속성과 정도의 영역을 매개로 서로 연결하는 작업을 실시하고 동시에 개념에 대한 이름을 명명하고 속성과 차원에 따라 발전시킨다(박정숙, 2014).

최근 들어 방대한 질적연구 자료분석을 위한 대표적인 도구인 Nvivo 등을 활용하기도 한다. 그러나 질적연구에서의 연구도구가 연구자인 만큼 연구자가 견딜만한 자료의 양이라면 직접 자료분석을 하는 것이 질적연구다운 분석이다. 전사록을 분석할 때 아래 한글(HWP)에서의 메모 달기, 엑셀 자료 처리 기능으로도 원활하게 자료분석 작업을 행할 수 있다.

문화기술지의 연구방법 파트 기술에서 연구수행 시 연구자가 연구참여자에 준수해야 하는 윤리적 태도나 자료분석 시 자신의 주관성과 편견을 배제하기 위한 객관성 유지에 관한 내용과 연구의 신뢰성 확보를 위한 노력들을 기술해야 한다.

최근 들어 모든 사회과학적 연구, 정확하게 인간을 대상으로 하는 연구에서는 기관생명윤리위원회의 연구윤리 권고를 준수해야 하는 분위기가 있으며, 학위 논문의 경우에는 심사위원회에서 소위 기관생명윤리위원회(IRB) 심의를 요구하기도 한다. 중요한 것은 심의라는 형식적인 것보다 질적연구자가 정말 자신의 연구참여자를 소중하게 생각한다는 차원에서 접근해야 한다. IRB에서는 연구자의 연구계획과 연구과정을 연구참여자에게 자세히 설명하고 연구과정에 동참 여부를 자율적으로 결정할 수 있도록 한 연구참여자 보호 조치인 셈이고, 연구자에게는 윤리지침인 셈이다.

2. 자료분석 과정 기술방식

이은숙(2013)은 심층면담 및 참여관찰에서 얻어낸 자료의 내용을 바탕으로 언어적·비언어적 표현을 모두 기록하여 전사하여 연구참여자별로 원자료를 생성하였다. 원자료는 주제별 분석 및 종합 기술문을 참고하여 리찌(Ricci, 2000)의 3단계 분석절차를 일부 수정 보완하여 수집된 자료를 정리하여 분석하였다.

1단계에서는 심층면담 전사자료를 반복하여 읽으며 의미 단락을 구분하고 의미 단락을 대표하는 의미기술문을 연구질문과 관련된 기술문으로 작성하여 삽입하되 원 문장과는 구분되게 하였다. 의미기술을 바탕으로 주제를 만들고, 주제는 연구참여자의 면담 내용 중 암시적 또는 명시적 현상을 중심으로 연구자가 중요하다고 판단한 것을 추출하였다. 예를 들어 연구참여자 A의 진술문의 원자료(진술문 20번) 중 "기억은 문제없는데(호호~) 미음이라던가 그런 거는 그러한 부분에 있어서는 아직까지 듣고 그렇게 이야기를 하니까 말하기... 만약에 상대방이 이름을 들었을 때 그런 거는 거의 그거

(미음 등의 발음)하기가 아직까지 좀 어려워요..”라고 한 것을 〈발음 등 변별
자질 구분과 듣고 쓰기의 어려움〉으로 의미기술문으로 만들고 이를 [언어
의 딜레마]로 주제를 추출하였다. 언어의 딜레마는 앞서 이론적 논의에서
다룬 전환학습 단계에 해당하며 이주민들이 전환학습을 시작하게 되는 근
본적인 상황이 된다. 이와 같은 형식으로 연구참여자의 진술을 각각 의미
기술문을 거쳐 주제를 추출하였다. 연구자가 사용한 의미기술문과 주제 추
출표는 다음 〈표 8-1〉를 통해 확인할 수 있다.

표 8-1. 의미기술문과 주제 추출 예시(이은숙, 2013)

면담번호	원자료	의미기술문	주제
# A-20	기억은 문제없는데(호호~) 미음이라던가 그런 거는 그러한 부분에 있어서는 아직까지 듣고 그렇게 이야기를 하니까 말하기... 만약에 상대방이 이름을 들었을 때 그런 거는 거의 그거(미음 등의 발음)하기가 아직까지 좀 어려워요.	발음 등 변별자질 구분의 어려움. 듣고 쓰는 부분의 어려움	언어의 딜레마
# C-107	우리 아버지가 술 많이 드시고 집에 와서 엄마한테 한 번도 부드러운 소리를 안 하셨어요. 욕만 하고 때리고 그래서 그러는 거 싫어해요. 남편한테 제발 좀 싸우지 마~ 그렇게 살기 싫어. 남편이 하는 말이 그래도 같이 살면서 안 싸우면 더 재미가 없다 가끔씩 싸워줘야 돼. 한번 싸우면 정이 더 든다 그래요.	부부간의 싸움에 대한 관점의 차이 확인	이성적 담화

　참여관찰 자료를 분석하는 데 있어서 관찰내용에 따른 주요 관찰 쟁점을
기록한 후 연구자가 기록한 내용을 중심으로 분석과 해석을 작성한 것으로
기술되어 있다. 이은숙(2013)은 참여관찰 기록의 예를 제시하여 참여관찰에
따른 주요 쟁점이 무엇인지 확인할 수 있게 하였으나 분석과 해석란에 기
술한 내용은 연구참여자의 행동을 요약하여 기술한 정도로 작성되어 있어
심도 있는 분석과 해석을 찾아볼 수는 없었다. 또한 참여관찰을 통해 수집
된 자료가 어떻게 분석과정에 활용되었는지에 대한 내용이 누락되어 있어
자료분석이 심층면담 자료에 치중된 것처럼 보여지는 부분이 미흡한 것으

로 판단된다.

표 8-2. 참여관찰일지 기록 일부 예시(이은숙, 2013)

관찰번호	*1
관찰참여	연구참여자 C, 배우자, 자녀 2명
일시	2012년 8월 8일(10:30-18:00) 6시간 30분
장소	연구참여자 C의 가정

관찰내용	주요 관찰 쟁점
오늘은 한국과 베트남의 퓨전 음식을 한다고 한다. 베트남에서는 돼지 뼈를 가지고 만드는데 한국에서 돼지꼬리가 매우 싸기 때문에 미리 사다가 얼려 놓았다가 사용한다고 한다. 베트남에서는 이러한 재료를 사다가 미리 얼려 놓지 않으나 한국 상황에 맞게 재료를 싸게 구입할 수 있을 때 미리 사다가 얼려 놓았다고 한다. 재료를 끓일 때도 일부러 뚜껑을 덮지 않는다. (중략) 이러한 한국식 반찬은 배우자의 누나인 시누에게 배웠다고 한다.(후략)	- 연구참여자가 받아들인 한국 문화는 어떤 것이며, 어떻게 받아들이게 되었는가? - 한국 문화와 자국 문화를 섞어서 만든 새로운 문화가 있다면 어떤 것이며, 어떻게 만들게 되었는가? - 자국의 문화를 버리고 한국 문화를 받아들인 것은 무엇이며, 왜 받아들이게 되었으며, 어떻게 받아들였는가?

분석과 해석
- 그녀의 식탁은 한국과 베트남의 음식 문화가 섞인 퓨전 요리가 상시 음식으로 자리잡고 있다고 하였다. 그 외 베트남 음식은 친정어머니에게 물어보아 만든다고 하였다. - 본국에서는 재료를 그때그때 마련하였으나, 한국에서는 재료를 구입할 기회가 생겼을 때 나중을 대비하여 구입하고 냉동실에 보관한다. 이렇게 하면 재료가 쌀 때 구입하게 되기 때문에 가정경제에 도움이 된다고 자신만의 비법처럼 이야기를 하였다.

분석절차 2단계에서는 연구자가 연구의 목적과 연구참여자들의 학습경험이 무엇이며, 그 학습경험이 무엇을 의미하는지에 집중하여 주제를 추출하였다. 이 단계에서는 의미기술의 과정에서 연구자의 상상력과 직관, 은유를 활용하였다. 이 과정에서 연구자의 개인적 주관성이 강조된다는 점을 우려하여 동료 연구원들에게 연구문제와 추출된 자료의 분석에서 주제별 범주화가 제대로 이루어졌는지에 대해 삼각검증의 과정을 거치고 있다. 이러한 과정을 거쳐 자료를 수정하고 고찰한 뒤 마지막 3단계에서는 주제의 범주화한 내용에 따라 주제별로 기술문을 작성하고 주제에 따라 결과를 추출하였다.

차명희(2020)는 본 연구의 자료분석을 위해 총체적 문화기술지의 방법에 따라 문화기술지의 자료분석 방법인 '이해'를 염두에 두고 연구참여자들의 집단의 구성원을 이해하기 위해 연구자가 도출하고자 하는 주제를 중심으로 자료를 분석하는 기술적 분석과 특정 이론의 관점에서 기술하는 이론적 분석 두 가지를 모두 사용하였다.

차명희(2020)는 두 가지 방법을 사용하는 이유에 대해 연구참여자들의 행동이나 사고의 이면에는 그들만의 공통된 관점이나 이론과 관련지을 수 있는 독특함이 있을 수 있어서 있는 그대로의 기술적 관점이 필요하며, 그 행위를 뒷받침할 수 있는 특정 이론과 관점을 통해 보다 폭넓은 분석을 할 수 있다고 보았다. 이를 위해 연구참여자들의 일상에서의 대화, SNS 영상 자료, 일기, 편지, 사진 등과 주변인들의 자료 등도 분석에 활용하였다. 특히, 본 연구에서는 특정 집단에 초점을 두고 그들 문화를 이해하는 데 중점을 두는(신경림 외, 2004) 총체적 문화기술지 방법에 따라 자료를 분석하였다(권지성, 2017). 이 과정에서 '청소년기에 범죄를 한 경험이 청년기 사회적응에 어떻게 통합되는가?'에 중점을 두고 전체와의 상호연관성 맥락에서 그 사회구성원이 표출한 행동의 의미와 다양한 관계에 집중하였다. 경청한 자료는 제6호 보호처분 시설에 오기 전, 시설 내, 시설을 퇴소한 후의 시간을 중심으로 분류하였다. 분류한 자료들에 대해서는 연구참여자의 경험 세계의 인과성이 잘 드러나도록 연구자의 객관성과 가치 중립적인 입장에서 신뢰성과 타당성 확보를 위해 노력하였다.

김기화(2015)는 부자가족 복지시설에 대한 문화기술적 연구와 부자가족에 대한 생애사적 연구가 혼합되어 있어 스프래들리(Spradley, 1980)의 발전식 연구단계(Developmental Research Sequence, D.R.S)에 따른 12단계를 따랐으며 질적연구 분석방법에서 주로 사용되는 의미 범주화를 통해 주제를 도출하였다. 전사자료를 반복해서 읽으며 의미기술문장들을 추출하였고, 의미기술문장을 영역별로 분류하여 범주화하였다. 마지막으로 부자가족이 겪은 주요사건을 중심으로 시기를 구분하여 주제를 도출하였다.

스프래들리의 발전식 연구단계(D.R.S)에 따른 12단계의 내용은 다음과 같다. 1~3단계는 자료수집 단계로, 1단계는 연구에 주 정보제공자인 연구참여자를 선정하는 단계이며, 2~3단계는 문화기술지의 자료수집 방법인 심층면담, 참여관찰 그리고 다양한 자료수집을 하는 단계이다. 4~5단계는 연구현장의 전체적인 맥락을 파악하는 단계로 참여자들의 일상생활세계에서 공통된 언어와 문화를 발견하고 탐색한다. 7~10단계는 의미 있는 상황을 포착하여 집중관찰과 심층면담을 통해 얻은 자료를 분류 및 대조하여 주제를 발견하는 단계이다. 11단계에서는 위의 단계에서 나타난 영역 간의 관계를 살펴보고 전체적인 문화적 주제를 도출한다. 마지막 12단계는 문화기술지 글쓰기 단계이다.

김기화(2015)는 연구과정에서 처음에는 주로 서술적 질문과 관찰을 바탕으로 광범위한 초점으로 시작하다가 7~10단계까지는 중요한 상황이 포착되면 질문이나 관찰범위를 초점화시켜 이를 분석하고 질문내용을 보완했으며 상황에 따라 필요한 영역의 자료수집과 분석을 통해 순환적 과정을 거쳤다. 이와 같은 단계를 거쳐 주제를 추출하였으며 소주제, 주제 묶음, 주제 방식의 귀납적방법을 통해 다음 〈표 8-3〉과 같이 결과가 도출되었다.

표 8-3. 연구결과 분석내용(김기화, 2015)

시기	주제	주제 묶음	소주제(sub-theme, 개념)
양부모 가족	가족축소의 변화: 무력한 이혼과 확고한 자녀양육 의지	양부모가족 유지의 좌절	1. 경제력 문제로 위축됨
			2. 배우자의 일탈에 대한 무력감
		자녀양육에 대한 의사 결정	1. 양보할 수 없는 양육권리
			2. 주양육권의 회복
부자가족 (시설	부자가족의 위기 상황에 직면:	이혼으로 인한 사회적 고립	1. 이론에 대한 인식
			2. 가족붕괴로 인한 심리적 어려움

입소전〉	아버지로서의 정체성 혼란	양육역할을 위한 분투	1. 자녀양육을 위해 마음을 다잡음
			2. 자녀양육과 경제활동 양립의 어려움
			3. 자녀양육 지지체계에 대한 절실함
			4. 삶의 여유가 박탈됨
		부자녀 관계의 긴장상태 유발	1. 새로운 역할 수행의 부담감
			2. 자녀의 부적응
시설 입소	위기를 극복하기 위한 돌파구 찾기: "시설은 동아줄"	시설입소에 대한 복합적 심경	1. 시설에 대한 편견
			2. 성공적인 자녀양육과 경제적 자립에 대한 기대
		시설입소 과정	1. 시설에 대한 정보획득 및 탐색
			2. 자녀의 동의
			3. 시설입소 공식절차 밟기
시설 생활	가족세우기: 부자가족 복지시설 생활을 통한 자립준비	공동체 생활에 적응	공동체 생활의 규칙: 불편하지만 당연한 것
		부자가족으로서 안정적인 삶을 이루기 위한 시작	1. 절망적인 삶을 추수르고 안정을 찾음
			2. 자립을 위한 시작: 안정적인 일자리 확보
			3. 자녀양육에 관한 체계적인 서비스 욕구
			4. 시설에 대한 양가적 의미
			5. 자녀에 대한 통찰을 갖기 시작함
		자녀의 발달에 따른 시설생활 유형	1. 아동기 자녀의 아버지: 비공식적 공동 양육 형성
			2. 청소년기 자녀의 아버지: 독립적 생활
시설 퇴소	미완의 퇴소준비	시설 퇴소에 대한 심경	1. 시설퇴소에 대한 불안함
			2. 부족한 시설거주 기간
시설 퇴소후	부자가족으로서 독립된 삶에 도전	퇴소이후의 적응유형: '직업요인'	1. 긍정적 적응: 안정적 일자리 확보
			2. 부정적 적응: 불안정한 일자리에 머무름
		미래삶에 대한 소망	자녀의 성공적인 삶을 소망함

최문호(2019)는 월코트(Wolcott, 1992)와 조용환(1999)이 제안한 기술과 분

석·해석으로 나누어 분석하였다. 첫째, 기술은 제4장과 5장에서 〈뉴스타파〉에서는 무슨 일이 어떻게 일어나고 있는지에 관한 내용으로 구체적으로 〈뉴스타파〉의 취재팀은 누구이며, 탐사보도를 어떻게 만들고 있으며, 어떤 소명을 가졌는지 육하원칙에 맞춰 서술적 이야기(storytelling)로 구성하였다. 둘째, 분석은 제6장과 7장에 해당된다. 수집된 자료를 코딩하는 과정에서 초기에는 '개방적 코딩(open coding)'으로 정해진 카테고리들이 없는 상태에서 자료를 전체적으로 훑어보며 반복되거나 또는 중요하다고 판단되는 장면이나 대화, 어휘 등을 선택하여 정리하였다. 그다음으로 카테고리 하나하나를 중심축에 놓고 자료들과 다른 카테고리들을 수렴시켜 가는 '중추적 코딩(axial coding)'과 지금까지 검토한 모든 카테고리를 하나의 체계 속에 정리하고 그 체계에 따라서 자료들을 일목요연하게 정리하는 '선택적 코딩'을 거쳤다. 이는 한 번으로 끝나는 과정이 아닌 순환적 과정을 거쳤다. 특히 논문의 구조와 목차가 구체화 되면서 이를 염두에 두면서 코딩 자료를 보완해 나갔다. 셋째, 해석은 8장에 해당된다. 8장에서는 앞의 기술과 분석 내용을 종합하여 새로운 의미를 발견하고 거시적, 이론적, 실천적 차원에서 연구자의 주관적 해석을 시도하였다.

최문호(2019)의 6장 기술에서 심층면담과 관찰일지 내용 코딩분석 외에도 보도내용을 분석, 〈뉴스타파〉 해지 회원의 가입연도 분석, 신규회원 가입 수와 보도내용 분석을 통하여 보도와 회원 유지 간의 관계를 분석하였다. 또 기획회의 참여관찰을 통해 토론에서 언급된 '재미' 표현의 의미를 분석하여 판단기준을 살펴보기도 하였다. 7장 분석에서는 이론적 렌즈인 소명의식과 가치자유 관점에서 존경받는 언론인인 스톤, 리프만, 최승호를 비교분석함으로써 소명의식과 가치자유의 차이적 특성을 확인하였으며 내용은 다음 〈표 8-4〉와 같다.

표 8-4. 소명의식과 가치자유의 차이 비교 분석(최문호, 2019)

언론인	최승호	스톤	리프만
직업정신	소명의식	소명의식	전문직
실천윤리	신념윤리＋책임윤리	신념윤리＋〉책임윤리	신념윤리〈책임윤리
가치실천	자유	자유, 함몰	배제
가치연관	성역 없음	일부 성역 존재	주류 집단 이슈
가치토론	목적과 수단 적합성 검증	때로 목적이 수단을 정당화	목적보다 수단의 정당성 중시
가치평가	적극	적극	제한
보도특성	이념성	이념성, 정파성	사실성, 중립성
언론인 유형	선지자	선지자, 광신도	사업가

박광옥(2018)의 연구에서는 제도적 문화기술지의 특성에 따라 시퀀스 분석[1](sequential analysis) 방법이 사용되었다. 제도적 문화기술지의 자료분석 시 중요한 것은 사람들의 경험에 대한 해석이 아니라 상이한 위치에 있는 정보제공자들의 일 지식의 차이 파악, 텍스트의 조직화 양상이기에 연구자는 해석을 배제하고 정보제공자들의 고용서비스 경험과 조직화 양상의 시퀀스를 찾아 연결하여 묘사하였다.

이 연구에서는 심층면담 내용 전사록, 참여관찰 기록지, 수집된 텍스트를 분석에 활용하였다. 박광옥(2018)의 자료수집 및 분석과정은 다음과 같다. 심층면담과 참여관찰을 통해 고용서비스 과정을 정리, 서비스 이용단계별로 서비스 경험을 상세하게 파악, 이 과정에서 산출되는 텍스트와 관련인들이 직·간접적으로 이용하는 텍스트를 파악하였다. 파악된 텍스트와 일과 일 지식의 자료를 '텍스트-일'의 결합 양상을 중심으로 분석하고 텍스트 간의 위계관계를 살펴 다음 단계의 일과 텍스트에 어떠한 영향을 미치

---

1. 시퀀스 분석 방법은 모든 사회적 행위와 상호작용들이 일어나고 전개되는 곳에 사회적 질서(social order)와 구조가 있다는 존재론적 입장에 기반하여 어떤 현상과 사물을 이해하기 위한 장면들을 찾아 지도를 그리듯이 재구성하는 방법이다(김인숙 외, 2014).

는지 파악하여 텍스트의 시퀀스에 따라 조정되는 고용서비스 경험을 분석하였다. 이 과정에서 조직화 양상에 관련되는 심층면담과 참여관찰 자료 내용을 발췌하고 제시하여 해석하는 데 사용하였다. 마지막 단계를 관련 문헌을 검토, 조직화 양상과 담론 및 체제와의 관련성을 분석하였다. 이상의 과정을 거쳐 산출된 자료를 바탕으로 스토리 형태의 글로 작성하고 그림으로 도식화하여 조직화 양상을 분석하였다.

김진미(2019)는 제도적 문화기술지는 삶이 제도적인 것에 얼마나 얽혀있는지를 보여주는 방법론으로서, 시퀀스 분석을 핵심 도구 연구를 진행하였다. 김진미(2019)는 노숙인의 거처 찾기와 유지하는 활동을 노숙인의 일로 보고, 일 지식 속에서 나타나는 노숙인의 거주 양상, 노숙인 복지 체계 작동 흐름 및 실제를 파악하였다. 이를 위해 우선 제도적 문화기술지의 개념 틀에 맞추어 응답자들의 일지식을 보여주는 경험을 제도적 접근으로 이해하기 위해 노력하였으며, 문제 틀의 기반이 되는 내용을 정리하였다.

김진미(2019)의 연구에서는 '회전문 현상'이 노숙 탈피의 지체 현상을 말하는 비유로 통용되고 있는 것과 관련하여, 노숙인 전달체계가 설계하고 있는 서비스 공급자들의 합리성이 노숙인 삶의 처지와 복잡한 문제의 상황을 포괄하기에는 단선적이라 보았다. 또한 노숙인에 대한 부정적 시각으로 인해 지원의 사회적 정당성을 확보해야 하는 정책적 부담이 겹치면서 합리적으로 작동되기 힘들 수 있다는 것을 바탕으로 문제 틀을 구체화하는 과정을 거쳤다. 김진미(2019)는 관련 문제 틀을 견지하여 노숙인의 일이 얽혀있는 제도적 질서 내의 '일 과정'을 추적하였으며, 노숙인들의 '일'이 어떤 모양으로 나타나는지, 무엇을 포함하고 있는지, 어떻게 제도적 과정과 제도적 질서로 연결되는지에 질문함으로써 노숙 싸이클을 도는 노숙인의 일 과정에 얽혀있는 제도적 맥락을 파악하고자 노력하였다.

제도적 문화기술지 연구에서는 텍스트를 매개로 조직화되는 제도적 상호연결에 대한 '분석적 묘사'를 바탕으로 '개념적 연결고리'를 찾을 것을 요구하는데, 이는 제도적 문화기술지는 지식이 사회적으로 조직화되는 지식의 물질성에 근거하기 때문이다(Campbell & Gregor, 2004; 김인숙 2017: 109 재인용). 이에, 김진미(2019)는 지식의 물질성은 제도적 관계에서 현장을 움직이는 텍스트 역할, 텍스트를 매개로 움직이는 담론의 작동 양상을 파악하는 것과 텍스트의 작동과 관련하여 노숙인 영역의 특성을 고려하는 것이 필요하다고 보았다.

김진미(2019)는 노숙인복지는 생명과 생존 위기에 몰린 사람들이 상황에 대응하는 것부터 출발점으로 삼고 있다고 보았다. 이에, 타 복지영역에 비해 보호의 긴급성이 크고, 텍스트가 비교적 촘촘하지 않고, 텍스트가 있더라도 엄격하지 않다고 볼 수 없다고 보았다. 또한 노숙인복지 전달체계 내에 있는 개별 기관들이 각 하나의 생명체로서 미션, 비전, 업무규정을 가지고 있으며, 기관 규모의 편차가 심하여 '기관 스타일, 실무자 재량'에 따라 공통텍스트의 적용이 다른 부분이 많은 것을 볼 수 있다. 이렇게 다른 부분은 노숙문제에 대한 기관의 이해 정도와 관점에 따라 다르게 작용될 소지가 있음을 시사한다.

이에 김진미(2019)는 다양한 각 기관의 재량적 활동, 비어있는 텍스트 공간에 노숙담론이 어떻게 구성되고 있는지 파악하고자 하였다. 본 연구를 위하여 참고하고 수집한 텍스트는 다음과 같다. 먼저, 노숙인에게 서비스 제공을 위한 노숙인시설 각 현장에서 사용되어지고 있는 서식들, 행정 자료, 서울시 보고자료 등을 수집하였다. 또한, 노숙인에 대한 서비스 제공이나 기관운영 지침과 방향을 제공할 수 있는 보건복지부 및 서울시 정책부서의 정책자료, 노숙인복지 정책수립에 영향을 미치는 사회적 담론을 확인하기 위한 언론자료, 국정감사 및 서울시의회 활동 자료, 노숙인 지원단체들의 활동자료 등을 수집하였다.

위의 김진미(2019)의 자료분석 방법을 살펴보았을 때 텍스트 분석에 관한 내용은 상세히 기술되어 있었으나 참여조사 및 참여관찰에 관한 기록지와 심층면담에서의 분석 방법에 대한 내용은 미흡하게 기술되었다는 점을 파악할 수 있다.

위 6개의 박사학위 논문의 분석내용을 살펴보면 일상적 문화기술지와 제도적 문화기술지 두 영역에서 자료분석 및 연구윤리 기술방식에 있어서 큰 차이를 확인할 수 있다. 일상적 문화기술지는 심층면담과 참여관찰, 그 외 문서자료 등에서 얻은 자료를 바탕으로 의미 범주화를 통해 주제를 분석하고 도출하였다. 이은숙(2013)은 리찌(Ricci, 2000)의 3단계 분석절차를 따랐으며, 김기화(2015)는 스프래들리(Spradley, 1980)의 발전식 연구단계에 따라 분석하였다. 김기화(2015)는 연구참여자 두 집단의 자료수집 내용을 적응과정 측면에서 각각 분석하였으며, 이은숙(2013), 차명희(2020)는 자료수집 내용을 바탕으로 기술적 분석과 특정 이론을 바탕으로 한 이론적 분석 두 가지 차원에서 분석하였다. 최문호(2019)는 결과기술 단계에서는 육하원칙에 맞게 서술적 이야기로 구성하였고, 결과분석 단계에서는 개방적 코딩, 중추적 코딩, 선택적 코딩의 과정에 따라 의미를 분석하고 순환적 과정을 거쳤다. 또한 결과해석은 "연구자가 이해한 방식으로 독자가 이해하게 하는 일"로써 연구자의 주관적 이해와 판단의 개입이 자유로워 이전 단계와 차별화되었다. 최문호(2019)는 연구기술에 따른 분석의 내용을 3가지 관점에서 제시하고 4~8장까지 결과를 기술하였다. 결론에서는 연구결과를 요약하고 함의와 한계점을 제언함으로써 다른 문화기술지 논문 분석과 결과기술에 있어 차이를 보였다.

다음으로 제도적 문화기술지(박광옥, 2018; 김진미, 2019)는 모두 시퀀스 분석방법을 사용하였다. 시퀀스 분석 방법은 모든 사회적 행위와 상호작용들이 일어나고 전개되는 곳에 사회적 질서(social order)와 구조가 있다는 존재론적 입장에 기반하여 어떤 현상과 사물을 이해하기 위한 장면들을 찾아 지도를 그리듯이 재구성하는 방법이다(김인숙 외, 2014). 제도적 문화기술지 연구자들은 자료분석 시 연구자의 이해와 해석이 아닌 상이한 위치에 있는 정보제공자들의 일 지식의 차이 파악, 텍스트의 조직화 양상을 중점으로 분석하고자 하였다.

3. 연구윤리 확보의 기술방식

이은숙(2013)에서는 다음과 같은 절차로 연구윤리를 확보하고 있음을 설명하고 있다. 연구자는 면담 전 연구참여자에게 전화를 이용하여 면담 장소와 시간, 면담진행 방법에 대해 설명하고 면담 내용에 대한 녹음에 대해 사전 동의를 구하였다. 면담이 약속시간 보다 늦어질 수 있음을 주지시켜 연구참여자에게 사전에 양해를 구함으로써 신뢰를 구축하였다. 면담 당일에는 연구참여자의 가정생활과 생업에 부담을 줄이고자 도착 예정시간을 미리 알려주었고 면담 시작 전 다시 연구 취지, 연구참여 동의서에 날인을 받고, 녹음에 대한 동의를 구하였다. 면담 참여 중 불편할 경우 언제든지 중단할 수 있음을 알리고 연구참여자의 집중업무시간을 피하여 오후, 일과 이후, 주말과 휴일을 활용하고 있다. 연구참여자의 말에 긍정적 수긍을 하며 들었고, 연구참여자의 이야기를 다시 축약하여 설명함과 동시에 그 내용이 연구참여자가 의도한 내용과 일치하는지 확인을 거쳤다. 그러나 본 논문이 사회적 취약계층을 연구대상으로 삼는다는 점을 염두에 둘 때 IRB 심사와 관련된 내용이 빠져 있어 연구윤리 확보에 대한 부분이 미흡해 보인다.

차명희(2020)는 연구 진행에 앞서 연구참여자에게 연구 참여의 부작용이나 연구의 위험성 여부, 연구를 중단할 수 있는 권리, 개인정보에 대한 비밀보장, 익명성 보장 등에 대해 상세히 고지하였다. 덧붙여 연구참여자가 연구를 통해 학문과 사회에 기여할 수 있음을 알리고 동의서를 받은 후 연구를 진행하였다. 연구윤리확보를 위해 보건복지인력개발원과 서강대학교에서 연구윤리교육을 이수하였으며 서강대학교의 기관생명윤리위원회(IRB)의 승인을 받았으며, 승인번호를 명기하였다.

연구참여자에게 소정의 선물을 지급하였으며 연구자의 향후 사회적 기여에 대해서도 고지를 하였다. 연구의 신뢰성과 타당성을 높이기 위해 자료수집 과정에서 연구참여자의 비언어적 행동, 무의식적인 행위에 관한 참여관찰에 충실함으로써 응답 과정에서 일어날 수 있는 오류를 최소화할 수 있도록 노력하였다. 또한 직접관찰을 할 경우 연구참여자와 함께 사전에 식사를 하며 외부자에 대한 경계를 낮추고 신뢰감을 형성하기 위해 노력했다. 연구의 엄격성 확보를 위해 삼각검증(triangulation)으로 연구자료의 해석, 판단오류 등의 최소화(Mathison, 1988: 13)를 위해 노력했다. 이를 위해 사회복지 교수 1인과 연구 진행과정에서 토의를 통해 자문 과정을 거쳤으며 전사된 자료는 연구참여자들의 재확인 과정을 통해 연구의 엄격성을 확보할 수 있도록 하였다.

김기화(2015)는 연구의 신뢰성과 타당성을 확보하기 위해 연구참여자 검증과 외부연구자 그룹의 검증과정을 거쳤다. 또한 연구자의 선입견과 편향을 검토하고 자료수집과 분석과정에 영향을 미치지 않도록 하였다. 자료수집은 개별 심층면담, 참여관찰, 시설의 기록, 사진, 블로그, 시설 간행물, 신문 기사 등을 활용하여 자료의 삼각화를 이루었고 자료가 포화상태에 이르렀을 때 종료하였다. 또한 연구자는 현장노트, 참여관찰일지, 성찰일지를 기록함으로써 연구과정을 검토하여 신뢰성을 확보하였다. 연구윤리 확보를 위해 연구참여자에 대한 자발적 동의와 참여자의 권리를 확보하기 위해 연구를 시설에서의 연구를 공식화하였고 아버지를 대상으로 심층면담 참여에 대한 동의를 얻었다. 특히 자녀가 미성년자인 경우 연구참여자의 세심한 권리보호를 위해 보호자인 아버지와 자녀의 동의를 받았으며 자녀의 연구참여를 동의한 아버지들에게는 자녀에게 질문할 내용을 공지하였다. 이때 자녀의 연구참여를 동의하지 않는 경우 미성년 보호자의 권리확보와 연구윤리 준수를 위해 자녀의 연구참여를 더 이상 권유하지 않았다.

최문호(2019)는 연구의 신뢰도와 타당도 확보를 위해 후버만과 마일스(Huberman & Miles, 1994)의 과학적 해석을 위한 5가지 지침을 따랐다. 첫째, 확실하지 않은 주장을 배제할 것, 둘째, 주요 발견을 다시 한번 검토할 것, 셋째, 대안적 설명이 가능한지 검토할 것, 넷째, 반증 자료가 있는지 체크할 것, 다섯째, 참여자와 전문가에게 보이고 타당성을 검토받을 것이다(조용환, 1999, p. 65 재인용). 연구자는 〈뉴스타파〉 내 동료 검증을 통해서 연구의 신뢰성을 확보하고자 하였다.

최문호(2019)는 연구윤리 확보를 위해 〈뉴스타파〉 내 의사결정체들 가운데 하나인 집행위원회의 논의를 거쳤으며 동의 후 연구를 진행하였다. 연구자는 내부관찰자로서 직접 보고, 듣고, 배우고, 내부자적 입장에서 그들이 지각하고 이해하는 탐사보도의 세계를 경험하고자 노력했다. 연구자의 선입견 및 고정관념이 연구에 영향을 미칠 소지가 있기에 연구자가 소속되어 있는 데이터팀 구성원들은 연구참여자에서 배제하였다. 면담내용 중 참여자가 공개하지 않길 원하는 내용은 결과에 포함되지 않으며 면담내용은 익명으로 처리된다는 점을 분명히 약속하였고 면담을 시작하기 전 모두에게서 연구주제와 목적, 연구방법, 연구자의 책임과 연구에 동의하는 것의 의미 등이 자세히 명시되어 있는 개별 동의서를 받았다. 수집된 자료는 연구자 외 비밀로 하였으며 번호가 있는 외장 하드 드라이브에 저장하였다.

박광옥(2018)은 보건복지부 지정 기관생명윤리위원회(IRB)의 연구승인을 받아 이루어졌다. 심의를 통해 연구계획서의 윤리 위배 부분에 대한 검토, 정보제공자의 선정, 개인정보 및 동의 절차와 비밀보장, 자료보관 및 폐기 방법을 구체적으로 보충하였다고 기술되었다. 조사 전 정보제공자들에게 연구내용과 목적을 설명하고 자발적 참여의사를 밝힌 사람만 연구에 참여하도록 하였다. 녹취에 대한 사전 동의, 면담 중단에 의사 표시 가능, 면담 내용에 대한 비밀보장 등을 안내하였다. 다만 연구참여자에 대한 유익과 불편함에 대한 내용 안내, 연구참여에 대한 보상 등과 관련한 내용은 누락되어 있다.

김진미(2019)는 연구윤리 측면에서 노숙인시설에서 생활하는 사람들을 포함하여 소위 취약한 상태의 사람들에 대한 연구라는 점을 고려하여 참여자의 권리를 보호하는 윤리적 태도와 방법을 취하려 노력하였다. 연구참여자는 연구참여 설명문 및 동의서에 관해 사전에 설명하고 동의를 얻었으며 내용은 연구과제명, 연구목적, 연구참여자와 연구방법, 연구참여 기간(시간과 횟수), 연구참여에 따른 이득과 위험, 참여 중단의 가능성, 개인정보에 대한 비밀보장, 연구자의 이름과 연락처를 포함하고 있다.

위 6개의 문화기술지 연구는 대부분 엄격성을 확보하기 위해 자료의 삼각화, 동료검증, 현장노트, 참여관찰일지, 성찰일지를 작성함으로써 연구과정 검토 등의 과정을 거쳤다. 최문호(2019)는 후버만과 마일스(Huberman & Miles, 1994)의 과학적 해석을 위한 지침을 제시하고 다섯 가지 연구지침에 따라 연구의 엄격성을 확보하고자 하였다.

연구윤리 확보에 대한 기술은 공통적으로 연구동의서를 작성함으로 연구 취지를 설명하고 연구참여자의 권리(연구중단, 취소, 비밀보장, 익명성 보장)를 보장하였다. 그 중 기관생명윤리위원회(IRB)의 승인을 받은 연구는 차명희(2019)와 박광옥(2018) 두 편의 연구로, 특히 결혼이주여성(이은숙, 2013)과 부자가족의 미성년 자녀(김기화, 2015)는 사회 취약계층으로 IRB 사항이 제시되지 않았다. 연구 이후 연구보상에 관한 내용은 차명희(2019)와 박광옥(2018)의 연구에만 기술되어 있다. 이로써 연구참여자의 유익과 불편함에 관한 내용, 보상에 관한 내용을 구체적으로 논문에서 제시할 필요가 있다고 본다.

이주민 문화기술지 프로젝트의 실제

3부

09. 이주민 문화기술지 프로젝트의 연구설계
    1. 연구의 필요성 및 목적
    2. 연구의 내용 및 범위
    3. 연구방법의 설계와 활용

10. 이주민 문화기술지 연구수행 내용
    1. 1차년도 연구수행 내용 및 결과
    2. 2차년도 연구수행 내용 및 결과
    3. 3차년도 연구수행 내용 및 결과

11. 이주민 문화기술지 연구성과와 활용
    1. 연구결과 활용계획
    2. 참여연구진의 연구성과
    3. 다문화융합연구소의 연구성과

12. 이주여성 문화기술지의 형식과 내용
    1. 이주여성 문화기술지 연구개요
    2. 연구방법의 형식과 내용
    3. 연구결과의 형식과 내용

09

이주민 문화기술지 프로젝트의 연구설계

1. 연구의 필요성 및 목적

본 연구는 현재 한국사회가 직면하고 있는 다문화 관련 사회적 이슈들을 효과적으로 해결하고, 다문화 구성원들(결혼이민자, 외국인 근로자, 외국인 유학생, 재외동포 등)과 내국인들과의 사회통합을 목적으로 한다. 이를 위해 다문화 구성원들의 에스노그래피(Ethnography)를 활용한 생활세계 디지털 아카이브 구축과 이들의 사회통합을 위한 총서를 발간하고자 한다. 본 연구는 주류 사회로부터 각종 사회제도에서 소외되고 타자화되어 있는 결혼이민자를 비롯한 다문화 구성원들의 근원적인 삶과 고통을 이해하고, 더 나아가 이들 역시 우리 사회의 일원으로서 공존할 수 있는 미래 지속가능한 사회를 위한 새로운 패러다임을 확립하여 사회통합을 실천하고자 한다.

세계는 정보화와 국제화로 인해 국제적 이주가 자유로워지면서 국가를 떠나 새로운 공간에서 삶을 영위하는 사람들이 많아졌다. 과거의 이주는 일방향적인 이주로 이주국의 문화에 동화를 주장하였다면, 국가적 이주가 다양해지면서 모국과 정주국의 이중적 정체성을 소유하는 등 과거와는 다른 양상을 보이고 있다. 특히 지역과 세계가 연결되고 사람과 사물의 이동 및 개인과 공동체의 만남, 자본과 정보의 교류, 현실과 가상의 공존, 사적인 영역과 공적인 영역의 혼합으로 동질성과 이질성이 혼재된 트랜스내셔

널리즘 현상이 나타나고 있다. 특히 이들의 초국적 유대관계 속에서 사회적 위치와 정체성을 구축해야 하는 상황에 놓여 있다(김영순 외, 2014). 이처럼 초국적 이주는 그동안의 사회통합 패러다임을 바꾸어 놓고 있다. 1990년대 이전 이주민의 문제는 송출국과는 별개의 정주국 내 사회통합의 문제로 분석할 수 있었던 반면, 현대 사회에서 초국적 이주와 함께 벌어지고 있는 이주민의 문제는 그들의 모국과 정주국을 넘나드는 사회·공간적 변화를 만들어 내는 복잡다변성을 띠고 있다.

법무부(2021)에 따르면, 한국사회에 체류하는 이주민은 2021년 2월 기준으로 2,011,259명으로, 체류외국인 중 외국인 등록자는 1,115,608명, 외국국적동포 국내거소 신고자는 467,721명, 단기 체류자는 427,930명이다. 또한 국적별 체류 외국인 현황을 살펴보면, 중국(1,018,074명), 한국계 중국(679,729명), 베트남(176,738명), 태국(153,259명), 미국(143,568명), 우즈베키스탄(62,870명)등의 순으로 나타난다. 이처럼 이주민 현황을 통해 볼 때 한국사회는 이미 다문화사회로 진입해 있으며, 이주민의 증가 추세는 앞으로도 계속될 것으로 전망된다. 이러한 초국적 이주를 통한 글로컬 다문화사회의 형성이라는 현대 사회의 세계화 흐름은 한국사회에서도 같은 양상으로 진행되고 있는 사회적 현상이다. 최병두(2011)에 따르면, 초국적 이주는 새로운 지구-지방적 과정을 배경으로 전개되어 다양한 결과들을 초래한다. 보메스와 모로스카(Bommes & Morawska, 2005)는 초국적 이주와 다문화사회로의 전환은 과거와 구분되는 새로운 시대로써, 이러한 시대를 분석하기 위한 새로운 이론적 패러다임의 개발이 요구된다고 하였다.

캐슬과 밀러(Castles & Miller, 2003)와 최병두(2012)에 따르면, 초국적 이주는 이들이 정주하고 있는 지역과 국가, 그리고 이주해온 지역 및 국가, 그리고 전 세계에 큰 영향을 미치고 있다. 이러한 초국적 이주의 전 세계적 영향 중 경제 영역을 보더라도 이주노동자의 경우 모국과 이주국 모두에 경제성장의 효과를 창출하고 있으며, 인구학적 측면에서도 이주민은 저출산의 대안이 되고 있어 이와 같은 초국적 이주가 긍정적인 영향을 끼치고 있다. 하지만 이주민에 대한 차별과 편견, 처우 개선 문제, 이주민 가정 자녀 대상 정책적·교육적 차원의 대안 제시, 미등록 외국인 문제 등 다양한 문제들이 산적해 있다. 특히, 기존의 한국사회의 사회통합 문제에 있어서 이주민의 생활세계의 면면에서 드러나는 이주민과 정주민의 갈등, 모국과 정주국 사이에서 이주민들이 겪는 국가적·문화적 정체성 문제 등을 간과해 왔다. 외국인의 한국이주는 노동력 수요뿐만 아니라, 재외동포의 귀환과 국제결혼을 통해 이루어졌다.

한국의 국제결혼은 농촌에서 시작하였으나 차츰 도시로 확산되고 있다. 한국에 체류하고 있는 결혼이주민은 2021년 2월 기준으로, 총 168,462명으로 2000년 이후 꾸준히 증가하고 있다. 결혼이주민은 여성이 81.7%를 차지할 정도로 대부분 여성결혼이민자로 이들의 국적은 중국이 35.5%(중국 59,879명, 한국계 중국 22,522명)이며, 다음으로 베트남 26.0%(43,761명), 일본 8.7%(14,651명), 필리핀 7.1%(12,015명), 태국 3.6%(6,001명), 캄보디아 2.8%(4,641명), 미국 2.6%(4,335명) 등의 순으로 나타난다(법무부, 2021).

한국의 다문화정책은 사회적 혜택뿐 아니라 그들의 문화적 맥락까지 동일하게 조정하려 한다는 점이 문제점으로 제기되고 있다. 다문화 구성원들을 다수 주류문화집단과 동등하게 놓기 위해 종족 정체성의 다양성을 강제로 통합하려는 이러한 기존사회의 단일접근법은 결과적으로 새로운 구성원들의 정체성을 묵살하거나 그들만이 지닐 수 있는 문화다양성의 가능성을 부정하는 결과로 이어질 것이다. 아울러 다문화 구성원의 문화정체성에 대한 부정은 종족적 소수에 대한 차별을 불러와 민주적 평등 원칙을 훼손하는 결과를 초래할 뿐 아니라 민주주의 운영을 주도하는 사회의 안정적 발전을 위협하는 잠재적 사회적 갈등 요인이 되고 있다(김용신, 2011; 설동훈·

이병하, 2012; 장인실·박영진, 2015).

　또한 각 구성원이 가진 개별적 내러티브에 관계없이 그들을 집단으로 묶어 이해하려는 태도는 다양한 문화를 하나의 문화로 인식하려는 문제의 소지가 다분하다. 명확한 기준 없이 다문화에 대한 그릇된 이해에 의해 모든 다문화 구성원을 단일한 대상으로 삼을 경우 지속가능한 사회통합 실천에 대한 타당성과 적합성이 현저히 떨어질 것이다. 한국사회는 국제시대에 국제이주로 발생하는 문화의 충돌을 예방하고, 문화다양성을 유지하면서 외국인과 내국인의 사회통합을 이룰 수 있는 방안이 절대적으로 필요한 상황이다. 하지만 현재 이루어지고 있는 사회통합정책과 사회통합프로그램 운영은 결혼이민자에게 치중되고 있을 뿐만 아니라, 이민자의 국가별 또는 문화별 특성을 고려하지 않고 일방적인 형태로 진행되고 있는 현실이다. 따라서 한국사회의 주류사회가 일방적으로 원하는 방향으로 이루어지는 일시적인 동화 형태의 사회통합이 아니라, 이민자 대상에 따른 차별화와 체계적인 사회통합이 필요한 시점이라고 할 수 있다.

　한국보다 먼저 다문화사회로 진입한 외국에서의 다문화정책의 방향은 대부분 동화주의 정책에서 다문화주의 정책으로 선회하고 있다. 다문화주의 정책은 이민, 노동력의 국제적 이동, 국제결혼, 난민, 외국인 유학생 등 다양한 문화집단의 구성원에 따라 발생하는 여러 사회적 갈등을 극복하려는 대안으로 실시되고 있다. 다시 말하면 다문화주의적 사회통합정책을 통해 상이한 문화적 배경을 지닌 이민자집단에 대한 이해와 적응기회를 마련하고, 모든 이민자와 내국인이 다함께 공존하는 사회를 지지하고 있다는 것이다. 하지만 다문화주의도 한계점을 지니고 있다. 다문화주의는 주류사회의 관점에서 소수자 집단의 문화를 이해하고 공존하려는 정책이다. 이에 비해 상호문화주의는 주류사회뿐만 아니라 소수자 집단의 관점에서 합의에 의한 문화적 공존을 지향한다. 따라서 최근에는 상호문화주의를 기반으로 한 사회통합정책이 확산되고 있는 실정이다.

한편 한국에서 시행되고 있는 다문화정책은 '다문화주의' 정책이라기 보다는 '다문화 지향' 정책에 가깝고 지극히 동화주의적 성격을 띠고 있어 한국사회가 지향하고 있는 지속가능한 다문화사회를 이루는 데 있어서 걸림돌로 작용하고 있는 형편이다(박성혁·성상환, 2808; 윤인진, 2008; 박성혁 외, 2009).

이와 같이 한국사회에서 행해지고 있는 동화주의적인 사회통합정책은 이미 실패로 증명된 서구사회의 사회통합정책으로 이를 답습하고 있는 실정이다. 이러한 '명목상'의 동화주의적인 사회통합정책은 일종의 즉각적인 처방 정책으로서 일시적인 효과를 기대할 수는 있지만, 장기적인 관점에서는 외국인과 내국인의 구조적인 갈등이나 불평등을 심화시켜, 내국인의 '제노포비아' 현상을 배태할 수 있다는 문제점이 제기될 수 있다(설동훈·이병하, 2012).

이에 본 연구는 현재 초국적 이주로 인한 새로운 글로컬 다문화사회 공간이 창출되고 있는 한국사회가 직면한 다문화 관련 사회적 이슈들을 효과적으로 해결하고, 다문화 구성원들인 결혼이민자, 외국인 노동자, 외국인 유학생, 재외동포 등의 문화적응 양상을 살펴 사회통합의 과정을 탐색하였다. 이를 위하여 다문화 구성원들의 생활세계에서 일어나는 인지·정서적 영역에서의 일상의 적응과 사회제도적 영역에서의 구조적 적응에 대한 구체적인 실태를 조사하여 사회통합을 위한 총서 발간이 본 연구의 목적이다. 아울러 총서 집필을 위해 수집한 기초자료와 내용들, 즉 다문화 구성원들의 생활세계에서 나타나는 다양한 적응 현상들에 대한 관찰과 심층면담 자료들을 디지털 아카이브로 구축하였다. 이를 통해 주류사회로부터 각종 사회제도에서 소외되고 타자화되어 있는 결혼이민자를 비롯한 다문화 구성원들의 구체적인 삶의 과정과 그 속에서 겪고 있는 고통을 이해하고, 더 나아가 이들 역시 우리 사회의 일원으로서 공존할 수 있는 미래 지속가능한 사회를 위한 새로운 패러다임을 확립하여 새로운 사회통합을 제시하고자 하였다.

본 연구는 다문화사회로의 진입과 마주하고 있는 한국사회의 지속가능한 발전을 위해 다문화 구성원의 생활세계를 분석하여 한국형 사회통합정책 모형을 제시하기 위한 총서를 발간하는 것을 목적으로 하였다. 아울러 다문화 구성원 생활세계 디지털 아카이브를 추가로 구축하여 본 연구의 효과성을 높이고, 지속적인 다문화 시대를 맞이하기 위한 사회통합 연구의 토대를 마련하고자 하였다.

본 연구는 이주민 집단 내부의 민족적 동질성이 사라지고, 민족간의 차이나 경계가 더 이상 존재하지 않는 '단선적인 동화과정'이 아닌, 이주민 집단 내부의 민족적 동질성을 유지한 상태에서 공동체가 다양한 문화적 배경을 가진 개인을 수용하려는 노력을 의미하는 것으로 결국에는 문화 다양성의 가치를 지향하고 있다.

이를 위해 1차년도에는 중국계 이주민을 중심으로, 2차년도에는 베트남, 필리핀, 캄보디아, 네팔, 미얀마, 라오스, 인도네시아 등 동남아시아계 이주민을 중심으로 연구를 수행하였다. 3차년도에는 중앙아시아계 이주민을 중심으로 연구를 진행하였다. 연구방법으로는 에스노그래피를 활용한 현지조사와 참여관찰, 심층면담을 사용하였다. 그리고 연구과제를 진행한 결과를 정기·수시 워크숍 및 심포지엄을 통해 지속적으로 피드백을 받고, 전문가 네트워크 및 국내외 학술대회 참여/개최를 통하여 연구의 신뢰도와 효과성을 높이고 연구결과의 확산을 도모하였다. 특히, 본 연구는 기존의 거시적인 사회통합정책이 간과하고 있는 다문화 구성원의 생활세계의 다양성을 심층적으로 수집하여 분석하여 언어, 문화 등 인지정서적 영역과 교육, 경제, 인권, 복지 등 사회제도적 영역에서 정주민과 이주민 모두를 아우를 수 있는 새로운 사회통합정책 모형을 제시하는 데 있다.

1차년도 연구는 중국계 다문화 구성원을 대상으로 한 파일럿 연구로 사회통합정책 모형의 방향성을 제시하고, 다문화 구성원 생활세계 디지털 아카이브 프레임을 구축하고자 하였다.

2차년도 연구는 1차년도 연구를 토대로 베트남, 필리핀, 캄보디아, 네팔, 미얀마, 라오스, 인도네시아계 등 동남아시아계 이주민으로 대상을 확대하여 다문화 구성원 생활세계 기반 사회통합정책 모형을 제시하고자 하였다.

3차년도에는 우즈베키스탄, 카자흐스탄, 몽골 등 중앙아시아계 이주민, 재한 동포, 재외 동포 등의 생활세계 기반 사회통합정책 모형을 제시하고, 3차년의 다문화 구성원 생활세계 디지털 아카이브 구축을 완료하였다. 그리고 3차년의 사회통합 모형을 종합하여 최종적인 생활세계 기반 사회통합정책 모형을 제시하였다. 이러한 본 연구를 통한 사회통합 총서 발간 및 디지털 아카이브 구축은 한국의 다문화사회로의 이행을 돕고 지속가능발전을 도모할 것으로 기대한다.

2. 연구의 내용 및 범위

본 연구를 통해 지향하고자 하는 지속가능한 다문화사회를 위한 '사회통합'의 개념은 모든 사회구성원들의 다양성에 기초한 갈등과 타협의 변증법에 따른 사회 발전의 원심력을 부정하고, 한국인이라는 일체감의 구심력만을 강조하는 인위적 통합을 의미하지는 않는다. 사회통합은 사회보장제도의 적용을 받지 못하는 사람들에 대한 보호를, 넓은 의미에서는 모든 국민에 대한 빈곤과 실업을 포함한 사회적 위험으로부터 보호하는 '사회적 포용(Social Inclusion)'과 모든 사람에게 동등한 기회와 권리를 제공함으로써 통합적 목표를 지향하는 '사회적 융합(Social Integration)', 공동체의 구성원들이 공동체에 대한 소속감을 갖고 공동의 비전을 공유하며, 다양한 배경을 가진 구성원들이 동등한 기회를 누리도록 하고, 다양한 배경을 가진 개인들이 강력하고 긍정적인 관계를 발전시켜 나가도록 하는 '사회적 응집(Social Cohesion)'의 세 가지 개념으로 설명될 수 있다(노대명, 2009). 따라서 본 연구에서 추구하는 다문화 구성원과 내국인의 사회통합은 이러한 세 가지 개념을 포괄하는 의미로써 모든 사회구성원들을 한 공동체의 틀에 맞게 조정하려는 노력이 아니라, 한 공동체가 다양한 개인을 수용하려는 노력을 의미한다. 즉 한 공동체의 사회 규범에서 동떨어진 소수자일지라도 그들이 사회 규범을 수용하고 잘 적응하도록 하는 것이 아니라, 공동체가 그들의 문화를 인정하고 구성원 간의 '왜곡되지 않은 이상적인 의사소통'(Habermas, 1981)을 이끌어서 합의점을 도출해 나가야 한다. 이와 같은 세 가지 사회통합의 개념적 층위를 모두 아우르는 '에스노그래피를 활용한 생활세계 디지털 아카이브와 사회통합 총서'는 사회 내 갈등과 협상의 변증법으로 인한 원심력과 구심력 간의 긴장과 타협을 통해 일종의 '전체 사회를 새롭게 재구성하는 상호작용 과정'(고상두·하명신, 2012)의 결과물이라고 볼 수 있다.

1) 1차년도 연구내용

1차년도 연구는 국내·외 사회통합정책의 동향에 관한 총서 발간과 파일럿 연구를 통해 다문화 구성원의 문제를 진단하고, 이를 해결하기 위한 에스노그래피 접근 방법으로 중국계 다문화 구성원의 생활세계 디지털 아카이브를 제시하고 이들에 대한 사회통합 총서를 발간하는 것이다. 이와 같은 연구목표를 달성하기 위한 1차년도의 연구내용은 다음과 같다.

첫째, 사회통합 이론과 관련하여 국내·외 선행연구를 조사하고 비교·분석함으로써 기존 연구들에서 지적하고 있는 공통적인 특성과 교차되고 있는 연구결과의 차별적인 내용을 살펴보았다. 특히 기존 연구에서 정부의 일방적이고 단선적인 사회통합정책으로 인해 주류사회와 비주류사회가 '평행사회'로 치닫고 있는 서구 다문화사회의 갈등 원인과 동화모델이 아닌 동화주의 방향의 모델로 변화되어 가고 있는 영국과 프랑스 및 독일의 사회통합정책의 장단점을 분석함으로써 사회통합정책에 대한 이해의 지평을 넓히고자 하였다. 이와 같이 우리보다 앞서 다문화사회의 문제점을 경험한 외국의(유럽, 북미, 아시아, 오세아니아) 사회통합정책을 분석하여 총서를 발간함으로써 현실로 다가온 한국 다문화사회의 문제점을 진단하고 보다 실제적인 대안을 찾고자 하였다.

둘째, 사회통합정책이 이루어지고 있는 실제 현장에 접근하여 이들 문제에 대한 구체적인 자료를 수집하고 다양한 사례들을 분석하였다. 현재 사회통합정책은 법무부와 여성가족부가 주로 담당하고 있다. 법무부는 외국인의 출입국, 체류, 귀화 등과 같은 외국인 통제정책을 담당하는 반면, 여성가족부는 지자체와 함께 결혼이주여성의 차별에 관심을 가지고 그들의 인권보호 차원에서 지원서비스를 제공하고 있다. 이와 같이 법무부는 차별배제모델에 따른 정책을 실시하고, 여성가족부는 다문화모델에 따른 정책을 추진함으로써 부처간 협력과 조정이 절실히 필요한 상황이다. 우리나라는 법무부의 '이민자 사회통합프로그램' 훈령에 의해 사회통합교육을 실시하고 있다. 이와 같은 사회통합교육은 한국어교육과 주류문화에 대한 학습을 강화함으로써 빠른 시간 내에 한국에 동화되어 적응할 수 있도록 구조화되어 있다. 하지만 현장에서 이들의 문제에 대한 다양한 사례를 조사하고 비교하여 보다 맥락적이고 실질적인 이해를 돕기 위하여 국가별 유형별 영역별로 분류하여 검토하고 논의할 경우, 사회통합을 위한 가장 효과적인 대안을 도출할 수 있다.

셋째, 사회통합정책에 대한 기존에 제시된 이론적 내용을 검토하고 평가하기 위해 관련 분야의 전문가들을 초청하여 워크숍 및 심포지엄을 개최하였다. 특히 지속가능한 다문화사회를 위한 사회통합정책을 에스노그래피 접근 방법에서 검토하고 실질적인 문제와 대안, 그리고 향후 발전적인 비전까지 유기적으로 연결될 수 있는 이론적 틀에 대한 논의를 진행하였다. 이렇게 함으로써 다양한 문화와 집단들 간에 상호인정과 공존 및 상생하는 공동체적인 사회통합의 삶을 지향하는 유네스코의 '문화다양성'의 정신을 실천할 수 있다. 문화다양성은 한 공동체 내 다양한 집단들 각각의 문화적 정체성을 인정하며 평등한 관계형성을 기반으로 사회적 통합을 요청하기 때문이다(남부현·오영훈 외, 2016).

넷째, 다문화 구성원과 내국인의 문화가 단순히 공존을 넘어서서, 서로 간에 문화적 소통을 활성화하기 위해 일종의 파일럿 연구로써 중국계(한족과 조선족) 다문화 구성원을 대상으로 에스노그래피를 활용한 생활세계 디지털 아카이브를 구축하였다. 1차년도에는 이들을 중심으로 생활세계 디지털 아카이브를 기획하고 토대를 마련하였다. 1차년도에는 중국계 다문화 구성원의 사회문화적 특성과 생활세계에 대해 심층면담과 현지조사를 실시함으로써 사회통합정책에서 이들이 필요로 하는 요구를 구체적으로 제시하였다. 현지조사에서는 중국계(한족과 조선족) 다문화 구성원의 사회문화적 속성에 정통한 전문가와 심층면담을 수행함으로써 파일럿 연구를 보다 구체적이고 정교화하였다.

다섯째, 1차년도의 연구결과인 중국계 생활세계 디지털 아카이브를 바탕으로 다문화 구성원을 위한 '사회통합정책 모형'을 개발하고, 총서를 발간하였다. 다른 이주 배경을 가진 다문화 구성원의 자료를 수집하고 분석하는 데 에스노그래피 접근 방법의 롤 모델로, 본 연구에서 제안하고자 하는 '사회통합정책 모형'은 향후 2차년도와 3차년도 연구를 구상하는 데 토대가 되는 이론적 배경으로 작용하였다. 특히 본 연구에서 제시하고자 하는 국가별·유형별·영역별 모형은 기존에 연구되었던 사회통합정책의 이해를 논리적으로 연계하여 맥락적인 이론의 구조를 형성함으로써 보다 현실적이고 실제적인 사회통합정책의 실체를 다층적으로 조망하였다.

2) 2차년도 연구내용

2차년도 연구는 1차년도에 제시한 국내·외 사회통합정책의 동향에 관한 총서와 중국계 다문화 구성원의 파일럿 연구에 대한 생활세계 디지털 아카이브를 기반으로 하여 베트남계, 필리핀계, 캄보디아계 다문화 구성원의 생활세계 디지털 아카이브와 사회통합 총서를 발간하였다. 이와 같은 연구목표를 달성하기 위한 2차년도의 연구내용은 다음과 같다.

첫째, 1차년도의 중국계 다문화 구성원의 파일럿 연구를 통해 생성된 생활세계 디지털 아카이브의 장·단점과 국내의 사회통합정책에 문제점 등을 보다 구체적으로 파악하기 위하여 국내·외 사회통합 전문가 세미나 및 학술대회에서 심도 있게 논의하였다. 특히 완전한 문화적 동화를 추구하는 동화모델인 사회통합정책의 문제에 대해 비판적으로 검토함으로써 문화적 다양성의 인정과 '경제적 동화'(고상두, 2012)를 포함하여 서로 합의된 이상적인 의사소통을 지향하는 상호문화모델에 대한 정책적 논의를 통해 사회통합정책의 현실화 방안을 도출하였다. 경제적 동화는 '외국인 이주자들이 복지 수급자로 전락하지 않고 생산적인 사회구성원으로서 역할'을 말한다. 이와 같이 국내 사회통합정책의 문제에 대한 전문가그룹의 논의는 그동안 서구 사회통합정책의 장·단점을 객관적으로 평가하여 보다 효과적인 정책적 대안을 마련할 수 있다.

둘째, 1차년도의 파일럿 연구를 토대로 2차년도 연구대상 국가인 베트남계, 필리핀계, 캄보디아계 다문화 구성원의 사회통합정책이 수행된 현장을 자세히 관찰하고, 세 국가의 다문화 구성원과 심층면담을 진행함으로써 이들의 정책적 요구를 도출하였다. 이렇게 함으로써 이민자는 주류사회의 정치, 경제, 사회, 문화제도의 정당성을 인정하고 공동체의 일원으로서 지역사회에 적극 참여하며, 문화와 언어 및 종교 등 배경의 다양성과 차이를 인정받고, 공동체의 일원으로서 정체성과 소속감을 느낄 수 있다(김준현·문병기, 2014).

셋째, 국가별·유형별·영역별 연구결과를 국외 학자들과 함께 논의하기 위해 국제학술대회에 논문을 발표하였다. 이를 통해 본 연구가 간과하고 있었거나 논의하지 못했던 사각지대를 찾아내고, 사회통합 문제에 대한 논의를 세계적으로 확산시켜 국외 연구자 또는 연구기관과의 네트워크를 확장하여 활발한 연구교류를 추진하였다. 특히 2차년도의 연구결과인 생활세계 디지털 아카이브는 사회통합정책의 흐름을 다문화주의모델을 포함한 상호문화모델로 전환하는 토대가 될 수 있다.

넷째, 이렇게 완성된 생활세계 디지털 아카이브를 바탕으로 2차년도 연구대상 국가의 사회통합 총서를 발간하였다. 이러한 사회통합 총서는 실제 현장에 활용하고 응용할 수 있는 거시적인 정책의 방향성을 제시할 수 있다.

3) 3차년도 연구내용

3차년도 연구는 1차년도와 2차년도의 결과를 바탕으로 사회통합정책에 활용할 수 있는 우즈베키스탄계, 인도네시아계, 러시아계의 다문화 구성원의 생활세계 디지털 아카이브 구축과 이들 국가에 대한 사회통합 총서를 발간하였다. 또한 본 연구대상 국가인 7개 국가의 사회문화적 속성을 비교분석함으로써 공통점과 차이점을 구분하여 국가별 사회통합정책의 방향성을 제시할 수 있는 7개국 통합 총서를 발간하였다. 이와 같은 연구목표를 달성하기 위한 3차년도의 연구내용은 다음과 같다.

첫째, 2차년도의 국가별·유형별·영역별 생활세계 디지털 아카이브 연구를 토대로 3차년도 연구대상 국가인 우즈베키스탄계, 인도네시아계, 러시아계 다문화 구성원의 사회통합정책이 수행된 현장을 자세히 관찰하고, 세 국가의 다문화 구성원과 심층면담을 진행함으로써 이들의 정책적 요구를 도출하였다. 또한 세 국가의 연구에 참여한 면담 대상자를 초청하여 라운드 테이블 및 포럼을 개최하였다. 면담에 참여한 다문화 구성원들과의 비교 및 검증을 통해 이들의 현장에 대한 요구 및 실질적인 문제점에 한발 더 다가갈 수 있다. 이러한 작업을 통해 국내의 사회통합정책의 방향성을 구체적으로 제시하였다.

둘째, 우즈베키스탄계, 인도네시아계, 러시아계 다문화 구성원의 생활세계 디지털 아카이브를 기반으로 사회통합 총서를 제작한 다음, 국내 현장 전문가 및 학자들을 초청하여 학술대회 및 세미나를 개최하였다. 이렇게 함으로써 연구결과물인 사회통합 총서의 현장 접근성 및 학술 가치 등을 동시에 높일 수 있었다. 이러한 작업을 통해 제작된 사회통합 총서는 포괄적인 사회통합정책의 방향성뿐만 아니라, 각 국가별로 사회통합정책의 실현 가능한 대안을 제시하는 데 근거와 타당성을 마련하였다.

셋째, 1차년도와 2차년도 및 3차년도의 연구결과인 7개 국가의 생활세계 디지털 아카이브와 사회통합 총서를 비교 분석함으로써 공통점과 차이점을 구분하여 국가별 사회통합정책의 방향성을 제시할 수 있는 7개국 통합 총서를 발간하였다. 본 연구에서 제안하고자 한 각 국가별 사회통합정책은 주류사회 중심의 단선적인 사회통합정책에 유용한 시사점을 제시할 수 있다.

넷째, 이와 같이 수집된 자료를 통해 생성된 생활세계 디지털 아카이브와 사회통합 총서는 거시적으로는 다문화주의 모델을 기반으로 상호문화 모델을 지향하고, 미시적으로는 문화공존에 있어서 국가별 다양하게 나타나는 상이한 문제점들을 해결할 수 있는 토대를 마련한다. 따라서 본 연구는 글로벌 시대의 지속가능한 다문화사회의 미래 비전을 지향하는 데 핵심적인 방안으로 활용될 수 있을 것이다.

3. 연구방법의 설계와 활용

1) 1차년도 연구방법

1차년도 연구의 첫 번째 단계에서는 우리보다 앞서 다문화사회를 경험한 유럽(영국, 프랑스, 독일), 아시아(중국, 일본, 싱가포르), 북미(캐나다, 미국), 오세아니아(호주, 뉴질랜드) 등과 한국의 사회통합정책 동향에 관한 체계적 문헌고찰, 파일럿 조사를 위한 현지조사, 심층면담, 표적집단면담법(FGI)을 주요 연구방법으로 활용하였다. 또한 다문화 구성원의 사회문화적 속성에 대한 사례와 연구성과를 광범위하게 수집하고 분석하였다. 수집된 자료들을 영역과 범주에 따라 구분하고 분석하고 그동안 간과되어 온 문제점들을 추출하여 구체적인 사회통합정책의 연구방향을 제시하였다.

기존에 주로 다루어지고 있는 문헌연구 중의 하나인 서술적 고찰은 전문가의 식견을 중심으로 문헌을 고찰하고, 주관적인 관점에서 결론이 내려질 수 있어 광범위한 영역과 주제를 다루는 데 문헌 선정과 방법이 체계적이지 않아 오류의 가능성이 있다. 반면, 본 연구팀에서 진행한 체계적 문헌고찰은 기존 연구 자료를 활용하지만, 과학적이고 객관적인 절차에 따라 특정한 주제에 대하여 선정 기준에 맞는 근거를 수집하여 분석하는 연구방법이다.

다문화 구성원들에 대한 사회통합정책을 고찰하고, 사회통합 이론 및 문화다양성 이론을 살펴보기 위해서는 체계적 문헌고찰이 더욱 필요하다. 이와 같은 체계적 문헌고찰 연구방법을 통해 도출될 국내외 사회통합에 관한 쟁점과 이론은 파일럿 연구의 방향 설정과 생활세계 디지털 아카이브 구축 및 사회통합 총서 발간을 위한 기초 자료로 활용하였다.

다음으로 다문화 구성원들의 사회통합 모형을 개발하기 위하여 중국계 다문화 구성원(한족과 조선족)들을 대상으로 한 파일럿 연구에서는 현지조사와 심층면담을 활용하였다. 현지조사는 다문화 구성원들의 생활세계에 대한 문화를 이해하기 위해 개인적 차원에서 이들의 삶의 경험과 정서는 물론, 그와 관련된 공동체적인 문화적 배경에 대한 인식과 경험을 심도 있게 탐구하였다. 중국계 다문화 구성원의 사회, 정치, 행정, 법 등의 요소들은 직접 현장에서 대면하여 이야기를 구술하는 과정에서 구체적으로 탐색하였다.

현장 전문가의 심층면담을 위한 중국 현지답사를 통한 파일럿 연구는 보다 타당성 있고 생생한 현장감을 제공하였다. 중국계 다문화 구성원의 파일럿 연구를 통한 생활세계 디지털 아카이브는 다른 이주 배경을 가진 다문화 구성원의 자료를 수집하고 분석하는 롤모델로 작용할 수 있다.

2) 2차년도 연구방법

2차년도의 연구에서는 1차년도의 연구결과를 경험적·실증적으로 검증·확인함으로써 사회구성원들의 국가에 대한 현지조사와 이들에 대한 심층면담을 주요 연구방법으로 사용하였다. 1차년도의 국가별 유형별 영역별 생활세계 디지털 아카이브의 파일럿 연구를 보완하기 위하여 국가별로 사회통합정책의 현장을 관찰하고 다문화 구성원의 심층면담 및 전문가 FGI

를 진행하였다.

현지조사는 연구대상자의 삶에 참여하고 그들과 관계를 맺어서 그들의 문화를 이해하는 연구방법이다. 현지조사 과정에서 연구자는 체험적인 연구를 수행하면서 현지 주민들과의 직접적·대면적 접촉과 상호작용을 통해 얻고자 하는 자료를 수집한다(윤택림, 2004). 자료 수집은 일관되게 연구문제와 현장의 맥락에 종속된다. 또한 현지 문화에 대한 이해의 과정에서 연구자는 직접 문화현상의 참여자가 되기도 하고, 동시에 관찰자로서의 역할도 하게 된다. 즉, 연구자가 참여자(emic)와 관찰자(etic)라는 입장을 동시에 가지면서 연구대상이 되는 사회의 문화에 대해 현실에 가깝고 깊이 있는 기술을 할 수 있게 되는 것이다(조성남 외, 2001). 따라서 2차년도에서는 국내에 거주하는 많은 다문화 구성원 나라 중 베트남, 필리핀, 캄보디아 국가에서 현지 조사를 하였다.

심층면담은 사회공동체 내에서 개인이 느끼는 생활세계의 생생하고 깊이 있는 삶의 사례들로부터 의미 있는 요소들을 도출하게 해 준다는 장점을 지닌다. 이러한 심층면담과 더불어 한국에 거주하는 다문화 구성원들의 FGI를 통해 발간될 사회통합 총서는 각 국가별 사회통합정책의 방향성을 구체적으로 제시하였다.

연구참여자들의 문화적 의미를 발견하기 위해 현지에 참여하고, 관찰하고, 질문하고, 또 기록하였다. 이후 수집한 자료와 현지에서 기록한 노트와 일지를 토대로 문화기술적 연구방법을 사용함으로써 문화적 의미의 요소를 발견하고, 그것들이 생활세계에서 어떻게 작용하는지를 파악하였다. 이를 바탕으로 국가별·유형별·영역별 에스노그래피를 활용한 생활세계 디지털 아카이브를 구축함으로써 사회통합정책 모형을 제시하고 베트남계, 필리핀계, 캄보디아계 다문화 구성원들에 대한 사회통합 총서를 발간하였다.

3) 3차년도 연구방법

3차년도에서는 1차년도와 2차년도의 연구결과를 바탕으로 우즈베키스탄계, 인도네시아계, 러시아계 다문화 구성원들의 생활세계 디지털 아카이브를 구축하고 사회통합 총서를 발간하였다. 국가별·유형별·영역별 사회통합 총서 발간을 위해 국내의 현장 전문가와 관련 학자들을 심층면담하여 세 국가에 대한 사회통합정책의 방향성을 구체적으로 제시하였다.

전문가 심층면담 방법을 채택한 이유는 사회통합 총서와 관련된 깊이 있는 분석을 위한 정보를 제공하는 집단이 현실적으로 관련 분야 전문가들이기 때문에, 이는 효과적인 연구방법으로 볼 수 있다. 이들 전문가 집단은 특히, 사회통합 관련 정책 결정에 참여했거나, 관련 연구를 시행한 연구자들로 구성되었으며, 정부 산하의 다문화 관련 실무 담당자와 학계와 연구기관의 연구자들이 포함되었다. 이들 면담 대상자들은 분야별로 약간의 차이가 있으나 사회통합정책의 주요 행위자 특성, 사회통합정책의 목표와 성과, 주요 한계와 그 원인에 관해서 논의하고 전반적인 사회통합정책의 평가와 방향에 관한 의견을 진술하였다.

심층면담 대상자인 전문가들을 사회통합 관련 학술대회에 초청하여 다문화 구성원들과의 논의를 통해 현장에 대한 실질적인 피드백을 반영하고자 하였다. 이렇게 함으로써 국가별·유형별·영역별로 제작된 사회통합 총서들도 국내 현장 전문가와 학자들의 의견을 적극 수렴하여 수정 보완작업을 거쳐 완성하였다. 또한 본 연구대상 국가인 7개 국가의 사회문화적 속성을 비교 분석함으로써 공통점과 차이점을 구분하여 국가별 사회통합정책의 방향성을 제시할 수 있는 7개국 사회통합 총서를 발간하였다. 따라서 에스노그래피를 활용한 생활세계 디지털 아카이브 구축과 사회통합 총서는 이론과 구체적인 사례를 제공함으로써 글로벌 시대의 지속가능한 다문화사회를 위한 사회통합정책에 유용한 시사점을 제시하고자 하였다.

10

이주민 문화기술지 연구수행 내용

1. 1차년도 연구수행 내용 및 결과

　본 연구의 1차년도 최종 목표는 사회통합 총서 1권과 2권의 발간이다. 이를 위해 1) 심층면담 및 현지조사, 2) 파일럿 연구, 3) 국내·외 사회통합 정책 동향에 관한 문헌연구, 4) 사회통합정책 모형 개발, 5) 전문가 세미나 및 학술대회 개최 등을 연구방법으로 제시하였다.

　본 연구에서는 연구계획에서 제시한 총서 발간의 목표를 보다 효율적이고 성공적으로 달성하기 위해 구체적인 실행 방법을 더하였다. 1) 심층면담 및 현지조사는 중국계 다문화 구성원을 유형별로 결혼이주여성 35건, 노동자 15건, 유학생 15건으로 총 65건에 대한 자료를 생성하였다. 2) 파일럿 연구, 3) 국내·외 사회통합정책 동향에 관한 문헌연구, 4) 사회통합정책 모형 개발, 5) 전문가 세미나 및 학술대회 개최 등은 국내·외 학술대회, 국제 학술대회, 정기 워크숍 등을 통해 달성하였다. 이러한 연구수행의 결과 1차년도의 목표로 삼은 두 권의 총서에 대한 원고 작성이 완료되었다. 본 연구는 이에 더하여 심층면담 및 현지조사 자료를 기반으로 한 디지털 아카이브의 틀을 설계하였다. 이는 본 연구를 위해 수집한 자료를 웹상에 디지털 아카이브로 구축하여 정보에 대한 접근성을 높이고 연구자를 비롯해 이 자료를 필요로 하는 연구자에게 개방하고자 한 것이다.

1) 세부 추진실적

본 연구팀의 1차년도 계획 대비 추진실적을 요약하면 다음 〈표 10-1〉

표 10-1. 1차년도 계획 및 추진결과

	계획	추진결과
당초계획	국내·외 사회통합정책 및 이론 연구	• 국외(북미(미국, 캐나다), 유럽(영국, 독일, 프랑스), 아시아(중국, 일본, 우즈베키스탄, 베트남)) 9개국 및 국내 사회통합정책 분석 • 초국적 이주, 상호문화주의 등장, 문화적응, 사회통합 등 다양한 다문화사회 이론 연구
	현지조사	• 중국계 다문화 구성원 60명 사례조사 계획하여 총 65명 사례조사 실시 • 국내 및 국외 현지조사 실시(경기, 안산, 부천 등 국내 주요 다문화 구성원 거주 지역 및 중국, 베트남, 러시아 등 국외 현지조사 실시)
	정기 워크숍 3회 개최	• 연구 사업 개시(2017년 9월), 중간보고(2018년 5월), 최종보고(2018년 6월) 3회 정기 워크숍 개최 완료 • 3회 정기 워크숍 이외 7회의 워크숍을 계획 및 실시하여 월 1회 총 10회의 워크숍을 실시함 ※ 워크숍 당초 3회 계획 대비 7회 추가 실시
	사회통합 총서 1권, 2권 발행	• 『총서 1권. 다문화 생활세계와 사회통합의 과제와 전망』 집필 완료 및 발행(2019년 1월 출간) • 『총서 2권. 중국계 이주민의 다문화 생활세계 연구』 집필 완료 및 발행(2019년 1월 출간)
	중국계 다문화 구성원 생활세계 디지털 아카이브 서버 구축	• 본 연구는 총서학 연구이나 연구의 지속성 유지 및 지식확산을 위하여 디지털 아카이브 구축을 계획함 • 중국계 포함 전체 다문화 구성원을 대상으로 한 서버 구축 완료 • 영구 IP 주소: http://165.246.135.17:8080/xmlui • 임시 도메인: http://ethno.dns.net:8080/xmlui
연구수행 결과 관련 실적	국내·외 학술대회 참가 및 개최	• 글로컬 다문화 포럼, 디지털로지 인문사회 포럼, • ICME 국제학술대회 준비, 초국적 이주와 사회통합 학술대회 등 총 15회의 다양한 국내·외 학술대회 개최
	연구과제 관련 학회 논문 게재	• 연구책임자, 공동연구원, 전임 연구인력, 전문위원 등 본 연구와 관련하여 KCI 등재후보지 이상 학술지에 총 35건의 논문을 게재함(사사표기 논문 총 13건)
	연구역량 및 지식확산 제고	• 이주 및 다문화, 사회통합 이론 관련 해외학자 초청 특강 실시(독일, 중국, 미국 등 3개국 해외학자 초청) • 이주 및 다문화, 사회통합 이론 관련 국내학자 초청 특강 실시(경기대, 경인교대, 중앙대, 서울교대 등) • 본 연구결과의 사회적 실천 강화를 위한 프로그램 계획 및 운영(지역 다문화 축제, 학교 다문화교육, 학교 다문화가정 학생 치유프로그램, 고려인 문화 행사 등)

같다.

(1) 사회통합 총서 집필(1, 2권)

본 연구는 초국적 이주의 글로컬 다문화 시대에 적합한 사회통합정책 모형을 제시하기 위한 사회통합 총서 2권을 집필하는 것이다. 총서별 내용을 기술하면 다음과 같다.

총서 1권 〈다문화 생활세계와 사회통합 연구〉는 국내·외 사회통합 정책 및 이론에 관한 문헌연구를 기반으로 다문화 구성원의 생활세계를 인지정서적 영역(언어, 문화, 진로, 여가)과 사회제도적 영역(교육, 경제, 인권, 복지)으로 구분하여 현지조사를 실시하였다. 그리고 이러한 이론 연구와 현지조사를 토대로 다문화 구성원의 생활세계 영역별 사회통합 모형으로 총서를 통해 제시하였다. 현재 한국사회에서 실시되고 있는 사회통합정책과 사회통합 프로그램 운영은 결혼이민자에게 치중되어 있을 뿐만 아니라, 이민자의 국가별 또는 문화별 특성을 고려하지 않고 일방적인 형태로 진행되고 있는 현실이다. 따라서 한국사회는 주류사회 중심의 일방향적이고 일시적인 동화 형태의 사회통합이 아니라, 이민자를 정주민과 동일한 위치에서 공존과 상호문화적 소통이 가능한 다문화사회를 만들어나가기 위한 양방향적 사회통합정책이 필요한 시점이다. 이를 위해 이주배경과 한국사회에서의 적응 양상에 따라 유형을 구분하여 개인 및 집단별 맞춤형 사회통합정책이 필요하며, 이주민뿐만 아니라 정주민을 포함한 모두를 아우를 수 있는 사회통합정책이 필요하다. 왜냐하면 사회통합의 대상은 이주민만을 제한적으로 한정하는 것이 아니라, 이주민을 포함한 한국사회 시민 모두가 그 대상이기 때문이다. 따라서 본 총서 발간의 목적은 이주민만을 대상으로 한 제한적 사회통합 대안 마련이 아닌, 이주민을 포함한 한국사회 시민 모두를 위한 것이다.

총서 2권 〈중국계 이주민의 다문화 생활세계 연구〉는 중국계 이주민의 집단적 특성이나 개별적 내러티브를 이해하여 우리의 문화 다양성을 제고하기 위한 목적을 가지고 있다. 다문화 구성원을 하나의 집단으로 바라보는 다문화사회에 대한 기존의 관점을 넘어 그들의 개별적·집단적 생활세계에 대해 이해의 지평을 넓혀가야 할 필요가 있다. 그리고 이러한 다문화사회에 대한 관점의 전환이 우리 사회를 진정한 사회통합의 길로 들어서도록 해줄 것이라고 믿는다. 그 이유는 다문화 구성원이 만들어나가고 있는 생활세계가 이주에 의해 만들어지는 문화 다양성으로부터 파생되기 때문이다. 그러므로 사회통합정책은 이러한 상호문화적 의사소통의 공간 형성을 목표로 해야 한다. 본 연구를 통해 주류사회로부터 각종 사회제도에서 소외되고 타자화되어 있는 이주민의 근원적인 삶과 고통을 이해하고, 더 나아가 이들 역시 우리 사회의 일원으로서 공존할 수 있도록 하여, 미래 지속가능한 사회를 위한 새로운 패러다임으로서 사회통합 모형을 구축한다. 특히 이 모형에서는 이주민의 생애사 이해를 넘어 각 생활세계에서의 문화적 응이 어떠한지를 확인할 방법을 모색한다.

(2) 심층면담 및 현지조사를 통한 디지털 아카이브 구축

본 연구의 목적인 다문화 구성원의 생활세계를 기반한 사회통합정책 모형을 제시하기 위하여 국내 거주 중인 중국계 다문화 구성원을 결혼이민자, 외국인 노동자, 외국인 유학생, 재외동포로 구분하여 심층면담을 진행하였으며, 그 현황은 다음 〈표 10-2〉와 같다.

표 10-2. 심층면담 현황

구분	국가별(명)	유형별(명)	총인원
1차년도	중국계 (한족·조선족 등)	결혼이민자(35), 외국인 노동자(15), 외국인 유학생(15)	65명

〈표 10-2〉와 같이 결혼이민자의 경우, 한국에 거주한 지 1년~5년 미만, 5년 이상으로 분류하고, 각 그룹당 20명을 선정하여 이들의 생활세계에서의 사회문화적 속성을 파악하여 사회통합 모형을 제시하고자 심층면담을 실시하였다. 두 그룹으로 나눈 이유는 5년 이내는 초기 정착기로, 5년 이후는 안정기로 간주하고 이들의 요구도 달라질 것으로 여겨지기 때문이다. 외국인 노동자와 유학생의 경우 2년 미만, 2년 이상으로 구분하고, 각 그룹당 10명을 선정하여 심층면담을 실시하였다. 왜냐하면 이들은 비자 문제 혹은 개인적인 사정으로 중도에 고국으로 돌아가거나 5년 이내에 모국으로 귀환해야 하기 때문이다. 이렇게 선정하여 진행한 국가별·유형별 다문화 구성원의 면담 대상자 수는 1차년도에는 중국계 다문화 구성원을 한족과 조선족 각각 30명씩 60명이었으며, 추가로 5명을 더 선정하여 총 65명의 다문화 구성원 대상 심층면담을 실시하였다. 이러한 심층면담과 더불어 국외 다문화 현장을 조사하기 위하여 연구책임자 주관 하에 중국, 베트남, 러시아 등 이주민 중 다수를 형성하고 있으며, 재외동포가 많은 주요 3개 국가를 대상으로 현지 조사를 실시하였다.

이와 함께 총서학 연구의 심도 있는 진행과 후속 사회통합정책 연구의 지속성 유지 및 연구결과의 지식확산을 위하여 다문화 구성원의 생활세계 디지털 아카이브를 구축하고자 1차년도에는 서버 및 기본 체계를 구축하였다.

본 과제에서 요구되는 다문화 생활세계 아카이브를 구축하기 위해서 오픈소스 소프트웨어 디지털 아카이브 플랫폼 중에서 DSpace를 선정하였는데, 이는 DSpace가 이미 전 세계의 많은 기관에서 채택되어 운영 중에 있어 그 안정성이 검증되어 있고, 오픈소스 소프트웨어의 수정·개발과 운영에 필요한 정보를 얻기 위한 커뮤니티의 규모가 비교적 크게 형성되어 있고 무엇보다도 DSpace에서 제공하는 컨텐츠 및 이용자 관리, 자료에 대한 접근 통제 등의 기능이 잘 구현되어 있기 때문이다. 다문화 생활세계 아카이브는 현재 인터넷에서 DSpace의 소스를 내려 받아 인터넷에 연결된 서버에 설치하여 운영하고 있으며 서버에 관한 기본 정보는 다음 〈표 10-3〉과 같다.

표 10-3. DSpace 기본정보

공식 명칭	다문화 생활세계 아카이브	비고
주소	http:/165.246.135.17:8080/xmlui http:/ethno.ddns.net:8080/xmlui	영구 IP 주소 임시 도메인
홈페이지 타이틀	DSpace Repository	차후 소스코드 수정을 통해 내용 수정이 필요함
서버 사양	OS: Windows 10 CPU: Intel Core i5 RAM: 6 GB	

DSpace는 자료에 접근하는 이용자를 위한 커뮤니티를 만들 수 있도록 기능을 제공하는데 이 기능을 활용해 각 커뮤니티에 접근하는 이용자를 통제할 수 있다. 각 커뮤니티 아래에서는 또다시 하위 커뮤니티를 생성할 수 있는 기능이 제공되고 있어 특정 커뮤니티에 소속된 이용자를 대상으로 다시 하위 커뮤니티를 만들어서 커뮤니티에 대한 이용자의 접근 권한을 관리할 수 있다.

현재 '다문화 생활세계 연구팀'이라는 커뮤니티 내에는 '생애담 요약', '연구성과물', '전사자료', '참고자료'의 컬렉션이 생성되어 있으며, 각 컬렉션에는 본 과제의 연구 수행과정에서 생성되는 해당 자료가 등록, 보존된다. 이렇게 등록된 자료는 화면 우측의 Search DSpace 도구와 Browse 도구를 통해 검색된다. 현재 생성되어 있는 커뮤니티와 컬렉션에 대한 일반인의 접근은 차단되어 있으며 아카이브에 등록된 이용자 중에서 커뮤니티 관리자의 승인을 받은 이용자만이 접근할 수 있게 설정되어 있다.

디지털 기록물을 저장, 보존, 관리하기 해서 일반 컴퓨터의 파일/폴더를 사용하지 않고 DSpace와 같은 디지털 아카이브 플랫폼을 사용하는 이유는 디지털 기록물의 저장, 보존, 관리에 필요한 다양한 정보를 구조화된 메타데이터를 사용하여 기술(description)함으로써 디지털 기록물의 식별성, 상호호환성, 접근성 등을 제고하기 위함이다. DSpace는 디지털 아카이브에 업로드되는 디지털 정보자원에 대한 메타데이터를 관리자의 필요에 따라 단순하게 입력하거나 혹은 추가, 확장하여 사용하는 기능을 지원하고 있다. DSpace에 업로드된 디지털 기록물에 대한 정보를 상세히 기술하기 위해 기본적으로 더블린코어(DC) 메타데이터 세트를 사용하는데, 이는 웹에서 범용적으로 사용하도록 만들어진 메타데이터 표준이다. 이와 같은 메타데이터를 사용하여 디지털 기록물에 대한 정보를 상세히 기술하면 이러한 정보를 활용하여 디지털 기록물을 효율적으로 관리, 이용할 수 있게 되는 것이다. 본 연구에서는 자체적으로 더블린코어에서 정의하고 있지 않은 국가, 민족, 이주형태 등을 표현하기 위한 독자적인 코드를 사용하고 있는데, 이러한 코드를 메타데이터로 추가해 주기 위해서는 별도의 메타데이터 등록 화면으로 가서 필요한 자체 메타데이터 요소를 등록함으로써 유연하게 확장하여 해당 자료에 대한 메타데이터를 기술할 수 있다.

2. 2차년도 연구수행 내용 및 결과

1) 연구의 목표 및 내용

본 연구 2차년도 목표는 앞에서 국내·외 사회통합정책의 동향에 관한 총서와 파일럿 모형을 바탕으로 베트남계, 필리핀계, 캄보디아, 네팔, 미얀마, 라오스, 인도네시아 등 동남아시아계 다문화 구성원들의 생활세계 디지털 아카이브를 구축하고 동남아시아계 이주민의 생활세계 사회통합 총서를 발간하고자 연구를 진행하였다.

본 연구의 2차년도 최종 목표는 사회통합 총서 3권과 생애담에 대한 4권과 5권을 발간하는 것이다. 이를 위해 1) 심층면담 및 현지조사, 2) 파일럿 연구, 3) 국내·외 사회통합정책 동향에 관한 문헌연구, 4) 사회통합정책 모형 개발, 5) 전문가 세미나 및 학술대회 개최 등을 연구방법을 활용하였다.

본 연구에서는 연구계획에서 제시한 총서 발간의 목표를 보다 효율적이고 성공적으로 달성하기 위해 구체적인 실행 방법을 추가하였다. 1) 심층면담 및 현지조사: 연구진은 동남아시아계 다문화 구성원을 유형별로 결혼이주여성 43건, 노동자 9건, 유학생 13건, 난민 9건으로 총 74건에 대한 자료 생성, 2) 파일럿 연구: 사회통합정책 모형의 방향성을 제시하고 다문화 구성원 생활세계 디지털 아카이브 프레임 구축, 3) 국내·외 사회통합정책 동향에 관한 문헌연구: 선행연구 고찰, 국내외 정책, 동향 등에 대한 고찰을 통해 현지조사를 위한 기초자료와 이론적 토대 마련, 4) 전문가 세미나 및 학술대회 개최: 국내·외 학술대회, 국제 학술대회, 정기 워크숍 등을 통해 전문가 자문, 연구진 워크숍 등 토대연구를 위한 연구역량 강화 진행 이러한 연구 수행의 결과, 2차년도의 목표로 제시한 3권의 총서에 대한 원고 작성을 완료되었다.

본 연구는 이에 더하여 심층면담 및 현지조사 자료를 기반으로 한 디지털 아카이브의 틀을 설계하였다. 이는 본 연구를 위해 수집한 자료를 웹상에 디지털 아카이브로 구축하여 연구자료를 체계적으로 관리하여 후속연구를 위하여 데이터를 보존하고자 한다.

2) 세부 추진실적

본 연구팀의 2차년도 계획 대비 추진실적을 요약하면 다음 〈표 10-4〉와 같다.

표 10-4. 2차년도 계획 및 추진결과

	계획	추진결과
당초 계획	현지조사	• 동남아시아계 다문화 구성원 70명 사례조사 계획하여 총 74명 사례조사 실시 • 국내 현지조사 실시(동남아시아계 다문화 구성원을 유형별로 결혼이주여성 43건, 노동자 9건, 유학생 13건, 난민 9건)
	정기 워크숍 3회 개최	• 연구 사업 개시(2018년 3월), 중간보고(2018년 6월), 최종보고(2018년 8월) 3회 정기 워크숍 개최 완료 • 3회 정기 워크숍 이외 4회의 워크숍을 계획 및 실시하여 월 1회 총 7회의 워크숍을 실시함 ※ 워크숍 당초 3회 계획 대비 4회 추가 실시
	사회통합 총서 3권, 4권, 5권 발행	• 『총서 3권. 동남아시아계 이주민의 생활세계 연구』 집필 완료 및 발행(2019년 12월 출간) • 『총서 4권. 동남아시아계 이주민의 다문화 생활세계 생애담』 집필 완료 및 발행(2019년 12월 출간) • 『총서 5권. 결혼이주여성의 생애담에 나타난 주체적인 삶』 집필 완료 및 발행(2019년 12월 출간)
연구 수행 결과 관련 실적	다문화 구성원 생활세계 디지털 아카이브 구축	• 동남아시아계 다문화 구성원 생활세계 디지털 아카이브 구축
	국내·외 학술대회 참가 및 개최	• 글로컬 다문화 포럼, 디지털로지 인문사회 포럼 • ICME 국제학술대회 준비, 초국적 이주와 사회통합 학술대회 등 총 9회의 다양한 국내·외 학술대회 개최
	연구과제 관련 학회 논문 게재	• 연구책임자, 공동연구원, 전임 연구인력, 전문위원 등 본 연구와 관련하여 KCI 등재후보지 이상 학술지에 총 14건의 논문을 게재함
	연구역량 및 지식확산 제고	• 이주 및 다문화, 사회통합 이론 관련 해외학자 초청 특강 실시(싱가포르, 일본, 우즈베키스탄, 중국, 미국 등 해외학자 초청 특강 7회 개최) • 이주 및 다문화, 사회통합 이론 관련 국내학자 초청 특강 실시(4회) • 언론보도자료(7건)

2차년도 연구 실적은 크게 두 가지로 구분할 수 있다. 첫째, 동남아시아계 이주민의 생활세계 연구 총서 집필, 둘째, 동남아시아계 이주민의 연구 참여자 심층면담 및 현지조사, 동남아시아계 이주민의 생활세계 디지털 아카이브 구축이다. 이에 대한 내용은 상세히 기술하면 다음과 같다.

(1) 사회통합 총서 집필(3, 4, 5권)

총서 3권 〈동남아시아계 이주민의 생활세계 연구〉는 동남아시아계 이주민들이 어떻게 한국사회에 적응하며, 어떤 정체성의 변화를 겪는지를 심층적으로 이해하고자 이들의 생활세계를 탐색한 것이다. 연구를 위하여 동남아시아계 이주민의 생활세계를 국내·외 사회통합 정책 및 이론에 관한 문헌연구를 기반으로 다문화 구성원의 생활세계를 인지정서적 영역인 언어, 문화, 진로, 여가, 상담과 사회제도적 영역인 복지, 미디어, 경제, 인권, 교육으로 구분하여 현지조사를 실시하였다. 총서는 먼저 동남아시아계 이주민을 이해하기 위해 동남아시아계 이주민의 특성을 살펴본 후, 동남아시아계 이주민의 선행연구를 고찰하였다. 본 연구의 핵심영역인 인지정서적 영역과 사회제도적 영역으로 구분하여 동남아시아계 이주민의 다양한 경험에 대해 집필하였다. 생활세계는 권력 집단으로부터 만들어지는 제도의 모습이라기보다 어떤 사회구성원들의 일상생활로부터 구성된다. 다문화 생활세계는 바로 이주민들로부터 형성된 다양한 문화를 전제로 한다. 다문화 생활세계에서의 주체는 정주민이라기보다 이주민이며, 이들로 인해 만들어지는 생활세계를 일컫는다. 이 책은 우선 선행연구를 통해 동남아시아계 이주민의 이주배경과 특성을 살펴봄으로써 동남아시아계 이주민을 이해하는 데 도움을 준다. 각 장의 다문화 생활세계 유형별 심층연구를 위해 일정 기간 한국에 거주한 경험이 있는 동남아시아계 이주민들을 연구참여자로 선정한다. 자료수집은 다문화 생활세계 연구의 틀인 인지정서적 영역과 사회제도적 영역으로 나누어 연구참여자의 생활세계 경험을 듣고 이를 기술하여 분석하는 과정을 수행한다. 이들의 경험을 기술하기 위해 심층면담을 수행한다. 이처럼 동남아시아계 이주민의 다문화 생활세계 연구는 우리 사회 내에 증가하고 있는 동남아시아계 이주민들이 한국사회에 적응하는 데 교두보의 역할을 할 것으로 예상한다. 이를 통해 이주민들이 주류사회와 사회제도에서 소외되고 타자화되지 않고 그 안에서 자신의 삶의 영역을 만들어 나아갈 수 있길 바란다.

총서 4권 〈동남아시아계 이주민의 다문화 생활세계 생애담〉은 동남아시아계 이주민의 생애담을 유형별로 기술하였다. 이들의 생애사를 통하여 나타난 생애담을 결혼이주여성에 대한 개인별 생애담, 노동자의 생애담, 유학생의 생애담, 난민의 생애담으로 구분하여 집필하였다. 우리는 다문화 구성원을 하나의 집단으로 바라보는 다문화사회에 대한 기존의 관점을 넘어 이주민의 개별적·집단적 생활세계에 대해 이해의 지평을 넓혀가야 할 필요가 있다. 이는 다문화 구성원이 만들어나가고 있는 생활세계가 이주에 의해 만들어지는 문화다양성으로부터 파생되기 때문이다. 그러므로 사회통합정책은 상호문화적 의사소통의 공간의 형성이 바탕이 되어야 한다. 이 책은 이주민의 개별적 내러티브를 이해하여 문화다양성에 대한 우리의 인식을 제고하는 책이다. 이 연구는 주류사회로부터 각종 사회제도에서 소외되고 타자화되어 있는 이주민의 삶과 고통을 이해하고, 다양한 사회구성원들이 평화롭게 공존하는 지속가능한 사회를 위한 새로운 패러다임으로써 사회통합을 이루고자 한다. 이주민의 내러티브는 자신의 삶의 경험을 연구자와 이야기하고, 이야기한 것을 토대로 실천적인 삶을 살며, 실천 경험을 또 이야기하고 다시 살아가는 '말과 삶'의 연속적인 과정을 통해 형성된다. 따라서 이 연구는 한국사회에서 생활세계를 형성한 그들의 내러티브를 통해 이주민의 실천적 경험과 이에 대한 이주민 자신의 이야기 사이의 순환적 관계를 주목했다. 이러한 다문화사회에 대한 관점의 전환이 우리 사회를 진정한 사회통합의 길로 들어서도록 해줄 것으로 기대한다.

총서 5권 〈결혼이주여성의 생애담에 나타난 주체적인 삶〉은 결혼이주여성이 아내와 어머니의 삶을 살아가면서 자신의 삶이 어떤 과정을 통하여 정착하게 되었는지 현대사회와 젠더의 관점에서 집필하였다. 특히, 가정해체를 경험한 여성들이 어떤 과정을 통하여 자립하고 어머니로서 역할을 다하고 살아가는지에 초점을 맞추기도 하였다. 이 책은 이주민 중에서 결혼이주여성에 주목하여 그들의 생애담을 통해 그들의 삶을 이해하고, 그들을 대하는 우리의 인식을 제고하는 책이다. 결혼이주여성을 연민의 관점으로 바라보는 것을 넘어 그들의 목소리에 담긴 주체적 삶을 통해 온전한 인격체로 마주하고자 한다. 이 책은 주류 사회로부터 각종 사회제도에서 소외되고 타자화되어 있는 이주민의 삶과 고통을 이해하고, 다양한 사회구성원들이 평화롭게 공존하는 지속 가능한 사회를 위한 새로운 패러다임으로 사회통합을 구축하는 데 기여한다. 이주민의 내러티브는 자신의 삶의 경험을 연구자와 이야기하고, 이야기한 것을 토대로 실천적 삶을 살며, 실천 경험을 또 이야기하고 다시 살아가는 '말과 삶'의 연속적인 과정을 통해 형성된다. 따라서 이 책은 한국사회에서 생활세계를 형성한 그들의 내러티브를 통해 이주민의 실천적 경험과 이에 대한 이주민 자신의 이야기 사이의 순환적 관계에 주목한다. 이러한 다문화사회에 대한 관점의 전환이 우리 사회를 진정한 사회통합의 길로 들어서게 해줄 것으로 기대한다. 그러므로 사회통합정책은 상호문화적 의사소통 공간의 형성이 바탕이 되어야 한다.

(2) 동남아시아계 이주민의 연구참여자 심층면담 및 현지조사 결과 및 디지털 아카이브 구축

본 연구의 목적인 다문화 구성원의 생활세계 아카이브를 구축하고 사회

통합 총서를 발간하기 위하여 국내 거주 중인 동남아시아계 다문화구성원
인 결혼이민자, 외국인 노동자, 외국인 유학생, 재외동포로 구분하여 심층
면담을 진행하였다. 그 현황은 다음 〈표 10-5〉와 같다.

표 10-5. 유형별 연구참여자

국가명	유형별(명)	총인원
베트남, 필리핀, 태국, 캄보디아, 미얀마, 네팔, 스리랑카 외	결혼이민자(40), 외국인 노동자(9), 외국인 유학생(13), 난민(9)	71명

〈표 10-5〉와 같이 첫째, 결혼이주여성은 총 40명으로 출신국은 베트남
26명, 필리핀 7명, 태국 3명, 네팔 1명, 캄보디아 1명, 라오스 1명, 인도네
시아 1명이다. 이들의 학력은 중졸부터 대학교 졸업까지 다양하게 나타났
으며 이주기간 모두 3년부터 18년까지 다양했다. 이들의 현재 직업은 많은
사람들이 공장의 생산직에서 일하고 있었으며 음식점에서 아르바이트를
하는 사람들이 많았다. 또한 이중언어를 할 수 있다는 장점을 살려 다문화
강사나 통·번역 일을 하고 있는 사람들도 있었다. 둘째, 외국인 노동자는
총 9명으로 이들의 국적은 인도네시아 3명과 스리랑카 5명, 베트남 1명이
다. 이들의 나이는 20대와 30대이며 성별은 남자 6명과 여자 3명이다. 거
주기간은 짧게는 2년이며 길게는 9년이었고 고졸 이상의 학력을 가지고 있
었으며 대부분 공장에서 제조업을 하거나 식품가공업에서 일하고 있었다.
셋째, 동남아시아계 유학생은 총 13명으로 한국의 정규대학에서 재학하고
있는 학생들이다. 이들의 국적은 베트남 5명, 캄보디아 4명, 필리핀 3명,
스리랑카 1명이었다. 성별은 남자 6명, 여성 7명이었으며 나이는 대부분
20대와 30대 초반이었다. 학위과정은 학부 5명, 석사과정 3명, 박사과정
5명이었으며 정부초청 장학생, 대한항공 장학생, 글로벌 장학생으로 장학
지원을 받고 있는 사람도 있었다. 넷째, 난민은 총 9명으로 미얀마 카렌족

6명과 방글라데시 줌머족 3명이다. 이들의 성별은 남자가 5명, 여자가 4명이며 나이는 30세부터 48세까지이다. 이들의 거주기간은 짧게는 1년 4개월이고 길게는 19년이었다. 이렇게 2차년도에 선정한 동남아시아계 국가별·유형별 다문화 구성원의 심층면담한 연구참여자는 총 71명이었으며 베트남 32명, 필리핀 10명, 스리랑카 6명, 미얀마 6명, 캄보디아 5명, 인도네시아 4명, 방글라데시 3명, 태국 3명, 네팔 1명, 라오스 1명이다. 이러한 심층면담과 더불어 국외 다문화 현장을 조사하기 위하여 연구책임자를 비롯한 연구원들이 베트남에서 현지조사를 실시하였다.

다문화 구성원의 생활세계 디지털 아카이브를 구축하고자 1차년도에 구축한 서버 및 기본 체계에 2차년도에 수집한 동남아 출신 이주민들의 생활세계 생애담 자료를 추가하여 구축하였다.

3. 3차년도 연구수행 내용 및 결과

1) 연구의 목표 및 내용

본 연구의 3차년도에서는 1차 년도와 2차 년도에서 개발한 이론과 생활세계 디지털 아카이브에 근거하여 나머지 국가인 우즈베키스탄, 러시아, 재외동포인 고려인 및 영주귀국 사할린 한인을 배경으로 다문화 구성원들의 생활세계 디지털 아카이브 구축과 이들에 대한 사회통합 총서를 발간하는 것이다.

이와 같은 연구목표를 달성하기 위한 3차년도의 연구내용은 다음과 같이 설명할 수 있다. 첫째, 중앙아시아계 이주민들의 생활세계 적응 생애담 연구를 하였다. 중앙아시아 출신 결혼이주여성의 생애담, 그리고 사할린 한인의 삶 이야기 총서 2권(7, 8권)을 집필하였고 추가로 우리나라에서 해외

로 이주하여 살아가고 있는 한인 국제결혼여성에 대한 연구를 통해 2권의
총서(9, 10권), 중앙아시아 출신 유학생의 상호문화 소통에 대한 총서(11권)
를 집필하여 발간하였다.

인하대학교 다문화융합연구소의 사회통합총서 발간은 한국사회의 이주
민을 위한 사회통합정책 개발에 기여할 수 있을 것이다. 이는 완전한 문화
적 동화를 추구하는 사회통합정책의 문제에 대해 비판적으로 검토함으로
써 문화적 다양성을 인정하는 것이다. 또한 '경제적 동화'(고상두, 2012: 260)
를 포함하여 서로 간 합의된 이상적인 의사소통을 지향하는 상호문화모델
에 대한 정책적 논의를 통해 사회통합정책의 현실화 방안을 도출하는 것이
다. 경제적 동화는 '외국인 이주자들이 복지 수급자로 전락하지 않고 생산
적인 사회구성원으로서 역할을 담당하는 것'을 말한다. 이와 같이 국내 사
회통합정책에 대한 논의는 그동안 서구 사회통합정책의 장·단점을 객관적
으로 평가하여 보다 효과적인 정책적 대안을 마련할 수 있었다.

본 연구의 3차년도 최종 목표는 중앙아시아 출신 이주민 생애담에 대한
7권과 8권을 발간하는 것이다. 이를 위해 1) 심층면담 및 현지조사, 2) 파
일럿 연구, 3) 국내·외 사회통합정책 동향에 관한 문헌연구, 4) 사회통합정
책 모형 개발, 5) 전문가 세미나 및 학술대회 개최 등을 연구방법을 활용하
였다. 본 연구에서는 이밖에도 한국에서 해외로 이주하여 생활하는 한인이
주여성들의 생애담을 2권 추가로 집필하였다. 연구방법은 2차년도와 동일
하게 1) 심층면담 및 현지조사: 연구진은 중앙아시아계 다문화 구성원을
유형별로 결혼이주여성 21건, 사할린 한인 12건, 고려인 한인 13건, 중앙
아시아출신 유학생 8건, 재독 및 재미 한인 국제결혼 여성 15건 총 69건에
대한 자료 생성, 2) 사회통합정책 모형의 방향성을 제시하고 다문화 구성
원 생활세계 디지털 아카이브 프레임 구축, 3) 전문가 세미나 및 학술대회
개최: 국내·외 학술대회, 국제 학술대회, 정기 워크숍 등을 통해 전문가 자

문, 연구진 워크숍 등 토대연구를 위한 연구역량 강화 진행 이러한 연구
수행의 결과, 3차년도의 목표로 제시한 3권의 총서에 대한 원고 작성이 완
료되었고 추가로 독일, 미주 한인 여성 생애담을 집필하였다.

2) 세부 추진실적

본 연구팀의 3차년도 계획 대비 추진실적을 요약하면 다음 〈표 10-6〉과
과 같다.

표 10-6. 3차년도 계획 및 추진결과

계획		추진결과
	현지조사	• 3차년도 사례조사 계획은 60건이었으나 총 69건의 사례조사 실시 • 중앙아시아계 다문화 구성원 총 54명 사례조사 실시 • 독일, 미주 한인여성 15명 사례조사 실시
	정기 워크숍 3회 개최	• 연구 사업 개시(2019년 3월), 중간보고(2019년 6월), 팀별 최종보고(2019년 11월) 3회 정기 워크숍 개최 완료 • 3회 정기 워크숍 이외 팀별 온라인 모임을 통해 저서 작성을 완료함 ※ 워크숍 당초 3회 계획 대비 4회 추가 실시
당초 계획	사회통합 총서 7권, 8권, 9권 발행	• 『총서 7권. 동남아시아계 이주민의 생활세계 연구』 집필 완료 및 발행(2020년 12월 출간) • 『총서 8권. 동남아시아계 이주민의 다문화 생활세계 생애담』 집필 완료 및 발행(2020년 12월 출간) • 『총서 9권. 독일 한인이주여성의 초국적 삶과 정체성』 집필 완료 및 발행(2021년 4월 출간) ISBN: 978-89-6324-758-8(94300)) • 『총서 10권. 미국 한인이주여성의 초국적 삶과 공동체』 집필 완료 및 발행(2021년 4월 출간) ISBN: 978-89-6324-759-5(94300) • 『총서 11권. 중앙아시아 출신 유학생의 문화적응과 상호문화 소통』 집필 완료 및 발행(2021년 7월 출간) ISBN 978-89-6324-760-1(94300)
	다문화 구성원 생활세계 디지털 아카이브 구축	• 중앙아시아계 다문화 구성원 생활세계 디지털 아카이브 구축

연구 수행 결과 관련 실적	국내·외 학술대회 참가 및 개최	• 글로컬 다문화 포럼, 디지털로지 인문사회 포럼, • ICME 국제학술대회 준비, 초국적 이주와 사회통합 학술대회 등 총 9회의 다양한 국내·외 학술대회 개최
	연구과제 관련 학회 논문 게재	• 연구책임자, 공동연구원, 전임 연구인력, 전문위원 등 본 연구 와 관련하여 KCI 등재후보 이상 학술지에 총 11건의 논문을 게재함
	연구역량 및 지식확산 제고	• 이주 및 다문화, 사회통합 이론 관련 해외학자 초청 특강 실시 (2회 개최) • 이주 및 다문화, 사회통합 이론 관련 국내학자 초청 특강 실시 (20회) • 언론보도자료(17건)

3차년도 연구 실적은 크게 두 가지로 구분할 수 있다. 첫째, 중앙아시아계 이주민 그리고 재외 한인 여성 생애담, 둘째, 중앙아시아계 이주민의 연구참여자 심층면담 및 현지조사 및 중앙아시아계 이주민의 생활세계 디지털 아카이브 구축실적이다. 이에 대한 내용은 상세히 기술하면 다음과 같다.

(1) 사회통합 총서 집필(7, 8, 9, 10, 11권)

본 연구의 목적은 초국적 이주의 글로컬 다문화 시대에 적합한 사회통합 정책 모형을 제시하기 위한 사회통합 총서를 집필하는 것이다. 이에 중앙아시아계 이주민의 생활세계를 국내·외 사회통합 정책 및 이론에 관한 문헌연구를 기반으로 다문화 구성원의 생활세계를 이해하기 위하여 생애사적 내러티브의 연구방법을 활용하여 현지조사를 실시하였다. 이러한 이론 연구와 현지조사를 토대로 다문화 구성원의 생활세계 영역별 사회통합 총서를 제시하면 다음과 같다.

총서 7권 〈중앙아시아계 이주여성의 삶: 이상과 현실 사이〉에서는 중앙아시아계 결혼이주여성의 삶에 관한 이야기를 그들의 문화적응과 정체성 협상이라는 이론적 관점을 기반으로 기술한 저서다. 총서는 특히 중앙아시아계 결혼이주여성이 이주국과 정주국 사이에서 이중적 위치로 다양한 갈등적 상황 속에서 적극적으로 삶에 대응하는 행위에 대해 소개함으로써 이를 통해 국내 다문화 구성원들의 근원적인 삶과 열정을 이해하고 상호 이해의 바탕에서 공존의 가능성을 모색하고자 했다.

총서 8권 〈디아스포라와 노스탤지어: 사할린 한인의 삶과 이야기〉에서는 한국사회의 다문화 생활세계 구성원으로 영주귀국을 한 사할린 한인의 삶을 집중적으로 조명하면서 A씨와 같은 사할린 한인을 슬픈 디아스포라의 주인공으로 조명했다. 이 책의 특징은 영주귀국을 한 사할린 한인의 이야기를 통해 이주 전의 삶과 이주 후의 삶을 디아스포라와 노스탤지어 관점에서 기술한 것이다. 한국으로 귀국한 후 이들에게 느껴지는 사할린과 한국의 본질적 의미를 분석하고, 사할린과 한국의 삶의 경계에서 어떻게 초국가적 삶을 살아가고 있는지를 탐구했다.

총서 9권 〈독일 한인이주여성의 초국적 삶과 정체성〉에서는 독일의 한인이주여성들의 삶을 통해 한국사회의 다문화 생활세계를 깊이 이해하고자 한다. 세계화 시대와 네트워크 사회는 모든 것이 연결되어 있다. 그럼에도 현대사회에서는 지속적으로 혐오가 심각한 사회적 문제로 대두되고 있다. 철학자 이졸데 카림(Isolde Charim, 2018)은 타자 혐오의 핵심은 정체성의 혼란에서 야기한다고 분석한다. 반세기 전 독일로 이주한 한인여성들의 기나긴 역사를 반추하면서 이제는 다문화사회로 진입한 한국을 진단하고, 한국을 떠난 이민자들, 특히 독일로 이주한 여성들의 삶에 대한 재조명이 필요한 시점이다.

총서 10권 〈미국 한인이주여성의 초국적 삶과 공동체〉에서는 미국의 한인이주여성들을 통해 한국사회의 다문화 생활세계를 잘 이해하고자 한다. 각각 다른 스토리를 가진 7인의 한인 이주여성들이지만 그녀들은 변방의 존재 혹은 소수자로의 삶을 살지 않고 공통적으로 초국적인 삶을 살아온 한인 이주여성들이다. 성(姓)을 동시에 누리며 양국의 국민으로서 초국적인 삶을 살아온 것이다. 이러한 초국적인 삶을 살아온 7명의 연구참여자의 생애담은 현재 한국의 다문화사회에 특별한 의미를 부여한다. 그것은 그녀들의 삶이 파격과 혁신과 같은 거창한 삶이라 볼 수 있다. 즉 개인의 영웅적 면모를 드러내며 살아온 삶이 아니라 평범한 어머니로서, 아내로서 공동체 속에서 초국적 삶을 발현했다는 점이다. 7명의 연구참여자도 여느 이주민처럼 언어로 인한 소통의 벽, 남편과 갈등과 이혼, 자존감 문제, 문화 충격, 문화 갈등을 경험하는 시련과 갈등의 삶을 살아왔다. 그럼에도 불구하고 그녀들이 초국적인 삶을 실현할 수 있었던 것은 가족이라는 울타리와 함께 비혈연 관계의 가족 울타리, 즉 이주민이 참여하는 사회적 연대와 공동체가 있었기에 가능했다.

총서 11권 〈중앙아시아 유학생들의 문화적응과 상호문화 소통〉에서는 8명의 중앙아시아 출신 유학생들의 상호문화 소통 경험의 양상을 기술하고 상호문화 소통 경험의 의미를 탐색하는 데 주안점을 두었다. 연구참여자들이 한국 사람들과 한 소통은 한국 유학생활, 한국사회 및 문화에 적응하는 데 있어서 큰 도움을 주었다. 그들은 한국인 친구들과 소통하면서 유학생활의 어려움을 극복하고 한국의 사회와 문화에 대한 이해도도 높일 수 있었음을 알수 있었다. 또한 재한 우즈베키스탄 유학생들의 상호문화소통 역량을 분석한 결과 자극선호가 '따뜻한 마음'이었던 연구참여자들의 상호문화소통 역량은 '공감 → 글로벌 태도 → 동기 → 상호작용 참여' 등 과정을 통해서 자극선호가 '새로운 경험'이었던 재한 우즈베키스탄 유학생들은 '글로벌 태도 → 상호작용 참여'를 통해서 상호문화소통 역량을 향상시켰다.

이를 통해 재한 우즈베키스탄 유학생들의 상호문화소통 경험은 그들에게 '따뜻한 마음'이라는 의미를 가진다. 그들은 한국에 유학을 와서 느꼈던 외로움이나 학교생활에서의 어려움을 이러한 소통을 통해서 극복할 수 있었다. 따라서 상호문화소통은 유학생들이 한국의 사회나 문화, 또는 학업

생활에 적응하는 데 많은 기여를 한다고 할 수 있다. 재한 우즈베키스탄 유학생의 상호문화소통 역량은 타문화권 사람들과의 소통을 통해 향상되었다. 다시 말하면, 그들에게 다양한 문화적 배경을 지닌 사람들과의 상호문화소통은 인간 자체 및 본질에 대한 교훈이었다. 그들은 상호문화소통을 통해 유사한 점이나 차이점을 찾고 이러한 다른 점을 '틀림'으로가 아니라 '다양함'으로 인식하고 다양성을 개방적인 마음으로 받아들이고 있었다. 따라서 이 관점에서 볼 때 연구참여자들에게 상호문화소통은 곧 세상과의 소통이라고 할 수 있다.

(2) 중앙아시아계 이주민의 연구참여자 심층면담 및 현지조사 및 디지털아카이브 구축

본 연구의 목적인 다문화 구성원의 생활세계 아카이브를 구축하고 사회통합 총서를 발간하기 위하여 국내 거주 중인 동남아시아계 다문화 구성원인 결혼이민자, 외국인 노동자, 외국인 유학생, 재외동포로 구분하여 심층면담을 진행하였다. 그 현황은 다음 〈표 10-7〉와 같다.

표 10-7. 유형별 연구참여자

국가명	유형별(명)	총인원
러시아, 우즈베키스탄, 키르키스스탄, 몽골, 카자흐스탄, 독일, 미국 외	사할린 한인(12), 고려인(13), 결혼이주여성(21), 독일이주 한인여성(9), 미주이주 한인여성(7), 외국인 유학생(8)	70명

〈표 10-7〉와 같이 첫째, 결혼이주여성은 총 21명으로 출신국은 러시아, 우즈베키스탄, 키르키스스탄, 몽골, 카자흐스탄으로 다양하게 드러난다. 이들의 학력은 중졸부터 대학원 졸업까지 다양하게 나타났으며 이주기간은 모두 3년부터 18년까지 다양했다. 이들의 현재 직업은 대부분 공장에서 생산직으로 근무하고 있었으며 음식점에서 아르바이트를 하는 경우였다.

또한 이중언어를 할 수 있다는 장점을 살려 다문화강사나 통·번역일을 하고 있는 사람들도 있었다. 둘째, 재외한인은 모두 41명이다. 그중 사할린 한인은 12명, 고려인 한인은 13명, 독일이주 한인 여성은 9명, 미주이주 한인 여성은 7명이다. 한인들의 연령대는 모두 60세 이상이며 사할린 고려인 한인들은 영주귀국을 선택했거나 현재 진행 중이다.

독일이주 한인여성과 미국이주 한인여성들은 월드킴와라는 단체에 소속되어 있었는데 한국에서 월드킴와 대회가 열렸을 때 이들을 만나 생애사에 대한 면담을 진행하였다. 그중 두 명은 독일 현지에서 면담을 직접 진행하였다. 연령은 60대와 70대이며 해외 거주기간은 20년 이상이며 독일이나 미국 국적을 소유하였고 소속국에서 어느 정도의 재력을 갖추고 있었다. 대부분 전문직에 종사하거나 사업을 운영한 경험이 있으며 현재 사회적 활동을 활발히 하고 있었다. 셋째, 중앙아시아계 유학생은 총 8명으로 한국의 정규대학에서 재학하고 있는 학생들이다. 이들의 국적은 우즈베키스탄 8명이다. 3차년도는 코로나의 전국적 확산 시기여서 현지조사에 여러모로 어려움이 있었다.

3년간 구축한 다문화 구성원의 생활세계 아카이브자료는 연구목적으로만 활용할 예정이다. 본 연구소에서 구축한 디지털 아카이브자료는 본 연구소가 구축한 DSpace 서버에 저장하여 국내 다문화 구성원의 생활세계 디지털 아카이브를 구축하였다. 최종 구축된 아카이브는 강화된 연구윤리 규정에 근거, 연구참여자의 개인정보 보호를 위하여 연구소 내에서 연구윤리 이수교육을 받은 연구자 그리고 연구소장의 승인을 거친 자에게만 공개하고자 한다.

11

이주민 문화기술지 연구성과와 활용

1. 연구결과 활용계획

1) 학문적 기여

(1) 사회적 담론 확장 및 새로운 패러다임 제공

본 연구는 그동안 다문화사회의 도래에 따른 다문화 구성원들의 문화적 응과 그에 따른 문제점에만 초점을 맞추어 왔던 사회통합의 담론을 뛰어넘어 이들의 문화공존을 위해 모든 사회구성원의 합의를 통한 소통이 필요하다는 시대성을 반영하고 있다. 아울러 본 연구는 다문화사회의 사회통합을 위한 연구에 새로운 패러다임을 제공할 수 있는 학문적 기대효과를 제시할 수 있다. 본 연구를 통하여 사회통합총서 11권 발행, 등재후보이상 학술지 논문을 총 44편 게재, 관련 주제 학술대회 발표 50건, 주제 관련 저서 15권 집필하였다. 이러한 연구성과를 기반으로 사회 그동안 산재되어 있던 국가별 사회통합정책의 동향을 하나의 총서에 담아내어 연구자들에게 국내외 사회통합정책에 대한 접근성을 높일 뿐만 아니라, 현장에서의 다문화 구성원들의 실제적 요구를 정확히 파악하여 우리 사회에 거주하는 다문화 구성원의 문제에 대한 담론을 확산시키며 관련 이슈를 재생산함으로써 학술적 결과를 활용할 수 있는 지평을 넓힐 것이다.

(2) 다문화 구성원의 사회문화적 특성에 따른 접근

에스노그래피는 다문화 구성원들과의 문화공존과 사회통합을 위하여 그들이 속한 문화공유집단이 갖고 있는 가치, 행동, 신념, 언어 등 학습된 문화적 패턴을 기술 해석하고, 그들의 국가별, 사회문화적 특성을 고려한 생활세계 속의 삶의 이야기를 이끌어 낼 수 있는 연구방법이다. 즉 이러한 방법을 이용하여 각 국가별·유형별·영역별 실제 현지조사를 통해 보다 다양한 내용을 추출할 수 있다. 따라서 본 연구에서 지향하고자 하는 합의에 의한 사회통합정책의 방향성을 제시하는 데 적합한 방식이라 할 수 있을 것이다.

(3) 사회통합정책의 방향성을 제시

본 연구는 주류사회로부터 각종 사회제도에서 소외되고 타자화되어 있는 결혼이민자를 비롯한 다문화 구성원들의 근원적인 삶과 고통을 이해하고, 더 나아가 이들 역시 우리 사회의 일원으로서 공존할 수 있는 지속가능한 다문화사회를 확립하고 실천하는 것을 목표로 하는 것이다. 이러한 목표를 달성하기 위해 수집된 자료들은 사회학과 교육학뿐만 아니라, 문화인류학, 여성학, 복지학, 정치학 등 인접학문의 저변 확대와 융복합연구의 활성화에 기여하고, 다양한 사회통합 프로그램 개발 등의 현실 대응적 실행연구에도 활용할 수 있을 것이다.

2) 사회적 기여

(1) 다문화 구성원의 다양한 문화를 이해하고 존중하는 사회통합정책의 기틀 마련

기존에 한국사회의 사회통합정책은 정주자와 이주자의 문화 갈등 해소를 위해 동질성을 강조하는 가운데 동화주의 위주의 정책과 연구가 이루어져 왔다. 하지만 지속가능한 다문화사회로 나아가기 위해서는 한국사회 내 문화의 다양성과 이질성을 이해하고 인정하는 작업이 필요하다. 이를 위해 다문화 구성원들에 대한 담론을 확산하고, 이들의 한국에서의 적응, 정체성 확립, 재사회화 등에 대한 문제 해결의 실마리를 제공해야 한다. 이를 통해 다문화 구성원들의 입장에서 이해하고 바라볼 수 있는 문화상대주의적인 태도와 인식을 확대하는 데 기초자료로 활용될 수 있을 것이다.

(2) 다문화 정책의 방향성을 제시하기 위한 기초자료로 활용

본 연구는 다문화 구성원들의 생활 세계를 연구함으로써 사회통합정책의 방향성을 제시할 수 있다. 다문화 구성원들의 경험을 기초로 하여 얻어진 연구결과물은 인권법 및 정책 개발, 언어교육 프로그램, 건강 및 의료, 복지 및 상담서비스를 제공하는 데 유용하게 활용될 것이다. 또한 연구결과물에는 각 국가별 고유한 문화와 인식체계가 고스란히 녹아있기 때문에 그들의 문화다양성을 이해할 수 있는 토대가 될 것이다. 다시 말하면, 본 연구는 사회, 문화, 정치, 여성, 복지, 교육 등 한국사회 전반에 걸쳐서 문화적 공존을 위해 새로운 정책이나 서비스를 제공하는 다양한 영역에 방향성을 제시하기 위한 실제적 자료로서 폭넓게 활용할 수 있을 것이다.

(3) 국내외 연구자 및 현장전문가, 지역 내 기관들과 교류할 수 있는 기반 마련

다문화 구성원들의 생활세계 디지털 아카이브와 사회통합 총서는 다문화 구성원들이 어떠한 사고방식을 가지고 어떻게 행동하며, 어떠한 생활세계를 가지고 있는지에 대한 기초자료를 제공한다. 그리고 이러한 자료는 다문화 구성원을 비롯한 국내외 연구자와 현장 전문가들의 교류 활성화, 지역 내 공공기관과의 긴밀한 협력으로 복지 및 서비스 제공, 정책 수립 등 사회통합 구현을 위한 거버넌스 구축에 활용될 것이다.

3) 인력 양성 방안

(1) 질적연구자로서 역량 강화

본 연구에 참여한 전임연구원 및 학문후속세대(석·박사급 연구보조원)들에게 현지조사 또는 워크숍과 학술대회 등을 진행함으로써 현장 전문가로 성장할 수 있는 기회를 제공하고, 대학원 과정에서 개발되어야 할 핵심역량(기본역량, 국제화역량, 학문공동체 참여역량, 지식역량, 연구역량)을 강화시킬 수 있다. 또한 공동연구원들은 각자의 연구 분야에서 보다 학술적이고 심층적인 연구를 통해 사회통합정책을 구현하는 데 자문역할을 담당할 수 있을 것이다.

(2) 다문화 구성원들의 역량을 강화

본 연구를 진행함에 있어 다문화 구성원들, 즉 결혼이민자, 외국인 근로자, 외국인 유학생, 재외동포들에 대한 심층면담과 참여관찰을 통해 그들이 지닌 잠재적 달란트, 기술, 외국어 등의 역량을 발굴하여 활용할 수 있다. 그러한 역량을 통해 모국과 거주국, 지역과 지역을 연결하는 가교적 역할의 전문가로 성장할 수 있는 기회를 제공할 수 있을 것이다. 또한 다문화 구성원들 중에서 초기에 이주한 구성원들의 롤모델로서의 역할, 즉 멘토의 역할과 기능을 수행할 수 있는 역량을 기를 수 있는 계기를 마련할 것이다.

(3) 다문화교육 관련 강의할 수 있는 전문 인력 양성

본 연구는 다문화 구성원들과 내국인 간의 문화공존의 필요성을 인식하게 하여 사회통합 프로그램이나 다문화사회전문가 과정과 연계함으로써 다문화교육 관련 강좌를 강의할 수 있는 전문 인력을 배출하는 데 기여할 수 있다. 구체적으로 사회통합 프로그램은 이민자가 국내 생활에 필요한 한국어, 한국문화를 체계적으로 습득하기 위하여 다문화 구성원들에게 우리 사회나 문화에 대해 학습할 권리를 주장할 수 있는 통로를 열어주는 역할을 한다. 또한 다문화사회 전문가는 사회통합프로그램이나 조기적응프로그램 등 이민자 대상의 사회통합 지원정책에서 강사 등으로 활동할 수 있는 전문 인력을 말한다. 이처럼 본 연구는 다문화 구성원들과의 긴밀한 만남을 통해 이루어진 자료, 워크숍, 세미나, 국내외 학술대회 등에서 습득한 역량을 통해 다문화 구성원들과 내국인들 간의 매개역할을 하는 전문 인력을 배출하는 데 기여할 수 있다.

4) 교육 연계 활용 방안

(1) 다양한 삶의 이야기를 통해 다양한 문화를 경험할 수 있는 교육 자료로 활용

본 연구에서 수집된 자료는 그들의 삶의 입장에서 기술되었기 때문에 다양한 나라의 문화를 쉽게 이해할 수 있다. 또한 현지조사에서만 얻을 수 있는 실제 상황이 잘 녹여져 기록되었기 때문에 교육기관 및 공공기관의 교육 자료로 활용될 수 있다. 예를 들면, 다문화 구성원과 내국인 간의 사회통합을 확립하기 위해서 우리 사회에 거주하는 다문화 구성원에 대한 담론을 변화시킬 최초의 이론 및 정책의 지침서가 될 것이다. 또한 지금까지 연구된 사회통합의 문제점을 단편적이 아닌 융합적으로 분석하여 지속가능발전교육의 당위성을 역설함으로써 사회통합 논의와 다문화 구성원에 대한 새로운 지평을 열어줄 수 있는 주요 교육 자료가 될 것이다.

(2) 한국사회구성원들의 상호 이해를 위한 사회통합교육 자료로 활용

본 연구는 다문화 구성원들의 삶에 대한 이야기를 기반으로 하였기 때문에 사회통합교육에 있어서 획기적인 변화를 도모할 수 있을 것이다. 다문화 구성원들의 삶을 통한 다문화교육은 본 연구를 통해 다문화 구성원의 모국과 한국의 문화적 공통점과 차이점을 발견하게 한다. 이로써 내국인에게 문화상대주의적인 가치를 인식하게 하여 다문화 구성원과의 사회통합을 이룰 수 있는 자료가 될 수 있을 것이다. 본 연구에서 발간된 사회통합 총서들은 상호 간의 문화다양성과 이질성을 이해시켜줄 수 있는 자료뿐만 아니라, 사회통합교육에 유용하게 활용될 것이다.

(3) 다양한 교육현장 및 다문화교육과 관련된 사회통합교육의 교재로 활용

본 연구결과물은 각 대학의 학제간 융합과정이나 이주 및 다문화(교육) 관련 수업 교재로 활용할 수 있다. 지금까지 다문화 구성원들을 위한 한국어교육 및 문화교육은 대부분 한국의 언어와 문화를 학습하는 방식으로 이루어져 왔다. 그런데 올바른 문화교육과 사회통합교육이 이루어지기 위해서는 한국문화의 이해와 더불어 다문화 구성원들의 문화, 정서, 인식체계가 담긴 교육이 동시에 이루어져야 한다. 다문화 구성원들의 생활세계가 담긴 사회통합 총서는 인류 보편적 정서를 다루면서도 각 국가별·민족별 정체성을 담고 있기 때문에 상호문화교육에 매우 적합한 교재가 될 수 있다. 이 사회통합 총서 자료를 활용한 문화교육과 사회통합교육을 통해 이주자는 주체성과 주도성을 가진 한국사회구성원으로서 성장해 나가고, 정주자는 이주자의 다름을 이해하고 동등한 한국사회구성원으로 자연스럽게 받아들이는 성숙한 시민의식을 키워나갈 수 있다. 또한 초·중·고 교사를 위한 다문화교육 교재, 다문화교육 교사 양성 교재, 다문화 교과 교재 개발 등 다양한 분야에서 그 가치를 발현하게 될 것이다. 이와 같이 본 연구결과물은 다양한 교육 현장에서 교육 자료로 활용될 것이다.

2. 참여연구진의 연구성과

1) 참여연구진 실적

본 연구팀 연구책임자 및 공동연구진 연구보조원의 연구실적은 다음과 같다.

(1) 학술지 논문게재(사사표기 논문 총 44편)

다음 〈표 11-1〉은 연구진들이 본 연구를 통해 산출한 국내 등재 후보이상, 국제 학술지 논문게재실적이다.

표 11-1. 연차별 학술 논문 계획 및 실적

년도	실적종류	계획	추진실적	목표달성도
1차년도	학술지 논문 게재	건수 특정하지 않음	20	과달성
2차년도	학술지 논문 게재	건수 특정하지 않음	14	과달성
3차년도	학술지 논문 게재	건수 특정하지 않음	11	과달성

연구진 논문의 연차별 주제는 다음 〈표 11-2〉와 같다.

표 11-2. 연구진 논문의 연차별 주제

년도	일자	논문주제	게재학술지
1차 년도	2018.03.	외국인노동자에 대한 법정책의 연구 -인권침해의 방지 및 사회통합을 중심으로-	법과정책 18(1)
	2018.04.	결혼이주여성의 생활영역별 사회복지경험에 관한 사례연구	여성학연구 28(1)
	2018.04.	중국계 결혼이주민의 자녀 이중언어교육 경험에 관한 연구	한국언어문화학 15(1)
	2018.04.	사회통합을 위한 결혼이주여성의 차별 경험 의미화 과정 연구 -자녀의 학교생활에서의 경험을 중심으로-	문화콘텐츠연구 12
	2018.04.	중국계 결혼이주민의 진로개발 경험에 나타난 전환학습 탐색	교육문화연구 24(2)

	2018.04.	중국계 결혼이주여성이 경험하는 중국 춘절과 한국의 설에 대한 사례연구	다문화와 평화 12(1)
	2018.04.	중도입국자녀를 위한 복지서비스의 실제와 방향성에 관한 연구	인문사회21 9(2)
	2018.04.	문화적으로 적합한 교수법 실행 경험에 대한 내러티브 연구: 공립 다문화학교 교사의 실천 사례를 중심으로	교육문화연구 24(2)
	2018.05.	사회통합적 접근에서 본 재한중국 유학생의 여가경험 의미 분석	여가학연구 16(2)
	2018.05.	국내·외 인권정책을 통한 이주민 인권보호의 방향 모색	문화교류연구 7(2)
	2018.06.	재한 중국동포 유학생의 문화 적응 과정을 통해 본 정체성협상과 그 의미	겨레어문학 60
	2018.06.	중국인 유학생들의 대학교육 서비스 경험에 관한 연구: 수도권 지역의 A대학교를 중심으로	교육문화연구 24(3)
	2018.06.	중국계 외국인근로자의 인권 차별 경험을 통한 인권보호 대안모색	교육문화연구 24(3)
	2018.12.	재독 한인 국제결혼여성의 생애사에 나타난 이주의 의미	교육문화연구 24(6), 교신저자
	2018.12.	A Study On The Experiences Of Pre-Service Teachers Participating In A Cooperative-Learning-Based Class	Turkish Online Journal of Educational Technology, 주저자
	2018.12.	통합을 지향하는 중국계 결혼이주여성의 문화 적응 양상과 의미화 방식에 대한 고찰	문화콘텐츠연구 14, 단독
	2019.01.	Exploring the Narratives on Domestic Violence Experienced by Married Immigrant Women in Korea	Turkish Online Journal of Educational Technology, 교신저자
	2019.02.	재독 한인 국제결혼이주여성의 문화 간 커뮤니케이션에 관한 연구	다문화사회연구 12(1), 교신저자
	2019.02.	문화번역 개념을 통한 상호문화 한국어교육 패러다임 탐색	언어와 문화 15(1), 교신저자
	2019.02.	다문화청소년을 위한 문화예술 스토리텔링 교육프로그램 운영 사례연구	문화교류연구 8(1), 교신저자
2차 년도	2019.03.	스리랑카 이주 집단의 적응 전략과 다중적 정체성	국제지역연구 23(1), 교신저자
	2019.03.	A case study on the collage art therapy for immigrant youths	Education and Information Technologies 24, 교신저자

	2019.04.	부모와의 관계 맺기 방식이 결혼이주여성의 삶에 미치는 영향과 그 문학치료적 의미	문학치료연구 51, 단독
	2019.04.	학업을 통한 결혼이주여성의 자기성장과정에 관한 연구	교육문화연구 25(2), 단독
	2019.05.	재한 중국동포 출신 결혼이주여성의 취업 경험에 대한 질적연구	학습자중심교과교육연구 19(10), 교신저자
	2019.05.	사회통합적 관점에서 본 동남아시아계 결혼이주여성의 여가경험과 의미	문화교류연구 8(2), 교신저자
	2019.05.	베트남 결혼이주여성의 가족관계에 관한 상호 문화적 해석	문화교류연구 8(2), 단독
	2019.06.	카렌족 재정착 난민의 적응 경험에 관한 연구	디아스포라연구 13(1), 교신저자
	2019.06.	다문화 스토리텔링 프로그램에 멘토로 참여한 청소년의 다문화 멘토링 경험에 관한 연구	한국교육문제연구 37(1), 교신저자
	2019.06.	난민의 인권의식과 인권교육에 관한 연구	인문사회21, 주저자
	2019.06.	난민의 한국사회 정착과정에 관한 연구	다문화사회연구 12(2), 단독
	2019.06.	외국에서의 인권침해와 강제송환 금지원칙	한국법정책학회, 교신저자
	2019.06.	우즈베키스탄 유학생의 대학생활에서의 의사소통 경험에 관한 연구	학습자중심교과교육연구 19(11), 교신저자
	2019.06.	동남아시아 출신 외국인 노동자의 노동현장에서 문화갈등 사례연구	현대사회와 다문화 23(6), 주저자
	2019.09.	베트남 소수민족 교육 현황과 사례분석: 짤라이(Gia Lai)성 소수민족 교육을 중심으로	학습자중심교과교육연구, 9(17)
	2020.02.	가정해체를 경험한 이주여성의 자녀 언어 학습 경험에 관한 사례연구	열린교육연구, 28(1)
	2020.02.	난민공동체에 나타난 민족정체성에 관한 질적 연구	현대사회와다문화, 10(1)
3차 년도	2020.02.	국내 외국인 유학생의 문화적응 경험에 관한 현상학적 연구	열린교육연구, 28(1)
	2020.05.	통일교육 연구의 키워드 네트워크 분석	통일문제연구, 32(1)
	2020.06.	미국 다문화교육의 패러다임 변화와 시사점 고찰	교육문화연구, 26(3)
	2020.07.	1970-80년대 서유럽으로 유학한 한인 여성의 임파워먼트 형성과정에 관한 생애사적 연구	문화교류와 다문화교육, 9(3)

2020.08	독일 한인이주여성의 초국적 정체성에 관한 생애사적 내러티브 연구	언어와문화, 16(3)
2020.09	다문화가정 학생 진로상담에 관련한 국내연구 동향에 관한 탐색적 연구	한국교육문제연구, 38(3)
2020.11	사회통합을 위한 결혼이주여성의 상호문화 소통 탐색	현대사회와 다문화, 10(4)
2020.11	Exploring the Meaning of Double Nostalgia in the Life Histories of Sakhalin Koreans	The Review of Korean Studies, 23(2)

(2) 학술대회 발표(50회)

본 사업에 참여한 연구참여자, 전임연구원, 공동연구원은 연구기간 동안 본 연구의 내용을 바탕으로 다양한 학술대회 발표 현황은 다음 〈표 11-3〉 과 같다.

표 11-3. 연차별 학술대회 발표 주제

년도	일자	발표 주제	비고
1차 년도	2017.09.12.	2017 제8회 아시아미래지식인 한중일 국제학술포럼 "아시아 다문화 현상 사례: 한국 내 외국인 유학생의 문화적응실태"	서울 혁신파크
	2017.10.21.	한국언론학회 2017 가을철 정기학술대회 "인문도시 와 소통: 도시공간과 이야기하기가 가능한가?"	중앙대학교
	2017.10.27.	인문사회과학기술융합학회 2017년도 추계학술대회 "베트남 출신 결혼이주여성의 한국 전통명절 경험을 통해 본 문화접촉"	국립 한국교통대학교
	2017.10.27.	인문사회과학기술융합학회 2017년도 추계학술대회 "결혼이주여성을 위한 문학치료 방안 탐색" 발표	국립 한국교통대학교
	2017.10.28.	2017年第八屆東北亞民族文化論壇"中韓關係的現像 及未來展望學術研討會論文集 "중국계 다문화 구성원 의 생활세계 아카이브 구축에 관한 연구"	중국 중앙민족대학교
	2017.10.28.	2017年第八屆東北亞民族文化論壇"中韓關係的現像 及未來展望學術研討會論文集 "中途入韓靑少年的整 体性治理因素研究"	중국 중앙민족대학교
	2017.11.10.	한국언어문화교육학회 2017년 추계학술대회 "우즈 베키스탄 대학 한국어교육의 현황 및 개선 방안"	계명대학교
	2017.	한국언어문화교육학회 제25차 전국학술대회 "이주민	계명대학교

11.10.-11.	생활세계 아카이브 구축 방안"	
2017.11.25.	2017년 추계학술대회 질적연구의 즐거움 "질적연구, 세상에 물음 던지기"	호연재교육문화원
2018.01.03.	2018 이화다문화연구소 학술대회 "다문화교육과 상호문화교육: 다양성에서 이타성으로"	이화여자대학교
2018. 02.07.-09.	2018 한국언어문화교육학회 제13차 국제학술대회 "다문화사회의 한국문화교육"	베트남다낭외국어대학교
2018. 02.07.-09.	2018 한국언어문화교육학회 제13차 국제학술대회 "A STUDY on the Domestic Violence Experience of Married Immigrant Women in Korea" 공동 발표	베트남다낭외국어대학교
2018. 02.07.-09.	2018 한국언어문화교육학회 제13차 국제학술대회 "외국인노동자의 인권침해에 대한 연구"	베트남다낭외국어대학교
2018. 02.07.-09.	2018 한국언어문화교육학회 제13차 국제학술대회 "중국계 결혼이주민의 이중언어교육 경험의 의미" 공동 발표	베트남다낭외국어대학교
2018. 02.07.-09.	2018 한국언어문화교육학회 제13차 국제학술대회 "사회통합을 위한 중국인 유학생들의 대학 교육서비스에 관한 연구"	베트남다낭외국어대학교
2018. 03.13.-14.	THIRD CONFERENCE ON ONE ASIA COMMUNITY IN EUROPE: MIGRATION IN ASIA "Double Nostalgia: Life History of Sakhalin Immigrant Koreans"	이탈리아로마대학교
2018.03.24.	한국리터러시학회 창립기념 학술대회 "다문화 리터러시를 위한 질적연구방법 탐색"	성균관대학교
2018.03.24.	한국리터러시학회 창립기념 학술대회 "재한 이주민의 언어문화 리터러시 경험에 관한 연구"	성균관대학교
2018.04.28.	한국리터러시학회 창립기념 학술대회 "중국계 결혼이주여성의 경제적 지위의 변화에 따른 생활세계 형성 경험"	성균관대학교
2018.05.19.	2018 한국언어문화교육학회 제26차 전국학술대회 "우즈베키스탄에서의 한국어교육 역사"	인하대학교
2018.05.16.	한국언어문화교육학회 제26차 전국학술대회 "한국어 학습자의 상호문화 리터러시 경험의 의미"	인하대학교
2018.05.16.	한국언어문화교육학회 제26차 전국학술대회 "중국계 이주민의 한국사회 적응 양상과 그 의미"	인하대학교
2018. 05.20.-22.	건국대학교 이주·사회통합연구소 사할린 학술대회 "A Study on the Nostalgia of Sakhalin Korean Immigrants"	사할린인문기술대학교

2018.10.27.	2018년 International conference on Multiculture and Education에서 "A Study on Communication Experiences of International Marriage Korean Women in Germany"	인하대학교
2018.11.09.	한국민속학자대회에서 "스토리텔링으로 민속학의 경계 넘기: 지역과 민족에서 다문화로" 발표	인하대학교
2018.11.10.	한국민속학자대회에서 "포토텔링 기반 사할린 영주 귀국자 생애 스토리텔링 모형"	인하대학교
2018.11.10.	한국민속학자대회에서 "생활세계 기반 다문화 스토리텔링의 필요성과 그 방향: 결혼이주여성을 중심으로"	인하대학교
2019.01.21.	한국언어문화교육학회 제14차 국제학술대회에서 "재중동포 출신 결혼이주여성의 취업경험에 대한 연구"	일본 메이오대학교
2019.01.21.	한국언어문화교육학회 제14차 국제학술대회 "학업을 통한 결혼이주여성의 자기성장에 관한 연구"	일본 오키나와 메이오대학교
2019.01.21.	한국언어문화교육학회 제14차 국제학술대회에서 "동남아시아계 유학생의 미디어 리터러시 경험에 관한 연구"	일본 메이오대학교
2019.01.21.	한국언어문화교육학회 제14차 국제학술대회에서 "재정착 난민 적응 경험에 관한 탐색적 연구"	일본 메이오대학교
2019.01.21.	한국언어문화교육학회 제14차 국제학술대회 "동남아시아계 이주 노동자의 문화 적응 생애담 연구"	일본 메이오대학교
2019.05.04.	한국국제문화교류학회 춘계 공동 학술대회 "마을문화 콘텐츠와 스토리텔링- 전라남도 무안군 복길리 이야기"	목포대학교
2019.05.04.	한국국제문화교류학회 춘계 공동 학술대회 "동남아시아계 결혼이주여성의 생활세계 형성- 문화 적응과 경제적 적응을 중심으로"	목포대학교
2019.05.03.	한국국제문화교류학회 춘계 공동 학술대회 "난민의 한국사회 정착과정에 관한 연구"	목포대학교
2019.05.03.	한국국제문화교류학회 춘계 공동 학술대회 "베트남 출신 결혼이주여성의 생활세계에 대한 상호문화성에 관한 내러티브 연구"	목포대학교
2019.05.19.	한국언어문화교육학회 제26차 전국학술대회 "중국계 이주민의 한국사회 적응 양상과 그 의미"	인하대학교
2019.05.25.	한국언어문화교육학회 제28차 전국학술대회 "가정해체를 경험한 이주여성의 자녀 언어 학습 경험 연구"	연세대학교

(2차 년도)

	2019. 11.15.-17.	2019 年第十届东北亚民族文化论坛학술대회 "Life Story of Korean Migrant Women in Germany: focused on Identity Negotiation"	인하대학교
	2019. 11.15.-17.	2019 年第十届东北亚民族文化论坛학술대회 "在韩中国移民者的跨文化适应研究"	인하대학교
	2019. 11.15.-17.	2019 年第十届东北亚民族文化论坛학술대회 "Globalization and International Cooperation for Global Citizenship Education"	인하대학교
	2019.12.14.	제29차 한국언어문화교육학회 전국학술대회 "에스노그래피를 활용한 다문화 구성원의 생활세계 디지털아카이브 구축 및 사회통합 총서"	인하대학교
	2020.05.07.	다문화사회와 리터러시 워크숍 "다문화사회의 리터러시와 프락시스의 변증법의 이해"	서울교육대학교
	2020.05.07.	다문화사회와 리터러시 워크숍 "애니메이션 리터러시를 통한 다문화 미디어교육"	서울교육대학교
3차 년도	2020.05.30.	2020호남대학교 인문사회과학연구소 인하대 다문화 융합연구소 공동학술대회 "중앙아시아 결혼이주여성 생애담 연구"	호남대학교
	2020.05.30.	2020호남대학교 인문사회과학연구소 인하대 다문화 융합연구소 공동학술대회 "독일 한인이주여성의 정체성에 관한 생애담 연구"	호남대학교
	2020.06.26.	2020 인하대학교 다문화융합연구소 공동학술대회 "사회통합정책을 위한 결혼이주여성의 상호문화 소통 탐색"	송도 센트럴파크호텔
	2020.07.04.	2020 한국언어문화교육학회 제30차 전국학술대회 "중앙아시아 고려인 결혼이주여성의 생활세계 적응 생애담"	온라인 개최
	2020.07.04.	2020 한국언어문화교육학회 제30차 전국학술대회 "재독 한인이주여성의 생애담 연구 모형과 실제"	온라인 개최
	2020.07.04.	2020 한국언어문화교육학회 제30차 전국학술대회 "사회통합 정책을 위한 결혼이주여성의 상호문화 소통 탐색"	온라인 개최

(3) 연구보조원의 학위 배출실적(6건)

본 연구에는 3년간 모두 9명의 다문화교육전공 박사과정생이 연구보조 원으로 참여하였고 그중 6명이 박사학위를 받고 졸업하였다. 연차별 졸업생의 학위 논문주제는 다음 〈표 11-4〉와 같다.

표 11-4. 연구보조원의 학위논문 주제

연차	학위논문 주제	취득학위
1차년도	재한 중국동포 결혼이주여성의 생애경험 탐구: 인정투쟁의 내러티브를 중심으로	박사학위
2차년도	이주배경 중도입국 청소년의 미술-이야기융합치료 프로그램 참여 경험 사례연구	박사학위
	초등교사의 탈북학생 교육 경험에 관한 상호문화교육적 의미 탐구	박사학위
3차년도	파독 간호사 출신 한인 여성의 이주생애사 연구	박사학위
	베트남어권 한국어 학습자의 요청-거절 화행에 관한 연구 : 비교문화 화용론적 접근	박사학위
	한부모이주여성 삶의 성장 경험에 관한 생애사적 내러티브 연구	박사학위

(4) 공동저서 발간(15건)

본 연구에 참여한 연구책임자 그리고 참여연구진은 사사표기한 사회통합 총서 11권 이외에도 토대연구 자료를 기초로 하여 연구개시일 2017년 9월부터 현재까지 총서 이외 다양한 국내 다문화관련 저서들은 다음 〈표 11-4〉와 같다.

표 11-5. 총서 이외 저서 발간 실적

출판일	저서명	출판사
2017.12.30.	『다문화교육의 이론과 이론가들』	북코리아
2018.01.18.	『질적연구의 즐거움』	창지사
2018.02.25.	『인문 콘텐츠와 인물 스토리텔링』	북코리아
2018.02.25.	『마을 문화기술지와 스토리텔링』	북코리아
2018.06.15.	『카자흐스탄 고려인 생애사 스토리텔링 연구』	북코리아
2018.06.15.	『사할린 한인의 노스텔지어 이야기 탐구』	북코리아
2018.06.15.	『사할린 한인의 다양한 삶과 그 이야기』	북코리아
2018.09.30.	『공유된 미래 만들기: 지속가능발전교육과 세계시민교육』	한국문화사
2019.03.15.	『행복은 어디에서 오는가』	북코리아
2019.09.30.	『다문화교육과 협동학습 경험』	학지사

2020.01.30.	『사할린 한인 한국어교육자의 생애 이야기』	한국문화사
2020.02.18.	『한국다문화사회의 교육과 복지 실천』	집문당
2020.03.30.	『이주여성의 상호문화 소통과 정체성 협상』	북코리아
2020.11.30.	『다문화사회와 리터러시 이해』	㈜박이정
2021.01.30.	『중국동북지역 소수민족 문화 이해』	북코리아

3. 다문화융합연구소의 연구성과

인하대 다문화융합연구소는 토대연구를 통해 학문적 기반을 탄탄히 하고 학제간 융합연구의 가능성을 열었고 연구분야의 확장을 가져왔다. 연구진들의 개별 연구실적 이외에 토대연구를 통해 다문화융합연구소는 다양한 사업을 추진할 수 있었다. 본 연구소는 연구기간 동안 영문학술지 〈Journal of Multiculture and Education(JME)〉〈등재후보〉를 매해 상·하반기를 나누어서 발간하고 있으며, KCI등재 국문학술지 〈문화교류와 다문화교육〉을 2020년부터 국제문화교류학회와 공동으로 발간하였다.

본 연구소는 이밖에도 학문의 지역사회 확산과 지역의 문제를 해결하기 위하여 지역협력센터를 운영해 왔으며, 2020년 10월에는 인문융합치료센터와 세계시민교육 센터를 산하에 설립하였다. 또한 다문화교육연수팀, 이주민상담클리닉, 지역사회협의회를 구성하여 이주민을 위한 사회통합교육 프로그램 지원, 초·중·고 교사들을 위한 직무연수를 분기별 진행하고 있다. 이주민상담클리닉에서는 이주민을 포함하여 다문화가정 자녀를 위한 상담 프로그램을 개발하여 운영하고 있다. 또한 2011년부터 현재까지 10년간 한국장학재단에서 지원하는 '다문화·탈북학생멘토링'을 운영하여 다문화가정 자녀들의 학업적응과 정서지도를 지원하였고, 법무부 사업인 '유학생을 위한 조기적응 프로그램'도 운영하였다. 이렇게 본 연구소는 학문과 실제 교육현장과 밀접한 유대를 유지하면서 다문화에 관한 인식 개선을 도모하고, 사회적 변화를 일으키는 실천의 장을 만들었다. 더욱이 본 연구소는 인하대 대학원 다문화교육학과와 연계하여 다문화교육 전공자들을 위한 다문화교육 진로분야의 자격증 취득지원, 다문화교육 실무경험을 제공하기 위한 다문화교육기관을 연계하여 다문화교육 현장실습 및 자원봉사 프로그램을 지원하고 있으며, 전국대학원생 질적연구방법론 캠프를 매해 2회씩 개최해 오고 있다.

본 연구소는 토대연구 기간인 2017년 9월부터 2020년 10월까지 한국언어문화교육학회, 한국국제문화교류학회, 한독교육학회, 인하대 교육연구소, 인하대 BK21+ 글로컬다문화교육전문인력양성사업단과 공동으로 국내 학술대회를 개최하였으며, 베트남, 중국, 러시아, 우즈베키스탄 등에 소재한 5개 대학교와 MOU를 체결하고 국제학술대회를 개최하였다. 그리고 국내외 다문화교육 관련 22개 연구소 및 기관과의 업무 협약 체결, 국내 학자 초청 워크숍 39회, 해외학자 초청 특강 15회를 개최하여 국내 다문화교육의 방향을 선도하고 있다. 구체적인 내용은 다음과 같다.

1) 언론보도 자료(28건)

본 연구소의 다양한 학술활동은 아래와 같이 신문기사로 보도되어 연구결과에 대해 지역사회에 알리고 지역주민의 다문화 인식개선에 일조하였다.

표 11-6. 언론보도 자료 주제

보도 일자	보도 내용	비고
2018.05.24.	본 토대 연구팀 연구소와 사할린 주한인회의 협력협약 및 학술대회 발표 등이 러시아 지역방송 출연	러시아 사할린 우리말방송
2018.05.25.	본 토대 연구팀 연구소와 사할린 주한인회의 협력협약 및 학술대회 발표 등이 러시아 지역 신문기사 게재	러시아 사할린 새고려신문
2018.10.23.	본 연구소에서 공동개최 한 "다문화교육 국제학술대회 (2018) ICME"개최 신문기사 게재	내일신문

2018.10.28.	본 연구소에서 공동 주관한 "인하대 교육대학원 한국 베트남 학자교류 및 상호 교육기관 방문" 신문기사 게재	인천일보
2018.11.08.	본 연구소 공동주관 "2019 한국민속학자 대회" 신문기사 게재	교통뉴스
2019.02.27.	본 연구소 주관 "제9회 질적연구방법론 봄 캠프" 신문기사 게재	한국대학신문
2019.03.19.	본 연구소와 인천시 교육청 다문화가족지원센터와 "다문화가정 자녀 교육지원 업무 협약" 신문기사 게재	인천보도제작국
2019.03.30.	본 연구소 주관 "인하대 고베대 국제 워크숍 개최" 신문기사 게재	국민일보
2019.05.01.	본 연구소 주관 "인하대 다문화융합연구소 다문화탈북학생멘토링 사업"신문기사 게재	한국대학신문
2019.09.06.	본 연구소, 서울시 50플러스 재단 업무협약식 신문기사 게재	내일신문
2019.09.19.	본 연구소 연구책임자가 주제발표를 한 에서 공동 주관한 "다문화가족지원센터의 기능과 역할 변화를 위한 정책토론회" 신문기사 게재	인천일보
2019.10.08.	본 연구소 재외한인여성연구 및 사회의 변화에 따른 다문화교육 수요자의 요구에 부응하고자 월드킴와(국제결혼여성 총연합회)와의 업무협약을 체결 건 신문기사 게재	교통뉴스
2019.10.21.	본 연구소 주관 "제27회 글로컬다문화교육포럼 해외학자 초청특강" 신문기사 게재	한국대학신문
2019.10.24.-25.	다문화융합연구소-베트남 국가행정학원 국제워크샵 개최 신문기사 게재	인천보도제작국
2019.11.09.	본 연구소 주관 "해외학자 초청 워크숍-우즈베키스탄 국립사범대학 우크탐 교수 특강" 신문기사 게재	국민일보
2019.11.26.	본 연구소 주관 "2019 ICME(다문화교육 국제학술대회) 개최" 신문기사 게재	한국대학신문
2019.05.01.	본 연구소 소장 발제한 "서울교육청-남부3구 공동포럼" 신문기사 게재	연합뉴스
2019.11.17.	본 연구소 공동주관 "2019년 제10회 동북아민족문화 포럼(국제학술대회)" 신문기사 게재	한국대학신문
2020.03.30.	본 연구소 주관 "인하대 호남대 업무협약체결" 신문기사 게재	한국대학신문
2020.03.30.	본 연구소, 신한대 탈분단경계문화연구원과 교류협력 협약 체결 신문기사 게재	이뉴스투데이
2020.04.14.	본 연구소, 서울교대 다문화교육연구원 상호협력 업무협	경인일보 외

	약체결 신문기사 게재	
2020.05.30.	본 연구소, '2020' 호남대 인문사회과학연구소·인하대 다문화융합연구소 공동학술대회 개최 신문기사 게재	국민일보 외
2020.06.26.	본 연구소, "2020 인하대학교 다문화융합연구소 공동학술대회" 개최 신문기사 게재	아주경제 외
2020.07.07.	본 연구소"포스트코로나시대의 다문화인문학" 콜로키움 개최, 신문기사 게재	교수신문 외
2020.07.20.	본 연구소, 다문화사회와 다종교교육 포럼 열어 신문기사 게재	교수신문 외
2020.08.11.	본 연구소, 2020 ICME(다문화교육 국제학술 대회) 개최 신문기사 게재	교수신문 외
2020.8.11.	본 연구소, "2020 인천세원고 제3회 PRIDE 학술제" 공동 운영 신문기사 게재	국민일보 외

2) 국내 학술대회 개최(19회)

본 연구소에서는 다음 〈표 11-7〉과 같이 다양한 학술대회 개최를 통해 관련 분야 전문가들과 함께 연구의 장을 확장시키고 연구결과를 논의하는 장을 만들었다.

표 11-7. 국내 학술대회 개최 내용

No	학술대회명	개최일	장소	내용
1	제12회 디지털로지 인문사회 실천 포럼	2017.10.14.	안동대학교	안동대·서울대 DHSP와 공동개최(발표자 3)
2	이주민 생활세계 연구를 위한 구술사 방법 탐색	2017.10.20.	인하대학교	인하대 개최(발표자 2)
3	초국적 이주에 따른 문화교류와 다문화교육	2017.10.21.	인하대학교	한국국제문화교류학회와 공동개최(발표자 12)
4	초국적 이주와 사회통합	2017.12.19.	인하대학교	건국대 이주사회통합연구소와 공동개최(발표자 4)
5	초국적 문화교류와 다문화교육	2018.04.28.	인하대학교	인하대 교육연구소와 공동개최(발표자 12)
6	문화교류사적 관점에서 본	2018.05.19.	인하대학교	한국언어문화교육학회와

	한국어교육			공동개최(발표자 24)
7	이주민 사회통합과 사할린 동포 법적지위	2018.07.23.	인하대학교	사할린동포 학술대회 공동개최(발표자 1)
8	황해의 경계를 넘어선 한민족을 보다	2018.11.09.	인천문화재단	한국민속학자대회와 공동개최(발표자 15)
9	평화, 포용, 그리고 교육	2018.11.10.	인하대학교	한독교육학회와 공동개최 (발표자 7)
10	병렬말뭉치, 기계 번역, 문화번역	2018.12.15.	서울대학교	한국언어문화교육학회와 공동개최(발표자 32)
11	4차산업혁명과 글로컬다문화 교육	2019.05.03.	목포대학교	한국국제문화교류학회와 공동개최(발표자 18)
12	뉴미디어시대의 한국언어문화 교육	2019.05.25.	연세대학교	한국언어문화교육학회와 공동개최(발표자 18)
13	고려인 사회통합을 위한 학술토론회	2019.08.12.	인천시의회	인천시의회·고려인문화 적응연구회 공동개최 (발표자 4)
14	글로벌시대 한국어문화교육의 이론과 방법 탐색	2019.12.04.	인하대학교	한국언어문화교육학회와 공동개최(발표자 24)
15	다문화사회와 리터러시 워크숍	2020.05.07.	서울교육대학교	호남대학교 인문사회과학 연구소와 공동개최 (발표자 9)
16	2020년 호남대 인문사회과학연 구소·인하대 다문화융합연구소 공동학술대회	2020.05.30.	호남대학교	호남대학교 인문사회과학 연구소와 공동개최 (발표자 6)
17	2020 인하대학교 다문화융합 연구소 공동학술대회 -다문화사회와 연구 공동체	2020.06.26.	송도 센트럴파크 호텔	대구대학교 다문화사회정 책연구소 외 공동개최 (발표자 5)
18	2020 인하대학교 다문화융합 연구소 다문화인문학 포럼 -포스트 코로나시대의 다문화인 문학	2020.07.07.	송도 센트럴파크 호텔	본 연구소 주최주관 (발표자 5)
19	2020년 다문화사회와 다종교 교육 포럼	2020.07.17.	인하대학교	본 연구소 주최주관 (발표자 11)

3) 국제 학술대회 개최(10회)

본 연구소는 다음 〈표 11-8〉과 같이 국제학술대회를 통해 해외 이주 다문화 관련 사례를 배우고 전문가들의 연구성과에서 본 연구 관련 아이디어를 제공받고 자문을 구할 수 있었다.

표 11-8. 국제 학술대회 개최 내용

No	학술대회명	개최일	장소	발표자 수		
				내국인	외국인	계
1	제8회 아시아 미래 지식인 포럼	2017.09.12.-15.	서울 혁신파크	16	8	24
2	한국언어문화교육학회 제13차 국제학술대회	2018.02.07.-19.	베트남 다낭 외국어대학교	28	10	38
3	Cycle of Lectures and workshops	2018.03.17.-19.	부산대학교	21	7	28
4	2018 ICME (International Conference on Multiculture and Education)	2018.10.27.	인하대학교	4	13	17
5	한국언어문화교육학회 제14차 국제학술대회	2019.01.21.-23.	일본 독협대학교	12	9	21
6	인하대-고베대 국제학술대회	2019.03.26.	인하대학교	8	9	17
7	베트남 국가행정학원 국제워크샵	2019.10.24.-25.	베트남 하노이대학교	8	5	13
8	2019年 第10次 東北亞民族文化論壇	2019.11.15.-17.	중국 중앙 민족대학교	2	52	54
9	2019 ICME (International Conference on Multiculture and Education)	2019.11.23.	인하대학교	7	6	13
10	2020 ICME (International Conference on Multiculture and Education)	2020.08.06.	온라인	4	12	16

4) 국내 학자 초청 특강(39회)

본 연구소에서는 국내 다문화교육 분야 전문가들을 초청하여 매월 강연을 진행함으로 관련 학자와 교사, 실천가, 학생 등이 참여하여 국내 다문화

교육의 방향을 모색하는 데 도움을 주고 있다. 초청 학자 그리고 강연주제
는 다음 〈표 11-9〉와 같다.

표 11-9. 국내학자 초청 특강 주제

No	강연자/소속	특강 주제	개최년월
1	김성미경(아이다마을 대표)	이주여성 공간과 젠더정치	2017.09.
2	허오영숙(이주민여성쉼터 대표)	폭력 피해 이주여성의 지원 현황	2017.09.
3	박종도(인천대 문헌정보학과 교수)	디지털 아카이브, 어떻게 구축할 것인가?	2017.09.
4	김효진(서울이주여성디딤터 대표)	다문화 현장이야기 : 폭력피해이주여성의 자립	2017.11.
5	장한업(이화여대 상호문화 교육학과 교수)	한국 다문화사회의 교육적 과제	2018.01.
6	진정란(사이버한국외대 한국어과 교수)	다문화시대의 한국어교육	2018.01.
7	박정희(인천교육연수원 원장)	한국 다문화사회의 교육적 과제	2018.02.
8	최충옥(경기대 교육대학원 교수)	다문화시대의 초국적이주, 다문화교육의 과제	2018.04.
9	정문성(경인교대 사회과교육과 교수)	다문화이해교육 교수·학습의 실제	2018.04.
10	장유정(중앙대 언론정보학과 연구교수)	노인의 시민성, 그리고 다문화교육	2018.05.
11	장은영(서울교대 다문화 교육학과 교수)	제3의 공간-미디어 리터러시와 다문화교육	2018.05.
12	남부현(선문대 다문화교육센터 센터장)	다문화 정체성	2018.06.
13	최충옥(경기대 명예교수)	다문화교육의 방향과 과제	2018.12.
14	박주현(출입국외국인정책본부 본부장)	한국 이민정책 흐름 및 추진방향	2018.12.
15	이순영(고려대 국문학과 교수)	다문화교육지도자를 위한 독서교육의 이론과 실제	2019.03.
16	이종일(대구교대 사회과교육과 교수)	다문화주의와 정치적 올바름 논쟁	2019.04.
17	이강옥(영남대 국문학과 교수)	꿈 속의 꿈, 그 서사적 표징과 꿈 수행 치료	2019.05.
18	유충열(안양대 경영행정대학원 코칭학 교수)	다문화교육의 코칭적 접근	2019.09.

19	오은경(동덕여대 유라시아쿠르크 연구소장)	이슬람과 다문화사회	2019.09.
20	고미영(서울신대 사회복지학과 교수)	이야기치료: 포스트모던시대로의 전환	2019.10.
21	김선진(경성대 디지털 미디어학부 교수)	다문화사회의 창의성과 행복	2019.10.
22	이민희(강원대 국어교육과 교수)	도서대여로 본 세계 독서문화 풍경	2019.11.
23	오성배(동아대 교육학과 교수)	다문화교육의 실제 적용	2020.05.
24	김중순(계명대 실크로드연구원 원장)	청년혜초의 배낭여행-다문화연구를 위한 교재	2020.05.
25	김영순(다문화융합연구소 소장)	다문화교육학의 정체성	2020.05.
26	임영호(부산대학교)	미디어와 관련된 다문화연구	2020.05.
27	장한업(이화여자대학교)	다문화사회에서 상호문화사회로	2020.05.
28	박병기(한국교원대학교)	다문화시대의 관계 맺기	2020.05.
29	이병준(부산대학교)	다문화·상호문화역량은 어떻게 발달되는가	2020.05.
30	윤인진(고려대학교)	한국의 이민자통합 실태와 과제	2020.06.
31	오정은(한성대학교)	이민-다문화분야 연구직	2020.06.
32	설규주(경인교육대학교)	다문화교육의 쟁점과 교사교육	2020.06.
33	장은영(서울교육대학교)	다문화 리터러시와 비판적 리터러시의 접점	2020.06.
34	설동훈(전북대학교)	한국의 다문화정책 변화	2020.06.
35	최충옥(경기대학교)	다문화교육정책의 패러다임변화	2020.06.
36	박인옥(강원대학교)	다문화멘토링과 교육실천(온라인 특강)	2020.06.
37	남부현(선문대학교)	다문화정체성 교육	2020.07.
38	김영란(숙명여자대학교)	한국 다문화청소년정책의 패러다임 변화 연구	2020.07.
39	한정우(평택대학교)	다문화주의·문화상대주의	2020.10

5) 해외학자 초청 워크숍(15회)

본 연구소에서는 국내 다문화교육 구성원들의 관심도 제고 및 사회적 공감대를 높이고, 이를 통해 한국의 다문화교육의 활성화를 도모하고자 마련되었다. 2015년부터 세계 각국 해외학자를 초청하여 워크숍을 진행하였다.

현재까지 총 38회의 워크숍을 개최하여 다양한 해외 이론과 사례를 국내에 소개함으로써 다문화교육의 학문적 지평을 확장하는데 기여하였다. 연구 기간 동안 초청 해외학자 그리고 특강 주제는 다음 〈표 11-10〉과 같다.

표 11-10. 해외학자 초청 워크숍 주제

No	강연자 / 소속(국가) / 강의 주제	개최일
1	Hermann Kreutzmann(독일 베를린자유대), "Pamirian Knot at the Crossroads"	2017.10.14.
2	Mayinu SHANATIBIEKE(중국 중앙민족대), "cross-border migration of Kazakh people from China to Kazakhstan"	2017.10.14.
3	Taeho Kim(일본 코난대), "재일교포의 민족문화교육과 문화정체성"	2018.04.28.
4	Huo Meichen(중국 동북사범대), "현대성의 동양적 얼굴: 동북아 영화문화공동체 구성 가능성에 대한 탐색적 연구"	2018.04.28.
5	Jaesik Cho(미국 와이오밍주립대), "Compassion중심 다문화교육 이론과 실천"	2018.06.12.
6	Volker H. Schmidt(싱가포르국립대학교), "Global modernity and its repercusion"	2018.10.27.
7	Jinyu Qi(중국 중앙민족대), "Asia community and crosscultural comparative studies"	2018.10.27.
8	Yuzo Hirose(일본 교토대), "Trusting rather than understanding others: Another intercultural cosmopolitan"	2018.10.27.
9	Uktam E. Xujanazarov(우즈베키스탄교육대), "Ethnic diversity in Uzbekistan"	2018.11.18.
10	Douglas Macbeth(미국 오하이오주립대), "현상학과 민속방법론"	2019.05.17.
11	Keith C. Barton(미국 인디애나대), "역사학의 다문화교육에 대한 기여: 국가정체성의 탈중심화"	2019.05.22.
12	Li Ching Ho(미국 위스콘신대), "동아시아를 위한 다문화교육의 탈식민화: 싱가포르의 관점"	2019.05.22.
13	Roland Reichenbach(스위스 취리히대), "문화적 반대자와 함께 살아가기: 은유, 그리고 이해의 한계"	2019.05.27.
14	Taeho Kim(일본 코난대), "재일교포의 민족교육"	2020.02.18.
15	Hong jajin(미국위스콘신대), "트럼프 시대의 미국 다문화 정책"	2020.07.13.

6) 질적연구방법론 캠프 개최(6회)

본 연구소에서는 연구기간 동안 연간 2회에 걸쳐 질적연구방법론 캠프를 개최하였다. 국내 소수자, 사회적으로 취약 계층에 대한 심도있는 탐구를 위한 질적연구방법론 캠프를 통해 다문화교육에서 질적연구의 기초부터 사례까지 다양한 방법론을 전문적이고 체계적으로 가르쳐 사회적 소수자 연구의 지평을 확장시켰다. 토대연구 참여기간 동안 개최한 질적연구방법론 캠프는 다음 〈표 11-11〉과 같으며 총 6회이다.

표 11-11. 연구소 개최 질적연구방법론 캠프 내용

구분	캠프 주제	개최년월
제7회	2018 질적연구방법론 '봄'캠프 개최, 현상학, 델파이조사와 FGI, 질적연구와 패러다임, 생애사, 민속방법론, 내러티브, 사례연구방법	2018.01.
제8회	2018 질적연구방법론 '가을'캠프 개최, 현상학연구, 생애사, 내러티브, 사례연구	2018.08.
제9회	2019 질적연구방법론 '봄'캠프 개최, 내러티브, 생애사, 사례연구방법	2019.02.
제10회	2019 질적연구방법론 '가을'캠프 개최, 내러티브, 담화분석, 근거이론, 사례연구, 생애사 연구방법	2019.08.
제11회	2020년 제11회 질적연구방법론 캠프, 내러티브연구, 현상학 연구, 질적연구와 코칭, 실행연구, 민속방법론 적용과 실제	2020.02.
제12회	2021 질적연구방법론 봄 캠프 개최, 생애사, 내러티브, 생애사적 내러티브 연구방법	2020.08.

7) 국내외 기관과의 MOU체결(총 28건)

인하대학교 다문화융합연구소는 토대연구과제를 수행하면서 지역사회 협력을 강화하고 연구의 지경을 확장하고 연구성과를 널리 공유하고자 다양한 국내 다문화관련 기관과 업무협약을 맺었다. 토대연구 연구기간인 2017년 9월부터 2020년 10월까지 본연구소와 업무협약을 맺은 기관은 다음 〈표 11-12〉~〈표 11-14〉와 같다.

표 11-12. 해외 대학 연구소 및 기관(7건)

연도	일자	기관	협약 내용
2018	4.25.	중국 제남대학교	학생 교류, 연구교류
	5.21.	러시아 사할린 인문기술대학교	학생 교류, 연구교류
	5.21.	러시아 사할린 한인회	사할린 한인 연구 공동연구
	10.8.	키르기스탄 케인대학교	학생 교류, 공동 학술대회 개최
2019	9.21.	모스크바 사할린동포연합회	사할린 한인 연구 공동연구
	10.8.	월드킴와(국제결혼여성 총연합회)	공동연구, 협력사업
2020	5.28.	베트남 달랏대학교	학술교류 연구지원활동

표 11-13. 국내 대학 연구소 및 학과(13건)

연도	일자	기관	협약 내용
2017	10.20.	건국대학교 서사문학치료연구소	다문화구성원의 생활세계 및 이주민 생애담에 연구
2019	11.23.	대구대학교 사회통합연구소	언어, 한국어교육, 이중언어교육 관련 연구
2020	3.27.	신한대학교 탈분단경계문화연구원	평화 통일이해교육과 남북관계 발전 연구
	3.27.	호남대학교 인문사회과학연구소	인문학 및 다문화리터러시 연구
	4.14.	서울교육대학교 다문화교육연구원	미디어와 문화다양성 관련 연구
	4.27.	연세대학교 미래캠퍼스 국제관계학과	다문화교육과 국제관계에 관한 연구
	6.26.	한성대학교 산학협력단 이민·다문화연구원	이민과 다문화 분야 연구를 위한 상호 유기적 협력 체계 구축
	6.26.	세명대학교 지역문화연구소	지역문화를 기반으로 지역 간 지속가능한 문화공동체의 연대와 발전 도모
	10.28.	평택대학교 다문화센터	다문화정책 및 가족의 사회통합지원
	10.30.	선문대학교 글로컬다문화교육센터	공동연구 및 학생교류
	10.30.	선문대학교 한국어세계화연구소	공동연구 및 학생교류
	10.30.	선문대학교 대학원 한국학과	공동연구 및 학생교류
	10.30.	선문대학교 대학원 다문화교육학과	공동연구 및 학생교류

표 11-14. 지역사회 다문화교육 관련 기관(8건)

연도	일자	기관	협약 내용
2017	11.24.	서울이주여성 디딤터	해체된 결혼이민자의 안정적 정착 연구
2019	3.19.	인천시 교육청 다문화가족지원센터	다문화가정 자녀 멘토링 사업 지원
	4.1.	인천 계양구 다문화가족지원센터(인천 거점)	다문화정책 및 가족의 사회통합지원
	9.6.	서울시 50플러스재단	다문화아동의 기초학력 지도 및 정서지원
2020	10.21.	광명시 다문화가족지원센터	다문화정책 및 가족의 사회통합지원
	10.21.	부천시 상호문화학당	다문화정책 및 가족의 사회통합지원
	10.21.	인천 동구 다문화가족지원센터	다문화정책 및 가족의 사회통합지원
	10.28.	서울 양천구 다문화가족지원센터	다문화정책 및 가족의 사회통합지원

12

이주여성 문화기술지의 형식과 내용

1. 이주여성 문화기술지 연구개요

이번 장에서는 이주여성 문화기술지
연구로 수행된 필자의 저서 〈결혼이주여
성의 주체적 삶에 관한 생애담 연구〉에
기술된 내용을 중심으로 문화기술지 형
식과 내용을 살펴보고자 한다.[1] 본 저서
는 결혼이주여성을 연민의 관점으로 바
라보는 것을 넘어 그들의 목소리에 담긴
주체적 삶을 통해 온전한 인격체로 바라
보는 관점에서 주류사회로부터 각종 사
회제도에서 소외되고 타자화되어 있는

이주민의 삶과 고통을 이해하는 것을 목적으로 한다. 동시에 이러한 시도
를 통해 다양한 사회구성원들이 평화롭게 공존하는 지속가능한 사회를 위
한 새로운 패러다임으로 사회통합을 구축하는 데 기여하고자 한다. 이러한
연구목적을 달성하기 위해 이주민들의 생애 내러티브에 집중하여, 그들의

---

1. 〈결혼이주여성의 주체적 삶에 관한 생애담 연구〉는 이주민 문화기술지 프로젝트 '에스노그
  래피 활용 이주민 생활세계에 관한 융합적 연구'에 의해 수집된 자료를 김영순, 최승은,
  황해영, 정경희, 김기화가 2019년 북코리아에서 '사회통합총서 5'로 출판한 것이다.

생활세계를 탐구하였다. 이주민의 생애 내러티브는 자신의 삶을 살며, 실천 경험을 또 이야기하고 다시 살아가는 '말과 삶'의 연속적인 과정을 통해 형성된다. 따라서 본 저서는 한국사회에서 생활세계를 형성한 그들의 생애 내러티브를 통해 이주민의 실천적 경험과 이에 대한 이주민 자신의 이야기 사이의 순환적 관계에 주목했다.

저자들은 결혼이주여성의 생애담을 탐색하기 위하여 이 연구에 적합한 이야기 혹은 삶의 경험을 들려줄 수 있는 연구참여자를 선정했다. 자료수집은 연구참여자의 생활세계 형성 경험에 대한 심층면담으로 이루어졌다. 심층면담 시간은 1시간 30분~2시간 동안 진행되었으며, 모든 면담 내용은 녹음한 후 전사 작업을 거쳐 문서화했다. 또한 심층면담 중에는 자료를 체계적으로 정리하기 위해 현장 노트를 작성했으며, 이야기의 맥락에 관한 정보를 수집했다. 연구자들은 자료분석 단계에서 이주민이 다문화 생활세계를 형성해가면서 경험한 이야기 구조를 파악하기 위해 전사 자료와 연구자가 제공한 문서자료를 반복해서 읽으며 그들이 경험한 것의 의미와 내면의 변화과정 등에 주목했다. 특히 이주민의 이야기에 등장한 주요 인물과의 관계에서 발생한 사건 등을 엮어가는 과정에서 생애에 나타나는 핵심적인 주제를 발견하여 이주민의 내러티브에서 전체적이며 총체적인 줄거리를 구성하는 데 집중했다. 이와 같이 도출된 연구 텍스트들은 연구참여자의 내러티브를 통해 연구자의 목소리로 다시 이야기했다. 그리고 연구의 적절성과 신뢰성을 확보하기 위해 심층면담 내용의 전사 자료와 현장 노트를 반복하여 비교했으며 자료에 대한 분석과 해석, 그리고 그 결과를 담은 이 글의 초고 및 수정 원고를 연구참여자와 공유하여 확인하는 과정을 거쳤다.

본 저서는 총 4장의 생애담으로 구성되어 있다. 1장 '초국적 이주와 여성'에서는 이론적 논의에 집중하였다. 현대사회의 이주와 국제결혼 및 여성 문제, 결혼이주여성의 현황과 정책, 그리고 결혼이주여성을 둘러싼 이론들에 대해 논의하였다. 이러한 논의를 통해 결혼이주여성들의 생애에 대한 다양한 정치·경제적·사회문화적 맥락을 이해하고, 그들이 전하는 삶에 대한 이야기를 더욱 깊이 있게 탐구하였다.

2장은 '결혼이주여성의 주체적인 관계 맺기'에서는 결혼이주여성의 생애과정에 따른 삶의 과업들이 사회적 환경과의 관계 속에서 어떻게 달성해나가며, '주체적'으로 자신의 삶을 인식하고 구성해가는지를 다루었다. 결혼이주여성이 시공간적으로 이질적이고 다원적인 삶의 환경 속에서도 '주체적 인간'으로서 자신의 삶을 주도해가는 삶의 여정을 살펴보는 것은 의미 있는 작업일 것이다.

3장 '결혼이주여성의 모성과 어머니 되기'에서는 우리 사회에서 많은 여성들이 사회적으로 다양하게 요구되는 현실 앞에서 아이를 낳고 키우는 것을 어려운 과제로 받아들이는 현실을 살펴보고, 자신의 나라를 떠나 낯선 타국에서 자신의 삶도 적응하기 힘든 결혼이주여성들의 '어머니 되기'란 어떤 의미인지를 탐구하고자 하였다.

4장 '결혼이주여성의 이혼과 홀로서기'에서는 결혼이주여성들의 국제결혼 동기, 결혼생활 과정에서 나타난 가정해체 원인, 그리고 이혼과 아울러 시작되는 자립과정에서 겪는 경험들을 살펴보았다. 이혼은 한 여성의 생애 전환점을 만들기도 하고 절망의 질곡들을 형성하기도 한다. 또한 여성의 측면에서는 이혼과정에서 자기결정권을 행사하고 자립을 통해 주체적인 삶을 경험하기도 한다. 이러한 경험을 통해 여성의 주체적 삶에 대해 논의하고 이를 공적 담론으로 확산시키고자 시도하였다.

2. 연구방법의 형식과 내용

1) 생애담에 기반한 에스노그라피

본 저서는 결혼이주여성의 경험, 상호작용, 사회적 기대를 해석하고 그들의 삶을 이해하고자 주요 연구 텍스트로 생애담을 활용하였다. 생애담은 연구참여자 개인의 목소리와 경험을 반영하며, 연구자와의 만남 속에서 관계가 재정립되고, 자신이 속한 사회적 네트워크에서 선택과 협상을 해나간다. 본 저서에서는 결혼이주여성들의 생애담을 연구하기 위하여 사례연구, 내러티브 연구, 내러티브 탐구 방법이 각각 활용되었다.

2장에서 연구방법으로 채택한 에스노그라피 사례연구는 특정한 상황, 사건 프로그램 또는 현상을 풍부하고 자세하게 기술함으로써 그에 대한 이해를 추구하는 연구이다(Merriam, 1988). 인(Yin, 2009)은 사례연구를 사례에 대해 심층 기술과 분석을 통해 깊이 있는 이해를 제공하고자 할 때 적합한 연구라고 기술하고 있다. 따라서 사례연구는 사례를 상세하게 분석하고 기술하여 사례에 대한 심도 있는 이해를 추구하는 연구라고 할 수 있을 것이다. Yin(2008)에 따르면 사례연구는 특별히 현상의 변수들이 그것들의 맥락으로부터 떼어낼 수 없는 상황들에 적합한 연구이며, 메리암(Merriam, 1988)은 사례연구를 하나의 정체, 현상 혹은 사회 단위에 대한 철저하고 총체적인 서술과 분석이라고 정의했다. 이와 함께 스테이크(Stake, 1995) 또한 사례연구란 사례의 복잡성을 이해하려는 것으로, 우리는 어떤 것이 매우 중요하다고 판단될 때나 혹은 주어진 상황에서 어떻게 상호작용하는지에 대한 세부 사항을 알고자 할 때 사례연구를 적용할 수 있다고 설명한다. 이들의 정의를 종합하면, 사례연구는 사례를 심층적으로 이해하고 검토하고 분석하고 해석하는 것으로, 이 과정 중에서 사례와 관련된 맥락들과 중요한 요소 또는 변수 등을 함께 파악하여 사례에 대한 총체적인 이해를 추구하는 연구방법이라 볼 수 있다. 2장은 결혼이주여성의 주체적인 삶에 대한 이해를 바탕으로 한다. 이는 주체적으로 관계를 맺어나가는 맥락과 관계의 요소를 살펴보는 것으로, 사례연구방법 선택은 적합하다고 볼 수 있다.

3장에서 연구방법으로 채택한 내러티브 연구는 사전적 정의에 따르면 '내러티브'란 이야기를 뜻한다. 짧은 형태의 이야기와 비교하여 일반적으로 내러티브는 비교적 긴 호흡의 개인적 경험이나 역사적으로 전해 내려오는 이야기를 정리한 형태를 지칭한다. 어원의 의미를 새겨보면 내러티브는 '익히 알고 있는 것을 말하다'라는 뜻으로 해석할 수 있다. 즉 화자의 입장에서 이미 경험하여 알고 있는 사건을 청자에게 '내러티브'라는 매개체를 통해 전달해주는 것이다. 따라서 내러티브 속에는 인간 삶의 복합성이 통합적으로 그려져 있다(Webster & Mettova, 2007). 따라서 결혼이주여성들이 이야기를 통해 낯선 타국에 이주하는 살아있는 경험을 전할 수 있으므로 내러티브 연구방법은 매우 적합하다고 볼 수 있다. 또한 내러티브는 질적연구의 한 분야로 '인간 경험의 의미를 이해하는 것'(홍영숙, 2015a)이라는 점에서 본 연구는 한국사회 안에서는 낯선 경험이지만 결혼이주여성이 자녀를 양육하면서 비로소 알게 되고 경험하게 되는 모성, 즉 인간의 보편적인 이해를 목적으로 하는 사회과학 측면에서 의미가 있다. 내러티브 연구의 목적은 다수의 연구참여자를 통한 일반화가 아닌 특정 연구참여자의 경험에서 나타나는 의미를 찾아내고, 삶의 맥락 안에서 실제적으로 이해하는 데 있다(서연주, 2010). 한 개인의 이야기는 경험, 즉 여러 조각으로 채워져 있고 이야기화된 순간들로 되살아난다. 또한 인상의 의미는 삶의 경험에 대한 이해에서 비롯되고, 경험에 대한 이해는 이야기를 통해 일어나며, 그 이해의 과정은 의미 부여와 해석으로 이어진다(Clandinin & Connelly, 2000).

4장에서 연구방법으로 채택한 내러티브 탐구는 사회적 맥락 속에서 존재하는 개인의 경험을 통해 개인에 대한 이해와 더불어 그가 속한 해당 사회에 대한 이해를 목적으로 한다. 개인은 삶을 내러티브로 살아가며, 내러티브로 우리의 삶을 이해하기 때문에 경험에 대한 내러티브는 인간의 경험을 이해하는 중요한 단서가 된다고 강조한다. 내러티브는 전달하는 사람의 견해, 내러티브 속 주인공들의 다양한 경험, 내러티브가 존재하는 사회의 문화와 역사 등이 고스란히 담겨 있다. 클래디닌과 코넬리(Clandinin & Connelly, 2000)는 존 듀이의 계속성과 상호작용성의 속성을 가진 경험 개념을 바탕으로 경험에 대한 내러티브를 시간성, 사회성, 장소와 관련된 요인을 포착했다. 그리고 이것을 '3차원적 탐구 지점'이라고 강조했다. 내러티브 탐구는 개인이 자신의 경험을 시간의 흐름과 상황을 고려하여 발화하는 '이야기화된 경험(storied experience)'을 탐구하는 것이다(홍영숙, 2015a; 2015b). 따라서 이러한 패러다임 안에서 행해지는 내러티브 탐구는 기술적이며 설명적이다. 이주여성들이 무엇을 말하는가, 즉 말하는 내용뿐 아니라 어떻게 말하는가, 여성들의 말하기 행위 자체에 대한 관심은 여성을 자신의 삶을 해석하고 의미화하는 주체의 위치로 자리매김할 수 있다(조옥라, 2004). 다시 말해 내러티브 탐구는 특정 경험을 보유한 개인의 이면에 잠재해 있는 그의 삶과 철학을 이해할 수 있으며, 개인이 시대적·사회적 존재로서 어떤 정체성을 협상해나가고 있는지를 탐색하는 것이 가능하다. 이러한 내러티브 탐구의 특성은 결혼이주여성의 결혼과정과 결혼생활 그리고 가정의 위기에서 이혼으로 이어지는 일련의 경험을 연구하는 데 적합하다고 본다(김영순 외, 2018). 이런 이유로 이 연구는 가정해체를 경험한 결혼이주여성의 생애담으로부터 도출된 내러티브를 통해 그들과 가족관계, 나아가 그들의 경험을 통해 이주여성들에게 가해진 문화적 억압과 사회적 편견을 자연스럽게 파악할 수 있다. 그뿐만 아니라 내러티브 탐구에서는 이야기를 통해 개인의 의미 있는 경험을 사회문화적으로 공유할 수 있고, 그러한 경험을 분석함으로써 다양한 요인들을 찾을 수 있으며, 경험에 대한 인식의 변화과정도 살펴볼 수 있다. 즉, 시간적으로 결혼 동기와 결혼생활, 이혼과정, 이혼 이후를 총체적으로 조망할 수 있는 연구방법이다.

2) 연구참여자 선정 및 특성 기술

연구참여자는 총 20명으로, 2장은 6명, 3장과 4장은 각 7명씩이다. 먼저 2장의 연구참여자 기본 정보는 〈표 12-1〉과 같다.

표 12-1. 「2장. 결혼이주여성의 주체적인 관계 맺기」 연구참여자 기본정보

구분	나이	거주기간	출신국	비자	직업	자녀	결혼경로
연구참여자 1	34	9년	네팔	귀화	생산직	딸(9세)	중개업체
연구참여자 2	30	9년	베트남	귀화	통번역사	아들(9세)	중개업체
연구참여자 3	31	5년	라오스	영주	통역	아들(6세), 딸(3세)	연애
연구차명자 4	41	16년	인도네시아	귀화	자영업	아들(11세)	연애
연구참여자 5	45	8년	태국	귀화	통역, 강사	딸(10세)	연애
연구참여자 6	30	8년	필리핀	영주	주부	아들(8세)	지인소개

2장의 연구참여자는 동남아시아 출신으로, 연구참여자는 모두 6명이며, 나이는 30~40대이다. 다문화 생활세계 아카이브 구축 연구사업의 일환으로 진행된 결혼이주여성 40명의 심층면담에서 한국 거주기간이 5년 이상이고, 자녀 양육 경험이 있으며, 다양한 직업 경험과 적극적으로 적응을 주도해나가고 있는 결혼이주여성 6명을 선별하였다. 이들은 연애 결혼, 중매 결혼, 지인 소개 등 다양한 경로를 통해 한국에 왔다. 결혼 기간은 모두 5년 이상이며, 학령기 자녀를 양육하고 있었다. 2장은 개인, 지역, 사회적 관계 맺기를 통한 주체적 삶을 살펴보는 것으로 연구의 방향에 맞게 연구참여자 정보를 제공하였다. 다음으로 3장의 연구참여자 기본 정보는 다음

〈표 12-2〉와 같다.

표 12-2. 「3장. 결혼이주여성의 모성과 어머니 되기」 연구참여자 기본정보

구분	나이	거주기간	출신국(민족)	학력	자녀
연구참여자 1	39	10년	중국(조선족)	대졸	아들 (9세)
연구참여자 2	46	11년	중국(조선족)	대졸	아들, 딸
연구참여자 3	42	9년	중국(한족)	고졸	아들(8세), 딸(6세)
연구참여자 4	47	20년	중국(한족)	고졸	딸(17세, 15세)
연구참여자 5	47	11년	중국(한족)	고졸	딸(10세)
연구참여자 6	40	15년	베트남(낀족)	대졸	아들(11세, 8세)
연구참여자 7	34	9년	베트남(낀족)	중졸	아들(9세, 7세)

　　3장의 연구참여자는 다문화융합연구소가 맺고 있는 다문화가족지원센터 네트워크를 통해 섭외하였으며, 자녀를 양육하며 어머니로서의 삶을 공유할 수 있는 결혼이주여성 7명을 선정하였다. 연구 참여 의사를 밝힌 결혼이주여성 중에서 9~10년 이상 한국에 거주하고 있는 사람들도, 중국 출신 5명, 베트남 출신 2명이다. 연구참여자가 속한 사회적 배경, 문화, 삶의 영향을 미친 역사적 배경을 고려하고 있기 때문에 출신 민족에 대한 정보도 제공하였다. 마지막으로 4장의 연구참여자 기본 정보는 다음 〈표 12-3〉와 같다.

표 12-3. 「4장. 결혼이주여성의 이혼과 홀로서기」 연구참여자 기본정보

구분	나이	거주기간	출신국	이혼기간	자녀	전남편과의 관계
연구참여자 1	28	7년	캄보디아	2년	아들 (7세)	단절
연구참여자 2	25	8년	베트남	2년	아들(6세, 3세)	유지
연구참여자 3	28	6년	베트남	1년	아들(5세), 딸(3세)	유지
연구참여자 4	33	7년	중국	4년	아들(8세)	단절
연구참여자 5	37	5년	베트남	2년	딸(4세)	유지
연구참여자 6	27	5년	베트남	1년	딸(4세)	단절
연구참여자 7	33	2년	중국	1년	딸(4세)	유지

4장의 연구참여자는 이혼을 경험하였고, 이주여성 자립시설에서 거주하고 있는 7명으로, 해당 시설장에게 연구목적을 설명하고 참여자 섭외에 관한 동의와 허락을 받았다. 연구참여자가 섭외된 후 이메일로 연구설명문과 동의서를 안내했으며, 이들의 동의를 받아 연구가 수행되었다. 출신 국가는 베트남 4명, 중국 2명, 캄보디아 1명이며, 연령은 20~30대이다. 혼인형태는 2명은 모두 초혼인 경우 3명, 초혼(여성)과 재혼(남성)이 3명, 모두 재혼이 1명이다. 결혼 유지 기간은 1년 6개월에서 2년이 5명, 3~5년이 2명이다. 이혼 이후 전 배우자와의 관계는 4명의 참여자는 연락을 유지하고 있으며, 나머지 3명은 단절된 상태이다.

3) 자료수집 및 분석

본 저서의 각 장에서 활용된 자료수집 및 분석방법은 다음 〈표 12-4〉와 같다.

표 12-4. 자료수집 및 분석 방법

챕터	자료수집 기간	자료수집 방법	자료분석 방법	연구윤리	신뢰성 및 타당도
2장	2018.9~2019.3	심층면담 (생애사적 면담)	사례 내 분석 사례 간 분석	IRB	-
3장	-	심층면담	내러티브 분석 방법(Ezzy, 2002)	연구참여 동의	-
4장	2017.8~2018.1	심층면담, 연구자 노트	중심주제 분석법 (Braun & Clarke, 2006)	연구참여 동의	삼각검증

〈표 12-4〉에서 제시된 바와 같이 2장의 자료수집 기간은 2018년 9월부터 2019년 3월까지로 심층면담을 통한 자료수집을 진행했다. 사례연구는 연구를 실행하는 데 있어서 특정하게 정해진 방법이나 절차가 없다는 것 또한 특징으로 꼽힌다. 사례연구자는 본인이 연구하고자 하는 사례를 밝히

기 위해 본인 나름대로 정한 순서에 따라 다양한 방법을 이용하여 자료를 수집하고 분석한다. 2장은 결혼이주여성의 주체적인 관계 맺기를 탐색하는 것으로 저자들은 다양한 국적의 동남아 출신 결혼이주여성에 대한 조사를 통해 국가별·상황별로 결혼이주여성의 삶을 심층적으로 탐구하였다. 비지시적인 개방형 질문을 토대로 생애사적 면담 방법을 사용하였다. 즉 그들의 삶의 전환 경험을 기점으로 '이주'와 '결혼'이라는 삶의 변화 앞에서 한국에서의 삶의 맥락과 변화과정을 살펴보았다. 면담을 위해 사전에 연구계획 및 질문지에 대해 대학 기관의 IRB 심의를 거쳐 연구윤리에 대해 점검을 받았고 질적연구방법으로 박사학위를 받은 연구진들이 심층면담을 진행했다. 면담 내용은 녹음하여 전사했고 전사 내용을 의미구조에 따라 코딩한 후 중심주제를 도출했다. 마지막으로 중심주제와 관련된 선행연구와 문헌연구를 통해 재해석하는 질적연구를 실시했다.

3장에서는 자료분석을 위해 자료를 세분화하기보다는 자료가 포함되어 있는 하나의 이야기 안에서 자료를 이해하는 것에 집중하였다. 질적연구에서 일반적으로 사용되는 반복적 비교분석법을 이용하여 자료를 분석할 경우 다양한 사건들을 코딩된 자료들로 세분화하여 세분된 자료의 유사점과 차이점을 비교하는 작업을 하게 된다. 하지만 본 장에서는 자료를 세분화하기보다는 자료가 포함되어 있는 하나의 이야기 안에서 자료를 이해하고자 하였다(Ezzy, 2002). 즉 이야기 안에 포함된 하나의 사건 배경을 이해하기 위해 그 사건의 과거, 현재, 미래의 맥락을 고려하였다. 먼저 이야기 속에 존재하는 중요한 사건에 초점을 맞추어 분석했다. 웹스터와 메타바(Webster, Mettova, 2007)에 따르면, 이야기는 중요한 사건을 듣는 사람에게 전달해주는 매개체 역할을 하기 때문에 내러티브 분석에서 중요한 사건을 찾는 것이 우선시되어야 한다. 여기서 중요한 사건이란 이야기하는 사람의 세계관의 변화를 드러내는 계기를 의미한다. 이 연구에서는 한국으로의 이주와 자녀

양육에 영향을 준 사건 등을 뜻한다. 내러티브 안에 중요한 사건을 찾게 되면 이 사건 안에서 시간, 인물, 사건, 환경 등에 초점을 맞추어 사건을 분석하는 것이 도움이 된다. 두 번째로 사람들이 어떻게 말하는가에 초점을 맞춘 방법으로 문화적·사회적 배경이 이야기에 어떠한 영향을 미쳤는지를 분석하게 된다. 본 장에서는 내러티브적 접근을 활용하여 결혼이주여성들이 살아온 삶의 경험 요소들이 현재 한 자녀의 어머니로서의 역할과 태도에 영향을 주고 있는지, 또 미래의 삶에 어떠한 영향을 주는지 등에 초점을 가지고 이야기를 중심으로 분석하였다. 또한 내러티브는 객관적으로 존재하는 인생 경험의 조직이 아니라 한 개인의 일생을 어떻게 경험했는지를 보여주는 틀이 되기 때문에 결혼이주여성 한 개인의 삶의 경험, 즉 그들의 이야기를 통해 낯선 타국에서 어머니로 살아가는 과정과 그 의미에 대해 탐구하였다. 따라서 연구참여자의 이야기를 있는 그대로 해석하기보다는 이야기의 내용을 사회적 상황, 문화적 상황 등에 연결시켜 이해하고자 하였다.

4장에서의 자료수집 기간은 2017년 8월부터 2018년 1월까지이다. 연구참여자들이 자신의 국제결혼과 이어지는 이혼의 경험을 스스로 탐색하고 의미 있는 내용을 이야기할 수 있도록 생애담 방식으로 진행하였다. 시간적 흐름에 따라 국제결혼의 동기와 배경, 결혼생활, 가정폭력 촉발과 대응, 이혼 후 자립과정에 대해 주된 면담이 이루어졌다. 면담 후에는 비언어적인 사항과 면담과정 중 관찰된 내용과 느낀 점을 현장 노트에 기록했다. 심층면담 소요 시간은 1인당 2시간 정도였으며, 면담 장소는 연구참여자들이 생활하고 있는 자립지원시설에서 이루어졌다. 면담 내용은 스마트폰과 보이스 레코더로 녹음했으며, 전사한 후 면담내용을 보면서 이해가 되지 않는 부분은 전화로 문의하여 확인하였다. 전사록은 A4용지로 약 140여 매이다. 질적연구에서 자료분석은 면담이 처음 이루어진 시점부터 동시에 진행된다. 자료분석은 브라운과 클라크(Braun & Clarke, 2006)이 제시한 중심주제 분석법을 활용하였다. 중심주제 분석법은 귀납적 논리에 따라 반복되는 패턴을 찾고 주제를 범주화하여 주제들 간의 관련성을 찾아 해석하는 방법이다. 우선 면담자료에서 반복되어 나타나는 의미 단위들을 범주화했다. 범주 내에서는 유사한 의미를 지닌 정보들이 조합되어야 하며 범주 간에는 독립적이고 서로 배타적이어야 한다. 범주의 정확성을 확보하기 위해 자료를 해체하고 분석하는 과정을 반복했다. 이 과정을 통해 범주의 재구조화를 이루었다. 연구의 신뢰성과 타당성을 확보하기 위해 자료의 삼각검증을 실시했다. 연구를 하나 이상의 체제에서 분석하는 것은 해석을 확장시키고 새로운 문제를 제시하며 단일한 분석적 틀과 해석의 불완전함을 해소한다(Glesne, 2006). 면담자료에서 이슈가 되거나 의미가 불분명한 부분은 연구자들 간의 토론 및 선행연구를 통해 확인 점검하였다.

3. 연구결과의 형식과 내용

1) '2장. 결혼이주여성의 주체적인 관계 맺기' 연구결과 요약

2장은 결혼이주여성들의 관계적 공간에서 행위 주체로서의 행위양상을 살펴보기 위해 다음 〈표 12-5〉와 같이 분류하여 주제 단위를 도출하였다.

표 12-5. 「2장. 결혼이주여성의 주체적인 관계 맺기」 연구결과

대분류	소분류	주제
개인	자녀와의 관계	나의 버팀목
		자녀와 동반 성장하기
	남편과의 관계	참고 적응하기
		조금씩 목소리 내기
	시어머니와의 관계	더불어 살아가기
		맞춰주기를 통해 성장하기

지역	학부모와의 관계	차별로 인한 위축
		어려워도 자녀를 위해 내가 먼저 다가가기
	지역주민과의 관계	협소한 지역사회 관계망
	자조모임	내 마음의 안식처
		정보교류와 역량 강화
사회	직장 상사 및 동료와의 관계	삶의 활력을 더해주는 직장생활
		직장생활을 통해 인정받기
	초국적 관계	친정의 돌봄 노동 활용
		초국적 행위전략

〈표 12-5〉에 제시된 바와 같이 가정, 지역, 사회라는 공간 속에서 연구참여자들이 보여주는 다양한 주체적 삶의 모습들을 기술하였다. 그들의 주체적 삶의 밑바탕에 깔려있는 것은 무한한 자식 사랑, 남편 사랑, 시댁 사랑 나아가 한국 사랑이었다. 대분류별로 연구 결과를 살펴보면 다음과 같다.

첫째, 개인적 영역에서 자녀와의 관계에서 연구참여자들은 누구보다 이 국땅에서 자신의 편이 되어줄 자녀에게 깊은 모성애를 느끼고 있었으며, 자녀교육도 자녀가 힘들지 않게 하는 방법으로 자녀 중심으로 생각하고 있었다. 자녀 사랑은 그들이 낯선 타국에서 삶을 살아가는 버팀목이 되고, 양육의 주체로 자리매김해가고 있었다. 결혼이주여성이 자녀 양육에서 어머니로서 주체적 행위성을 발현할 기회를 제공하면서 적극적으로 엄마 나라의 문화를 알리고 언어를 가르치며 동반성장을 해나간다. 남편과의 관계에서는 1차적으로 자신과 남편에게 내재 된 문화 차이의 경계를 좁혀 나가기 위해 한국어를 습득하고 한국 문화를 배워나간다. 연구참여자들의 가정에서 문화적 차이에 대한 타협점은 그냥 찾아지는 것이 아니라 대화와 다툼 속에서 목소리를 냄으로써 이루어지고 있었다. 결혼이주여성들은 초기 적응을 넘어 점차 가정에서 자신들의 위치를 확립하고, 성숙한 생각과 정확한 표현으로 자신과 가정을 지키기 위한 정당한 인정투쟁을 하고 있었다. 시어머니와의 관계에서는 고부간의 갈등보다는 시어머니로부터 한국 문화를 전수받으며, 1차집단 인간관계인 가정에서 부지런함과 성실함을 바탕으로 인정을 얻고자 노력하였다. 또한 시어머니와의 관계에서 상대방에 대한 의무와 책임을 다함으로써 성취감을 느끼고, 자신의 가치를 인식하고, 그동안 위축되었던 정체성을 회복하는 과정을 거치며, 시댁은 외로운 타향살이에서 그나마 그들을 반갑게 맞아주는 가족이자, 따뜻한 곳으로 자리매김한다.

둘째, 지역적 영역에서 학부모와의 관계는 마음속에 뿌리 깊게 작용하는 출신배경에 대한 낮은 자존감이 그들을 두렵게 만들고 있었다. 그러나 사랑하는 자녀를 위해 학부모와의 교제가 필수라는 것을 깨닫고 제한된 자원을 활용하여 엄마들과의 교제도 시도해본다. 지역주민과의 관계 또한 학부모와의 관계와 별반 다르지 않았다. 소극적이고 위축된 마음으로 조심스럽게 다가오는 사람들과 교제하고 있었다. 자조모임은 같은 출신국 친구들 또는 결혼이주여성 친구들과의 모임을 통해 답답한 현실에서 탈출구를 찾고 위로를 받으며 정보교류를 하는 또 다른 친정과도 같은 곳이었다. 결혼이주여성의 자조모임은 이주여성 모국과의 연결고리 등으로 초국적인 영역으로 볼 수 있으며 성장의 동력으로 활용되고 있었다. 하지만 친목 형태로만 형성되어 있기에 적극적인 사회활동 참여까지 이어지지는 못하고 있었다.

셋째, 사회적 영역에서 직장 상사 및 동료와의 관계는 삶의 활력을 더해주었다. 외로움에서 벗어나고자 적응을 위해 경제적 도움이 되고자 등의 다양한 동기로 취업을 하였으며, 일을 통해 경제적으로 어느 정도 독립함으로써 사회적 경제성을 확보하고 남편 앞에서 자신감도 얻었다. 뿐만 아니라 직장생활을 통해 인정받으며, 단순히 돈을 벌고 싶다는 것보다 좀 더 넓은 관점에서 새로운 인생 구조를 확립해나가고자 노력하고 있었다. 초국적 관계에 있어서는 친정의 돌봄 노동을 활용하여 자녀 양육의 어려움을 해소하고 사회생활을 하는 모습이 나타났다. 또한 정착지 사회의 차별과

하층 동화에 저항하고 자신의 존엄성을 보호하기 위한 전략이나 방편으로 초국적 자원을 적극적으로 활용하는 전략을 보였다.

결혼이주여성의 주체적 삶에 대한 연구를 통해 그들의 의지와 노력 속에 담긴 가능성에 주목하여 그들을 위한 사회적 통합이 결국 잠재된 자원개발임을 알 수 있었다. 결혼이주여성들의 역량 강화를 위한 노력은 본인의 의지에 맞춰 사회적 지지가 함께 이루어졌을 때 시너지 효과가 발휘된다. 결혼이주여성과 지역사회의 연결고리를 강화하여 그들을 자원으로 동반 성장할 수 있도록 지원해야 한다.

2) '3장. 결혼이주여성의 모성과 어머니 되기' 연구결과 요약

3장은 연구참여자의 사회적 상황, 문화적 상황 등에 연결시켜 이해하고자 하였으며, 내러티브를 분석한 연구 결과는 다음 〈표 12-6〉과 같다.

표 12-6. 「3장. 결혼이주여성의 모성과 어머니 되기」 연구결과

범주		내용
투쟁하는 주체자로서의 어머니 되기	내 아이를 지켜내기 위한 노력	학교폭력위원회를 결성하여 항의했어요
		왕따 시키는 아이를 직접 찾아가서 야단쳤어요
	살아내기 위한 자기계발	자격증 취득하기
		학업을 계속하고 싶어요
이주해온 타자로서의 어머니 되기	모국어를 지키기 위한 이중언어교육	어려서부터 집에서 모국어로 대화해요
		모국어를 잘해서 무역회사에 다니기를 바라요
	그림자처럼 살아가야 하는 외국인 엄마	남편이 학교에 찾아가지 말래요
		우리 아이가 밖에서는 중국어 하지 말래요
일반화된 모성으로서의 어머니 되기	따라잡을 수 없는 한국 엄마의 교육열	영어학원은 너무 비싸요
		다른 엄마들처럼 아이들을 교육시키려면 엄청 힘들어요
	늘 모자라는 엄마의 마음	경제적으로 어려워 학원을 못 보내서 미안해요
		한국어가 부족해서 미안해요

〈표 12-6〉에 제시된 바와 같이 범주는 크게 3가지로 투쟁하는 주체자로 서의 어머니 되기, 이주해온 타자로서의 어머니 되기, 일반화된 모성으로 서의 어머니 되기로 나타났다. 이에 따른 연구결과의 세부적인 내용은 다음과 같다.

첫째, 투쟁하는 주체자로서의 어머니 되기는 학교에서 왕따를 당하는 자녀의 문제를 해결하기 위해 적극적으로 학교를 찾아가 항의하고 학교폭력위원회를 요구하였다. 또한 직접 왕따 시키는 아이를 찾아가 훈계를 하기도 하였다. 이러한 능동적인 대처는 연구참여자의 출신배경과 같은 사회·문화적 배경과도 맞물려 생각해볼 수 있다. 연구참여자들은 자신의 역량을 개발하기 위하여 자격증을 취득하거나 학업을 계속해서 이어나가기 위한 노력을 계속하였다.

둘째, 이주해온 타자로서의 어머니 되기에서는 자녀에게 자신의 모국어를 교육시키기 위해 자녀와 모국어로 대화를 하거나 관련 교육에 참여하였다. 이중언어교육에 대한 연구참여자들의 소신과 경험들은 결혼이주여성의 모국어 사용이 자녀가 부모 양국의 언어와 문화를 배우게 됨으로써 이중언어와 문화에 대한 정체성을 갖도록 도울 뿐만 아니라 자녀가 건강하게 성장하기 위한 환경을 제공하여 국제적인 인적자원으로 자라 사회에 공헌할 수 있도록 지원한다(Save the Children, 2011). 그러나 이들은 낯선 타국에서 생활문화 양식 및 언어에 대한 적응, 새롭게 형성된 가족들과의 관계 적응만이 아니라 자녀 양육에 대한 다양한 어려움을 경험했다. 남편이나 아이에게 투영되어 있는 한국의 차별적 인식은 이들을 그림자처럼 살아가게 요구하였다.

셋째, 일반화된 모성으로서의 어머니 되기는 한국 엄마들의 교육열을 따라잡기 위해 노력과 관심을 기울이지만 따라갈 수 없이 마음이 아플 뿐이다. 한국의 교육열을 따라가기에는 어렵다는 것을 절감하고 막대한 교육비 앞에 엄마로서 무기력해지는 현실을 마주한다. 자식과 가족을 위해 모든 희생을 감수해야 하는 '어머니'라는 모성 이데올로기 앞에서 완벽한 모성 역할 수행에 시달리며 죄책감에 놓이게 된다(이진희, 배은경, 2013; Apple, 2006). 이는 일반적인 한국 어머니들과 별반 다르지 않지만, 이들은 이주 어머니라는 꼬리표의 정체성 속에서 지속적으로 투쟁과 타협이 이루어진다.

본 연구 결과를 통해, 결혼이주여성들은 '사회적 약자로서의 타자'와 한 아이의 어머니로서의 책임 있는 '강인한 모성'이라는 두 가지 정체성을 모두 가지고 있음을 알 수 있다. 결혼이주여성들은 오랜 기간 동안 자라온 본국에서 낯선 이국땅으로의 이주를 스스로 결정한 능동적이고 적극적 행위자들이다. 그럼에도 불구하고 자녀를 출산하고 양육하는 과정에서 자녀를 위해 그리고 자녀에 의해 낯선 타자로 전락하게 되었다. 연구참여자들은 모두 자신들이 정체성을 형성했던 모국을 떠나 이주해온 유목적 주체다. 따라서 정주국에서 이방의 여인으로 타자의 위치에 있는 결혼이주여성들은 새로운 정체성을 형성할 필요가 있다.

3) '4장. 결혼이주여성의 이혼과 홀로서기' 연구결과 요약

4장은 생애담 내러티브 사례를 제시하기 위해 생애담 주기라 할 수 있는 생애담 영역별로 대주제와 소주제를 제시하였으며, 상세 내용은 다음 〈표 12-7〉과 같다.

표 12-7. 「4장. 결혼이주여성의 이혼과 홀로서기」 연구결과

영역	대주제		소주제
국제결혼과 한국으로의 이주	꿈과 기대의 결혼	기대에 넘친 자랑스러운 국제결혼	한국 남성들에 대한 긍정적인 호감
			자국과 자국 남자들에 대한 부정적인 생각
			경제적 풍요로움 추구와 친정에 대한 경제 원조
		미성숙한 결혼 과정	매매혼과 중매혼의 추억 없는 결혼
			결혼과 결혼 상대에 대한 사전 지식 미흡
짧은 결혼생활	기억하고 싶지 않은 시간	불편하고 힘들었던 부부관계	언어소통의 어려움과 문화 간 차이
			전남편의 가정폭력과 과도한 간섭
			가장으로서의 책임감 결여
		내 편이 없는 시댁 식구	배려나 존중이 결여된 시댁 가족
			부부관계에 대한 시기의 과도한 개입 혹은 방관
이혼과 자립의 과정	이혼	전쟁의 시작	전남편의 폭력으로 시작된 가정해체
			이혼의 원인으로 작동된 경제적 어려움
			처가에 대한 무시
			언어소통 장애와 상호문화 이해 미흡
	자립	홀로서기 연습	전남편과의 단절, 홀로서기의 시작
			쉼터로의 도피와 디딤터에서의 행복 찾기
			경제적 자립과 자녀 양육에 대한 걱정

〈표 12-7〉에 제시된 바와 같이 생애담 영역을 크게 세 가지 영역으로 구분했다. 즉 결혼이주의 과정, 결혼생활의 과정으로서 짧은 결혼생활, 이혼과 자립의 과정으로 기술영역을 나누어 생애담을 기술했다. 이에 따른 연구 결과를 살펴보면 다음과 같다.

첫째, 결혼이주의 과정은 이주여성들의 기억에서는 '꿈과 기대의 결혼', '기대에 넘친 자랑스러운 국제결혼'으로 구분할 수 있다. 우선 꿈과 기대의 결혼이주는 '한국 남성에 대한 긍정적인 호감', '자국과 자국 남자들에 대한 부정적인 생각', '경제적 풍요로움 추구와 친정에 대한 경제 원조'로 구분할 수 있다. 또한 준비 없는 결혼의 과정은 '매매혼과 중매혼의 추억 없는 결혼', '결혼과 결혼 상대에 대한 사전 지식 미흡'으로 내용을 구분하여 제시

할 수 있다.

둘째, 짧은 결혼생활 과정에서 연구참여자들은 모두 자신의 생애에서 '기억하고 싶지 않은 시간'으로 상징화하고 있었다. 특히 결혼 당사자인 배우자와의 관계에 대해 불편하고 힘들었던 부부관계로 규정했으며, 이 관계에서 '언어소통의 어려움과 문화 간 차이', '전남편의 가정폭력과 과도한 간섭', '가장으로서의 책임감 결여'라는 경험을 기억으로 재생했다. 또한 이들의 결혼생활에 가장 큰 영향을 미친 시부모를 포함한 시댁 식구들에 대해 '내 편이 없는 시댁 식구'로 규정하고 '배려나 존중이 결여된 시댁 가족'과 '부부관계에 대한 시기의 과도한 개입 혹은 방관'으로 분류하였다.

셋째, 가정해체로 인한 이혼과 자립의 과정에서는 이혼을 전쟁의 시작, 자립과정을 홀로서기 연습으로 주제화했다. 이혼과정의 경우 결혼이주여성들은 '전남편의 폭력으로 시작된 가정해체', '이혼의 원인으로 작동된 경제적 어려움', '처가에 대한 무시', '언어소통 장애와 상호문화 이해 미흡'으로 생애담 경험을 토로했다. 자립과정의 경우는 불확실한 미래에 대해 염려하고 있었는데, 특히 이 과정에서 이주여성들의 경험은 '전남편과의 단절, 홀로서기의 시작', '쉼터로의 도피와 디딤터에서의 행복 찾기', '경제적 자립과 자녀 양육에 대한 걱정'으로 구분 지을 수 있다.

우리에게 이혼은 때로 생애과정에서 실패와 좌절로 평가되기도 한다. 그렇다고 모든 이혼이 불행하지는 않다. 결혼의 동기를 실현하는 데 있어 이혼이 긍정적으로 작동되기도 한다. 차라리 전쟁과 같은 결혼생활에 종지부를 찍고 이혼이라는 생애 전환점을 통해 자유와 평화를 찾아 자아실현을 할 수 있는 계기를 갖기도 한다. 또한 연구자들이 수행한 결혼이주여성 생애담 연구는 이들의 트라우마를 치유할 수 있는 질적 자료로도 사용할 수 있을 것이다.

4) 결혼이주여성의 주체적 삶에 관한 독자의 시선[2]

결혼이주여성에 대해 관심을 갖고 연구를 시작하고자 하는 연구자라면 이 책을 가장 먼저 읽어야 한다고 생각한다. 박사 1차 때 이 책을 읽으면서 독자로서 결혼이주여성들의 삶을 생생하게 이해할 수 있었고, 연구의 방향을 설정함에 있어 많은 영감을 얻었다. 이것은 아마도 생애담이 지닌 힘일 것이다. 〈결혼이주여성의 주체적 삶에 관한 생애담 연구〉의 87쪽에서도 밝히고 있듯이, 생애담은 한 개인의 구술적 자서전이라는 성격을 지닌, 이름 없이 살아온 결혼이주여성의 자기표현이자 인식에 관한 이야기이다. 이들이 만들어 가는 이야기는 의사소통의 장으로서 중요한 기능을 하며, 자기표현에 머무는 것이 아니라 나눔과 소통을 통해 사회적 의미화를 구축한다. 뿐만 아니라 이 생애담이 생생하게 다가올 수 있었던 것은 결혼이주여성들을 '주체적 존재'라는 관점에서 바라보고자 했던 저자들의 열정, 가감없이 자신의 이야기를 그려 나간 연구참여자들의 소망이 있기에 가능했다고 본다. 질적연구에서 가장 중요한 것은 무엇일까. 연구자로서 책임감을 갖고, 그들의 삶을 그들의 눈으로 기꺼이 이해하고자 하는 그 태도에서 출발할 것이다. 그리고 이 책이 바로 그런 책이 아닐까 싶다.

---

2. 12장은 필자의 문화기술지 연구 〈결혼이주여성의 주체적 삶에 관한 생애담 연구〉에 대해 인하대학교 다문화융합연구소에서 박사과정 수련을 받는 최수안 선생이 요약하고 정리한 내용이며, 이번 절은 이주여성 문화기술지에 대한 간단한 리뷰 후기임을 밝힌다.

참고문헌

고미영(2012). 초보자를 위한 질적연구방법. 청목출판사.

고상두, 하명신(2012). 독일 거주 이주민의 사회통합 유형: 터키, 이탈리아, 그리스 출신 이주민 집단의 비교분석. 국제정치논총. 52(5). 23-256.

고정미(2020). 특수학교 학교기업 카페에서 근무하는 어느 바리스타의 하루. 공주대학교 석사학위논문.

곽영순(2009). 교실 수업에서 초임 과학교사의 교과내용지식이 내용교수지식에 주는 영향에 대한 연구. 한국과학교육학회, 29(6). 611-625.

권미경(2006). 다문화사회의 교육문화 과제 탐색: 여성결혼이민자의 체험에 관한 질적연구. 동아대학교 박사학위논문.

권은선(2019). 디지털 환경에서 청소년의 비판적 문식성 실천에 대한 문화기술지적 사례연구. 서울대학교 박사학위논문.

권지성(2007). 아동양육시설 청소년의 퇴소 후 생활에 대한 문화기술지. 아동과 권리. 11(1). 1-29.

김기화(2015). 부자가족의 적응과정에 관한 연구: 부자가족복지시설에서의 경험을 중심으로. 인하대학교 박사학위논문.

김승권, 김유경, 박정윤, 김연우, 최영준(2011). 취약·위기및한부모가족지원체계 구축과 자립지원 방안 연구. 한국보건사회연구원. 40.

김연우(2012). 한부모가족의 생활실태와 복지욕구. 보건복지포럼. 187. 50-59.

김영순(2017). 다문화교육의 이론과 이론가들. 북코리아.

김영순(2021). 총서9: 독일 한인이주여성의 초국적 삶과 정체성. 북코리아.

김영순, 갈라노바 딜노자, 아지조바 피루자(2021). 총서11: 중앙아시아 출신 유학생의 상호문화소통과 문화적응. 북코리아.

김영순, 김진희, 강진숙, 정경희, 정소민, 조진경, 조현영, 최승은, 정지현, 오세경, 김창아, 김민규, 김기화, 임한나(2018). 질적연구의 즐거움. 서울: 창지사.

김영순, 박미숙, 최승은, 오영훈, 손영화(2019). 총서3: 동남아시아계 이주민의 다문화 생활세계 연구(사회통합총서 3). 북코리아.

김영순, 응웬 반 히에우, 오영훈, 김재민, 응웬 뚜언 끄엉(2017). 베트남 문화의 오디세이. 북코리아.

김영순, 이미정, 최승은(2014). 제주 지역 결혼이민여성의 다문화 정책 실태에 관한 연구. 탐라문화. 4. 239-272.

김영순, 조영철, 김정희, 정지현, 박봉수(2019). 총서1: 다문화 생활세계와 사회통합 연구. 북코리아.

김영순, 조영철, 김정희, 정지현, 박봉수(2019). 총서2: 중국계 이주민의 다문화 생활세계 연구. 북코리아.

김영순, 최승은, 권도영, 임지혜, 박봉수, 최희(2020). 총서8: 디아스포라와 노스탤지어: 사할린 한인의 삶과 이야기. 북코리아.

김영순, 최승은, 김정희, 황해영, 박봉수(2019). 총서4: 동남아시아계 이주민의 생활세계 생애담 연구. 북코리아.

김영순, 최승은, 오영섭, 오정미, 남혜경(2021). 총서10: 미국 한인이주여성의 초국적 삶과 공동체. 북코리아.

김영순, 최승은, 황해영, 정경희, 김기화(2019). 총서5: 결혼이주여성의 주체적 삶에 관한 생애담 연구. 북코리아.

김영순, 최희(2017). 고려인 여성 Y의 생애 과정에 나타난 한국인의 문화유전자. 한국민족문화. 64. 309-342.

김영순, 황해영, 권도영, 김정은, 임지혜(2020). 총서7: 중앙아시아계 이주여성의 삶: 이상과 현실 사이. 북코리아.

김영천(2013). 질적연구방법론 Ⅱ: Methods. 아카데미 프레스.

김옥남(2009). 도시지역 여성결혼이민자의 재사회화 과정 탐색. 홍익대학교 박사학위논문.

김용신(2011). 한국사회의 다문화화에 따른 정치사회화 이론의 재해석과 방법적 지향. 세계지역연구논총. 29(1). 87-107.

김운걸(2015). 제3공간 패러다임 변화에 기반한 스페이스 마케팅 연구. 홍익대학교 박사학위논문.

김인숙(2013). 제도적 문화기술지: 왜 또 다른 연구방법인가?. 한국사회복지학. 65(1). 299-324.

김인숙(2014). 대인관계 향상을 위한 대상관계적 차문화치료 프로그램의 효과: U시의 보호관찰 청소년을 대상으로. 한국콘텐츠학회논문지. 14(5). 199-210.

김인숙(2016). 사회복지연구에서 질적방법과 분석. 집문당.

김인숙(2017). 사회복지전담공무원의 일 조직화: 제도적 문화기술지. 한국사회복지행정학. 19(1). 101-139.

김인숙(2020). 국민기초생활수급 신청의 일에 관한 제도적 문화기술지: 저소득 이혼여성을 중심으로. 한국사회복지교육. 52. 1-32.

김인숙(2020). 사회복지전담공무원의 일 조직화: 제도적 문화기술지. 한국사회복지행정학. 19(1). 101-139.

김재식(2012). 21세기 한국교회의 문화선교 전략: 동춘교회 청·장년층 문화를 중심으로. 아세아연합신학대학교 석사학위논문.

김재영(2014). 크라우드소싱 저널리즘의 성과와 과제. 사회과학연구. 25(3). 205-224.

김재호(2015). 옹기 장인들의 불에 대한 민속지식과 민속분류. 민속연구. 31. 269-298.

김준현, 문병기(2014). 이민자 사회통합 서비스전달체계 연구: 국가 간 제도비교를 중심으로. 한국사회와 행정연구. 25(3). 59-90.

김진미(2019). 노숙인의 거처 찾기 일에 관한 제도적 문화기술지. 가톨릭대학교 박사학위논문.

김진희, 김영순, 김지영(2015). 질적연구여행. 북코리아.

김홍수영(2005a). 두 도시이야기: 노숙인을 통해 바라본 도시공간. 아세아연구. 48(2). 117-149.

김홍수영(2005b). 시민성을 기준으로 조명한 사회적 소수자의 권리. 경제와사회. 65. 179-200.

김홍정(2013). 특수교육 대상 학생의 과학교육에서 과학적 유창성에 대한 비판적 문화기술 연구. 대구대학교. 박사학위논문.

남계령(2011). 제7차 개정 고등학교 영어교과서에 나타난 세계 문화에 대한 연구. 고려대학교 석사학위논문.

남부현, 오영훈, 한용택, 전영숙, 이미정, 천정웅(2016). 다문화사회교육론. 양서원.

남은영(2016). 아제르바이잔에서의 한류 수용 양상: 세계속 이슬람 문화를 중심으로. 인하대학교 박사학위논문.

노대명(2009). 사회통합의 현황과 향후 정책과제. 보건복지포럼. 150. 6-19.

노희숙(2012). 북한이탈주민의 학습경험을 통한 의미관점 전환연구. 아주대학교 박사학위논문.

리상섭(2007). 한국계 미국인 이민자 가족의 이문화 적응과 전환 학습. Andragogy Today. 10(2). 1-30.

박관희(2016). 공적예배에서 생활예배로의 전환과정에 대한 융합적 연구. 호서대학교 박사학위논문.

박광옥(2018). 발달장애인의 고용서비스 경험의 사회적 조직화: 제도적 문화기술지의 적용. 성공회대학교 박사학위논문.

박성혁, 모경환, 김명정(2009). 다문화 군대와 다문화교육의 필요성. 다문화교육연구와 실천. 1. 1-14.

박성혁, 성상환(2008). 우리나라 다문화교육정책 추진현황, 과제 및 성과 분석 연구. 교육연구와 실천. 72. 19-60.

박소연, 김한별(2012). 대학생의 저널쓰기를 통한 자아성찰 과정에서의 자아정체감 형성 경험 분석. 교양교육연구. 6(1). 153-178.

박신규(2008). 국제결혼이주여성의 정체성 및 주체성의 사회적 위치성에 따른 변화: 구미 지역의 국제결혼이주여성의 생애사 분석을 중심으로. 한국지역지리학회지. 14(1). 40-53.

박신애(2016). 만혼 미혼자의 결혼연기 요인 및 과정에 관한 근거 이론적 분석. 울산대학교 석사학위논문.

박재연(2020). 사랑하면 통한다. E-BOOK.

박정숙(2014). 근거이론에 기반을 둔 어린이집 보육교사의 장애유아 경험에 대한 질적연구. 단국대학교 박사학위논문.

박혜연(2013). 한국무용에서 심성 가르치기: 한국무용 교수학습과정의 심성교육적 차원 탐색. 서울대학교 박사학위논문.

배주미, 김영화, 김범구, 정익중(2011). 취약 아동청소년 자립지원 정책 및 서비스에 대한 현장전문가 델파이 조사. 한국청소년 연구. 62. 69-96.

법무부(2020). 소년범죄 근본적인 해결방안 찾기. 4월 23일 보도자료. https://www.cppb.go.kr

법무부(2021). 2021년 2월 출입국외국인정책 통계월보. www.immigration.go.kr

법원행정처(2019) 2019 사법연감.

서연주(2010). 개인의 미도법: 박물관교육을 위한 질적연구 조사방법. 박물관교육연구. 4. 63-82.

설동훈, 이병하(2012). 노르웨이 이민자의 사회통합정책. 민족연구. 50. 163-181.

성향숙(2011). 결혼이민여성의 가족생활 적응전략. 한국콘텐츠학회논문지. 11(7). 316-327.

송성숙(2013). 학습도시 평생교육사의 사회적 상호작용을 통한 일터 학습문화 연구. 아주대학교 박사학위논문.

송희영(2020). 학원선교단체 사역자들의 진로인식과 직업만족에 관한 통합연구. 고신대학교 박사학위논문.

신경림, 고명숙, 공병혜, 김경선, 김미경, 김은하, 노승욱, 노영희, 양진향, 조명옥 (2004). 질적연구방법론. 이화여자대학교출판부.

신재한(2017). 21세기 창의융합인재 양성을 위한 질적연구방법의 이해와 실제. 서울: 이모션북스.

심인선(2007). 결혼이주여성의 성인교육 경험이 문화적응에 미치는 영향. Andragogy Today. 10(4). 77-97.

안경순(2017). 마가복음에 나타난 코뮤니타스 특성에 대한 연구: 빅터 터너의 개념을 적용하여. 강남대학교 박사학위논문.

안윤숙, 김홍주(2019a). 보호소년(6호처분) 위탁 아동복지시설의 운영특성 연구. 인문사회과학연구. 16(4). 371-403.

안윤숙, 김홍주(2019b). 민간위탁 비행청소년의 자립지원모델 구축방안: 사회경제 조직을 중심으로. 교정복지 연구. 63. 1-30.

양순미(2006). 농촌 국제결혼 부부의 적응 및 생활실태에 대한 비교 분석: 중국, 일본, 필리핀 이주여성 부부 중심. 농촌사회. 16(2). 151-179.

양애경, 이선주, 최훈석, 김선화, 정혁(2007). 여성결혼이민자에 대한 지역사회의 수용성 연구. 한국여성개발원.

양옥경, 김연수, 이방현(2007). 서울거주 국제결혼이주여성의 문화적응과 사회적 지원서비스에 관한 조사연구. 서울시정개발연구원. 서울도시연구. 8(2). 229-251.

오은정(2020). 여성연구자, 삶을 잇다: 과정으로서의 에스노그라피: 엄은희, 구기현 엮. 여성 연구자, 선을 넘다: 지구를 누빈 현지조사 전문가 12인의 열정과 공감의 연구 기록. 채현정, 임안나, 최영래, 장정아, 구기연, 김희경, 육수현, 노고운, 지은숙, 엄은희, 정이나, 홍문숙. 눌민. 한국여성학. 36(2). 195-203.

오호영, 조홍중 외(2017). A Convergence Analysis of the Ethnographic Method for Doctoral Dissertations in Korea : Focused on Research Participants, Data Collection Methods, and Trustworthiness Criteria. 한국융합학회. 8(10). 333-338.

왕한석(2006). 국제결혼 이주여성의 언어 적응의 제 양상. 담화·인지언어학회. 3-17.

유기웅, 정종원, 김영석, 김한별(2012). 질적연구방법의 이해. 서울: 박영사.

유승호, 이나라(2015). 여행하는 장인, 꼼빠뇽 드 드부아 (Compagnon dedevoir)에 대한 소고. 문화경제연구. 18(2). 21-40.

윤인진(2008). 한국적 다문화주의의 전개와 특성. 한국사회학. 42(2). 72-103.

윤택림(2004). 해방 이후 한국 부엌의 변화와 여성의 일-서울지역을 중심으로. 가족과 문화. 16. 3-41.

윤현호(2013). 관광객과 주민의 시선 분석: 양동마을의 전통 및 진정성에 대한 문화기술. 한양대학교 박사학위논문.

윤혜경(2020). 영화 언어로서의 빛의 역설: 왜 빛의 기호학적 양식화를 지양해야 하는가?. 영화연구. 85. 159-191.

이애련(2008). 한국다문화가족의 실태와 개선을 위한 정책방향. 한국여성교양학회. 1-32.

이영진(2014). 문화다양성 교육을 위한 악기박물관의 활용에 관한 연구: 세계민속악기박물관 교육프로그램을 중심으로. 중앙대학교 석사학위논문.

이은경, 나승일(2009). 결혼이민 여성농업인의 전환학습에 관한 현상학적 연구. 농업교육과 인적자원개발. 41(2). 1-27.

이은숙(2013). 결혼이주여성의 가족생활에 나타난 다문화 전환학습 경험. 아주대학교 박사학위논문.

이정화(2020). 귀촌 여성의 정착과정에 관한 내러티브 탐구. 국제뇌교육종합대학교 박사학위논문.

이진희, 배은경(2013). 완벽성의 강박에서 벗어나 충분히 좋은 어머니로: 위니캇의 유아정서발달이론과 어머니노릇을 중심으로. 페미니즘 연구. 13(2). 35-75.

장인실, 박영진(2015). 다문화언어강사의 문화지능과 다문화 교수효능감에 관한 연구. 다문화교육연구. 8(4). 95-15.

정경운(2007). 이주여성의 사회문화적 정체성에 관한 연구. 아시아여성연구. 46(1). 97-139.

정기선(2008). 결혼이주여성의 한국이주특성과 이민생활적응. 사회과학연구. 20. 68-103.

정서린(2010). 국내 언론사의 탐사보도팀 운영 성과에 관한 연구. 서울대학교 석사학위논문.

조성남, 이현주, 주영주, 김나영(2001). 질적연구방법과 실제. 그린.

조성실(2013). 붓 장인을 통해 본 전통공예의 전승과 변화: 전북 지역 전통 붓 제작을 중심으로. 실천민속학연구. 21. 271-296.

조수진(2018). 어린이의 장소적 삶의 변천 과정과 특징적 양상 연구. 한국교원대학교 박사학위논문.

조옥라(2004). 젠더 경험 역사. 서강대학교 출판부.

조용환(1999). 질적연구: 방법과 사례. 서울: 교육과학사.

조흥식, 김인숙, 김혜란, 신은주(2010). 가족복지학. 서울: 학지사.

차명희(2020). 교정시설보호를 경험한 청년의 퇴소 후 삶의 적응 연구: 문화기술지 접근으로. 서강대학교 박사학위논문.

최금해(2007). 조선족 여성들의 한국결혼생활 적응유형에 관한 질적 연구. 여성연구. 72(1). 143-188.

최문호(2019). 한국 탐사보도 언론인의 소명의식(Beruf)과 가치자유(Wertfreiheit) 실천에 대한 참여관찰 연구: 〈뉴스타파〉 취재팀을 대상으로. 서울대학교 박사학위논문.

최병두(2011). 초국적 이주와 다문화사회에 관한 학제적·통합적 연구를 위하여. 현대사회와 다문화. 1. 1-33.

최병두(2012). 동아시아 국제 노동이주: 전개과정과 일반적 특성. 현대사회와 다문화. 2(2). 361-394.

통계청, 여성가족부(2020). 청소년 범죄현황 2019 청소년 통계. 범죄소년 검거 인원.

하지선(2016). 정신보건센터 사례관리 실천의 조직화에 관한 제도적 문화기술지. 가톨릭대학교 박사학위논문.

한국장애인고용공단(2016). 2016년 한국장애인고용공단 내부자료.

한국장애인복지관협회(2015). 2015년 전국장애인복지관 편람.

한상복, 이문웅, 김광억(2011). 문화인류학. 서울대학교출판부.

홍영숙(2015a). 내러티브 탐구에 대한 이해. 내러티브와 교육연구. 3(1). 5-21.

홍영숙(2015b). 내러티브 연구 방법론의 이해와 실제. 숭실대학교 부부가족상담연구소 질적 연구 워크숍 자료집.

홍현미라, 권지성, 장혜경, 이민영, 우아영(2008). 사회복지 질적연구방법론의 실제. 서울: 학지사.

Anderson, J. R., & Milson, R.(1989). *Human memory: An adaptive perspective. Psychological Review.* 96(4). 703-719.

Apple, R.(2006). *Perfect motherhood.* Rutgers University Press.

Atkinson, P., & Hammersley, M.(1994). *Ethnography and participant observation.* In N. K. Denzin & Y. S. Lincoln (Eds.), Handbook of qualitative research. 248-261.

Benedict, Ruth(1946). *The chrysanthemum and the Sword: Patters of Japanese*

Culture. Boston: Houghton Mifflin. 김윤식, 오인석 역(2008). 국화와 칼: 일본문화의 틀. 을유문화사.

Berry, S.J.(2009). *Watchdog journalism: The art of investigative reporting*. New York: Oxford University Press.

Berry, SJ.(1997). *Immigration, acculturation and adaptation*. *Applied Psychology: An International Review*. 46(1). 5-68.

Bogdan & Biken(2007). *Qualitative Research for Education*. Allyn and Bacon.

Bommes, M., & Morawska, E.(2005). *International migration research: Constructions, omissions and the promises of interdisciplinary research in migration and ethnic relations*.

Braun, V., & Clarke, V.(2006). *Using thematic analysis in psychology*. Qualitative research in psychology. 3(2). 77-101.

Campbell, M., & Gregor, F. (2004). *Theory "in" everyday life*. Critical strategies for social research, 170-180.

Castles, S., & Miller, M.J.(2003). *The age of migration: International population movements in the modern world. Third edition*. New York: Palgrave Macmillan.

Charim, I.(2018). *Ich und die Anderen: Wie der neue Pluralismus uns alle verändert*. Paul Zsolnay Verlag.

Clandinin, D.J. & Connelly, F.M.(2000). *Narrative inquiry: Experience and Story in Qualitative Research*. San Francisco. CA: Jossey-Bass Publishers.

Cohen, D.A., Dey, A., & Lys, T.Z.(2008). *Real and accrual-based earnings management in the pre-and post-Sarbanes-Oxley periods*. The accounting review. 83(3). 757-787.

Creswell, J.W., & Poth, C.N.(2007). *Qualitative Inquiry and Research Design*. 조흥식, 정선옥, 김진숙 역(2017). 질적연구방법론. 학지사.

Ezzy, D.(2002). *Qualitative analysis: Practice and innovation*. London: Routledge.

Finlayson & Dixon(2008). *Qualitative meta-synthesis: a guide for the novice*. Nurse Researcher. 15(2). 59-71.

Geertz(1973). *Thick description: toward an interpretive theory of culture, in: The interpretation*. Basic Books. 3-30.

Genzuk, M.(2003). *A Synthesis of Ethnographic Research. In Occasional Papers*

Series, *edited by Center for Multilingual, Multicultural Research, Rossier School of Education. University of Southern California.* Los Angeles.

Glesne, C.(2006). *Becoming qualitative researchers: An introduction(3th ed.).* Boston, MA: Allyn & Bacon.

Golden-Biddle & Locke(1993). *Appealing Work: An Investigation of How Ethnographic Texts Convince.* Organization Science. 4(4). 595-616.

Guzik(2013). *Precision Asteroseismology.* Cambridge Univ Pr.

Habermas, J.(1981). *Theorie des Kommunikativen Handelns. Bd.I: Zur Kritik der funktionalistischen Vernunft.* Frankfurt am Main: Suhrkamp.

Hammersley, M., & Atkinson, P.(1983). *Ethnography: Principles in practice.* London: Tavistock.

Hatch, JA.(2002). *Doing Qualitative Research in Education Settings.* 진영은 역(2008). 교육 상황에서 질적연구 수행하기. 서울: 학지사.

Huberman, A.M., & Miles, M.B.(1994). *Data management and analysis methods.* In N. Denzin & Y. Lincoln (Eds.), Handbook of qualitative research. 428-444. London: Sage.

Lewis H. Morgan.(1877). *Ancient Society. MacMillan & Company.*

Mair, J.(2011a). *How to get a story.* In J. Mair & R. Keeble (Eds.). *Investigative journalism: Dead or alive?.* 26-28. Suffolk, England: Abramis Academic Publishing.

Mair, J., & Keeble, R.(2011). *Investigative journalism: Dead or alive?.* Suffolk, England: Abramis Academic Publishing.

Malinowski, B.(1922). *Ethnology and the Study of Society.* Economica. 6. 208-219.

Marvin Harris(1979). *Cultural materialism.* ALTAMIRA PRESS.

Mathison, DL.(1988). *Business ethics cases and decision models: A call for relevancy in the classroom.* Journal of Business Ethics volume 7, 777-782.

Merriam, S.B.(1988). *Case study research in education: A qualitative approach.* Jossey-Bass.

Mezirow(2000). *Learning to think like an adult: Core concepts of transformation theory.* in J. Mezirow& Associates. *Learning as transformation: Critical perspective on a theory in progress.* San Francisco: Jossey-Bass.

Mills, D & Morton, M(2013). *Ethnography in Education.* SAGE.

Park(2003). *Transformative Learning: Sojourners' Experiences in Intercultural Adjustment.* Andragogy Today 6(1). 117-139.

Patton, M.(2002). *Two Decades of Developments in Qualitative Inquiry: A Personal, Experiential Perspective.* Qualitative Social Work. 1. 261-283.

Punch. K(2005). *Introduction to Social Research: Quantitative and Qualitative Approaches.* Graduate School of Education.

Ricci, D.(2000). *A Phenomenological Study of the Experience of Learning in Adult Higher Education. Ph. D. Dissertation.* University of Wisconsin-Madison.

Richardson(2000). *Evaluating Ethnography.* SAGE.

Sahlins, Marshall D., & Elman R. Service(1960). *Evolution and Culture.* Ann Arbor: University of Michigan Press.

Save the Children(2011). 다문화사업의 새로운 패러다임: 다양한국 만들기. 서울: Save the Children.

Shaw, R. L., Larkin, M., & Flowers, P.(2014). *Expanding the evidence within evidence-based healthcare: thinking about the context, acceptability and feasibility of interventions,* Evidence-Based medicine. 19(6). 201-203.

Smith, D.E.(2005). *Instiutional Ethnography(A Sociology For People).* 김인숙, 강지나, 우아영, 조혜련, 하지선, 한상미 역(2014). 제도적문화기술지. 나남.

Spradely, J.(1980). *Participant observation.* 신재영 역(2006; 2009). 참여관찰법. 시그마프레스.

Spradley, J. (1979) *The Ethnographic Interview.* Holt Rinehart & Winston, New York.

Spradley, J.(2003). *Asking descriptive questions.* Qualitative approaches to criminal justice: Perspectives from the field. 44-53.

Stake, R.E.(1995). *The art of case study research.* SAGE.

Strauss, A., & Corbin, J.(1998). *Basics of qualitative research: Techniques and procedures for developing grounded theory.* SAGE.

Thorne(2017). *Metasynthetic Madness: What Kind of Monster Have We Created?.* Qualitative Health Research. 27(1). 3-12.

Thorne, Jensen, Kearney, Noblit, & Sandelowski(2004). *Qualitative Metasynthesis:*

Reflections on Methodological Orientation and Ideological Agenda.
Qualitative Health Research. 14(10). 1342-65.

Tylor, E.B.(1871). *Primitive Culture: Resarches into the Development of Mythology, Philosophy, Religion Language, Art and Custom.* Londin: J. Murray.

Webster, L., & Mettova, P.(2007). *Using narrative inquiry as a research method.* Oxon. Canada: Routledge.

White, DS.(1977). *Changes in the freshwater mussel populations of the poteau river system, le flore county, oklahoma.* Okla. Acad. Sci. 57. 103-105.

Wolcott, H.F.(1992). *Posturing in qualitative inquiry.* In MD LeCompte & WL Millroy(Eds.), The handbook of qualitative research in education. 3-52. New York, NY: Academic Press.

Yin, R.K.(2009). *Case study research: Design and methods(4th ed.).* Thousand Oaks. CA: SAGE.

색 인

ㄱ

가추 ·· 31
갈등론적 관점 ···························· 27
강인한 모성 ······························ 279
개방적 태도 ······························ 64
개별적 내러티브 ························ 226
개인적 영역 ······························ 275
객관적 태도 ······························ 64
거시적 관점 ······························ 25
게이트키퍼 ································ 143
결혼이주여성 ···················· 125, 148
결혼이주여성의 생애담 ··············· 264
고고학 ······································ 37
공식적 면담 ······························ 76
과학의 본성 ······························ 16
과학적 방법 ······························ 16
과학적 지식 ······························ 29
교환이론 ···································· 29
교환이론적 관점 ························ 28
구조주의 ······························ 48, 50
구조주의 인류학 ························ 48
구체의 원칙 ······························ 75
귀납 ·· 30
귀납적 논리 ······························ 274
기관생명윤리위원회 ·········· 70, 180
기능론적 관점 ···························· 26
기능적 해석 ······························ 85
기능주의 ···································· 45
기능주의 인류학 ························ 45
기술관찰 ···································· 75

ㄴ

내러티브 ························ 227, 267, 268
내러티브 분석 ··························· 272
내러티브 탐구 ···················· 267, 268
내부자적 관점 ··························· 144
노숙인 복지서비스 체계 ············· 137
노숙인복지 ······························ 189
눈덩이 표집 ······························ 141

ㄷ

다문화 구성원 ··························· 206
다문화 생활세계 연구팀 ·············· 221
다문화정책 ······················ 201, 239
다문화주의적 사회통합정책 ·········· 202
단선적인 동화과정 ····················· 204
도구적 이성 ······························ 56
독일 이주 한인여성 ··················· 236

ㄹ

라포 ·· 78

ㅁ

마르크스주의 ···························· 49
마르크스주의 인류학 ·················· 49
맥락적 축소 ······························ 106
메타 에스노그래피 ····················· 61
면담법 ······································ 160

면담자료 ························· 179, 274
모성 이데올로기 ················· 279
문헌연구법 ······················· 160
문화공유집단 ····················· 66
문화과학 ·························· 19
문화기술적 과제 ················· 101
문화기술지 ··············· 22, 90, 113
문화기술지 연구 ··········· 62, 71, 178
문화기술지 연구자 ············· 55, 73
문화기술지의 개념 ················ 88
문화기술지의 전통 ················ 91
문화연구 ·························· 19
문화의 공유성 ····················· 44
문화인류학 ······· 17, 25, 33, 35, 56, 57
문화인류학자 ··············· 36, 38, 87
문화적 개념 ······················ 100
문화적 공존 ······················ 202
문화적 주제 ················· 100, 184
문화적 패턴 ······················ 106
문화전파론 ······················· 42
문화특수성 ······················· 41
문화패턴 개념 ····················· 96
문화학 ··························· 18
문화화 과정 ······················ 35
미개한 인간 ······················ 55
미시사회학 ······················· 26
미시적 관점 ······················ 25
미시적 문화기술지 ················· 147
민족학 ··························· 67
민주적 평등 원칙 ················· 201

발전식 연구절차 ················· 102
방법론적 절충주의 ················· 98
변증법적 유물론 ··················· 49

부자가족복지시설 ················· 130
비판적 문화기술지 ················· 93

사적유물론 ······················· 49
사회과학 ····· 17, 18, 20, 24, 59, 83, 159
사회과학적 상상력 ················· 86
사회연구 ·························· 21
사회인류학 ······················· 44
사회적 경제성 ····················· 276
사회적 다위니즘 ··················· 39
사회적 사실 ······················ 44
사회적 영역 ······················ 276
사회적 융합 ······················ 205
사회적 포용 ······················ 205
사회제도 ····················· 39, 94
사회제도적 영역 ··················· 225
사회진화론 ···················· 39, 54
사회통합 ···················· 199, 202
사회통합 문제 ····················· 201
사회통합 총서 ····················· 211
사회통합교육 ················· 207, 242
사회통합정책 ············· 203, 207, 226
사회통합정책 모형 ················· 208
사회·문화 현상 ················· 15, 22
삶의 맥락 ························· 267
3차원적 탐구 지점 ················· 268
상대주의적 태도 ··················· 65
상징 ························ 51, 53
상징적 상호작용론 ················· 28
상징적 상호작용론적 관점 ··········· 28
상징주의 인류학 ··················· 51
상호문화소통 ················· 234, 235
상호문화적 의사소통 ··············· 226
생산적인 사회구성원 ··············· 230
생애 내러티브 ····················· 263

생애담 ······················· 282
생애담 내러티브 사례 ················· 279
생활세계 ··············· 225, 232
생활세계 디지털 아카이브 ············· 205
서술적 고찰 ··················· 212
선행연구 ······················ 87
선행연구 분석 ··················· 161
설문지법 ······················ 160
성찰일지 ······················ 80
성찰적 태도 ···················· 64
세계시민교육 ···················· 57
세계체제론 ····················· 50
소명의식 ······················ 132
수용과 배제의 원칙 ················ 107
신뢰성 ························ 78
신진화론적 인류학 ················· 46
신화 ························· 49
실험조사법 ····················· 161
심리적 해석 ···················· 85
심층면담 ··········· 104, 122, 170, 219
심층면담 일지 ··················· 81

아노미 ························ 46
야생의 사고 ···················· 49
양적방법론 ····················· 31
양적연구 ······················ 84
언어 확인의 원칙 ················· 75
에믹 관점 ····················· 67
에스노그라피 사례연구 ··············· 266
에스노그래피 ···················· 89
에틱 관점 ····················· 67
역사결정론 ····················· 41
역사적 특수주의 ·················· 41
연구 패러다임 ··················· 21
연구노트 ······················ 80

연구방법 ··················· 22, 140
연구윤리확보 ···················· 194
연구의 독창성 ··················· 70
연구자의 관점 ··················· 100
연구집단의 언어 ·················· 71
연구참여자 선정과정 ················ 157
연역 ························· 30
외국인 통제정책 ·················· 207
외부자적 관점 ··················· 144
원주민적 모델 ··················· 69
원주민학 ······················ 67
월드킴와 ······················ 236
유목적 주체 ···················· 279
유의 및 의도적 표집 ··············· 141
응용인류학 ····················· 115
응용적 사회과학 ·················· 33
의도적인 표본추출 ················· 157
의례 ························· 52
이론모델 ······················ 87
이민자 사회통합프로그램 ············· 207
이야기화된 경험 ·················· 268
이주여성 문화기술지 ················ 263
이주해온 타자 ··················· 278
인간중심주의 ···················· 56
인류보편적 민속분류방식 ············· 50
인문학 ························ 16
인정투쟁 ······················ 72
인종결정론 ····················· 41
인지정서적 영역 ·················· 225
인지주의 인류학 ·················· 50
인하대 다문화융합연구소 ············· 251
일 지식 ······················ 146
일상적 문화기술지 ··············· 169, 176
임의 및 편의 표집 ················ 141

ㅈ

자료분석 ················· 83, 106
자료수집 ····················· 102
자료수집 기간 ················ 122
자료수집 방법 ··········· 122, 159
자문화중심주의 ··············· 37
자연과학 ················· 17, 23
자조모임 ···················· 276
전문가 심층면담 ············· 215
전사록 ························ 81
전통적 문화기술지 ············ 94
전파주의 문화인류학 ·········· 42
전환학습 경험 ··············· 124
정보제공자 ·················· 155
정선관찰 ····················· 75
제도적 문화기술지
················· 134, 137, 146, 188, 190
제도적 문화기술지 연구방법 ········· 138
종속론 ······················· 50
종족적 소수 ················· 201
종합적 태도 ·················· 65
주요 정보제공자 ·············· 76
주체적 존재 ················· 282
중심주제 분석법 ············· 274
지리결정론 ··················· 41
지역적 영역 ················· 276
진화주의 ····················· 40
질문지법 ···················· 160
질적 메타분석 ················ 62
질적 메타합성 ················ 63
질적 자료 ··················· 281
질적방법론 ··················· 32
질적연구 ··············· 140, 159
질적연구방법 ················ 272
질적연구방법론 캠프 ·········· 260
집중관찰 ····················· 75

ㅊ

참여관찰 ············· 103, 105, 164, 170
참여관찰 과정 ··············· 161
참여관찰법 ·················· 160
참여관찰일지 ··············· 75, 80
체질인류학 ··················· 37
초국적인 삶 ················· 234
초국적인 영역 ··············· 276
총체적 문화기술지 ··········· 183
총체적 접근 ·················· 96
축어의 원칙 ·················· 75
친밀관계 ····················· 78

ㅌ

타당성 ······················· 78
타자 ························· 54
타자 혐오 ··················· 233
타자성 ······················· 66
타자의 발견 ·················· 91
텍스트 ······················· 53
텍스트의 조직화 ············· 187
토테미즘론 ··················· 50
통과의례 ····················· 84
통섭 ························· 19
투쟁하는 주체자 ············· 278

ㅍ

포스트모더니즘 ··············· 68

ㅎ

학제간 융합연구 ·············· 78
할당 표집 ··················· 141

해석 작업 …………………… 107
해석과정 ……………………… 83
해석주의 ……………………… 95
해석주의 인류학 …………… 53
행위양상 …………………… 274
행위자 ……………………… 74

행위자 간 상호작용 ………………… 74
현지조사 …………… 59, 61, 69, 72, 74,
　　　　　　　　 77, 79, 82, 87, 214
형식의미분석 ……………………… 51
혼합연구 …………………………… 21
훌륭한 해석 ……………………… 97